행복한 삶의 습관

나남
nanam

나남신서 2119

행복한 삶의 습관

2023년 4월 20일 발행
2023년 4월 20일 1쇄

지은이 이용태
발행자 趙相浩
발행처 (주) 나남
주소 10881 경기도 파주시 회동길 193
전화 (031) 955-4601 (代)
FAX (031) 955-4555
등록 제 1-71호 (1979.5.12)
홈페이지 http://www.nanam.net
전자우편 post@nanam.net

ISBN 978-89-300-4119-5
ISBN 978-89-300-8655-4 (세트)

책값은 뒤표지에 있습니다.

나남신서 2119

행복한 삶의 습관

사람은 무엇으로 사는가

이용태 지음

나남
nanam

아름다운 사람을 만드는 일

김병일 (도산서원 원장)

매년 초봄이면, 고고한 자태를 뽐내는 매화를 보고 싶어서인지 유난히 많은 분들이 도산서원을 찾습니다. 이즈음 아직 손님의 발길이 닿지 않은 이른 새벽에 매화 향기 가득한 서원 뜰에서 이용태 선생님과 함께 거닐려고 선비문화수련원 숙소를 나서 도산 언덕을 넘어가곤 합니다. 제가 도산서원에서 가꾸는 매화는 선생님께서 약 20년 전에 직접 옮겨 심으신 것입니다. 선생님은 처가가 퇴계 종가이며 처남이 퇴계 종손입니다. 선생님의 뒤를 따라 걷는 초봄의 새벽 산책길은 저에게 은은한 매화향에 흠뻑 취하는 시간이자 높은 인품의 선생님께 삶의 큰 지혜를 배우는 꿈같은 시간입니다.

저보다 앞서 도산서원을 이끄셨던 이용태 선생님은 사실 대한민국을 IT 강국으로 만든 선각자로 이름 높은 분입니다. (젊은이들이 이해하기 쉽게 말하면, 한국의 빌 게이츠나 스티브 잡스라고 할까요?) 1978년 국책연구기관인 한국전자기술연구소KIET 부소장으로 일할 때, 지금 우리가 쓰는 컴퓨터로 연동되는 신호등을 만들어 교통난이 심각한 서울의 교통신호 전산화에 성공했습니다. 나라가 부강해지려면 하루빨리 컴퓨터 산업을 일으켜야 한다는 생각으로 1980년에 삼보컴퓨터를 창립해 우리나라에서 컴퓨터 시대의 막을 열고, 개인용 컴퓨터PC를 처음으로 상용화했습니다.

1982년부터 1988년까지 한국데이타통신DACOM 초대 사장을 맡으며 정부 각 부처에 있는 데이터베이스를 하나로 통합해 경찰청, 국세청, 병무청에서 클릭 한 번으로 각종 민원서류를 뗄 수 있게 만들었습니다. 한국이 전자정부 세계 1위를 하는 바탕도 이 행정전산망 통합 프로젝트 덕분이었습니다.

1996년에는 '두루넷'을 설립해 초고속인터넷을 국내 최초로 서비스했습니다. 한국전력이 설치한 광케이블망과 지역 케이블TV망을 이용해 기존의 전화망을 이용한 통신보다 100배 이상 빠른 인터넷서비스였습니다. 두루넷의 성공이 다른 통신사업자들을 자극해 대한민국은 초고속 통신망을 가장 싼값에 경쟁적으로 공급한 나라가 되었습니다.

한국데이타통신 사장 시절, 행정전산망 통합 프로젝트를 진두지휘하면서 선생님은 미국, 일본, 영국 등 선진국보다 10년 앞선 미래기술로 시스템을 개발하도록 했습니다. 당시 검증된 IBM이 아니라 미래에 부상할 것으로 예상한 유닉스를 운영체제OS로 택했고, 데이터베이스도 새로 나온 관계형 데이터베이스를 채택한 것입니다. 나라의 미래를 고민하는 이들에게 "10년 후에 쓰일 미래 기술을 지금 준비해야 한다. 5년, 10년 걸리는 빅 프로젝트 하나만 제대로 해도 산업화, 인력양성, 차세대 기술 확보가 따라온다"고 하신 가르침에는 멀리 앞서 나간 선각자의 나라 사랑하는 마음이 그대로 녹아 있습니다.

미래를 멀리 내다보며 최첨단 IT 기술로 우리나라의 정보화를 세계 최고 수준으로 이끈 선생님은 놀랍게도 현대식 학교교육을 제대로 받지 못하였습니다. 일제강점기에 경북 영덕의 선비 가문에서 태어나 "일본이 세운 학교에서 교육받으면 일본 사람이 된다"는 할아버지의 뜻에 따라 학교 공부보다는 한학을 더 열심히 배웠습니다. "남에게 지고 밑져라"라며 남을 위한 삶을 강조한 할아버지의 교육은 선생님의 좌우명이 되었습니다. 우리의 오랜 선비정신을 몸으로 익힌 유년기의 교육은 선생님이 단순히 성공한 IT 사업가가 아니라 우리나라를 정보화 문명강국으로 만든 선각자의 역할을 하는 데 큰 영향을 끼쳤음이 분명합니다.

서울대 물리학과에 입학한 선생님은 학비와 가족들의 생활비를 책임지기 위해 '이지흠'이라는 예명의 학원 강사로 일하면서 학업을 병행했습니다. 대학 졸업 후에는 미국으로 유학 가 유타대에서 물리학 박사학위를 취득했습니다. 유학 자금은 친구들과 함께한 학원사업을 성공시켜 모았습니다.

2005년 삼보컴퓨터에서 물러난 후부터 지금까지 선생님은 뛰어난 기술도 좋지만, 훌륭한 사람을 만드는 일에 매료되었다며 학생, 청소년, 교사, 학부모, 군인 등의 인성교육에 전념하고 있습니다. "남을 먼저 생각하고, 스스로 행복한 사람이 되라"는 가르침은 단순하지만 오랜 세월 동안 삶의 지혜로 전해 온 진리입니다. 구순九旬의 나이에도 선생님은 현장 강의를 위해 전국을 다니시며 직접 고안하신 새로운 인성교육법을 전하고 계십니다. 그리고 '인성교육은 국민의 도덕 수준이 높은 진정한 선진국을 만드는 일'이라는 교육철학에 깊이 공감하며 선생님을 존경하게 된 사람들이 모여 인성교육 봉사에 동참하고 나섰습니다. 이제 선생님의 인성교육을 수료한 사람은 100만 명을 훌쩍 넘었습니다.

20년 전 선생님은 도산서원에 옮겨 심은 매화가 꽃을 피워 그 향기 널리 퍼져 나가길 바라는 마음으로 잡초를 뽑고 흙을 두텁게 북돋웠습니다. 인성교육을 가르치는 《행복한 삶의 습관》에는 청소년과 젊은이들이 훌륭한 사람, 행복한 사람이라는 꽃으로 활짝 피어나길 바라는 마음이 담겼습니다. 초봄마다 선생님의 뒤를 따라 걸으며 도산서원 매화향에 취해 본 저는 이 책 덕분에 머지않아 아름다운 사람들이 풍기는 그윽한 향기가 우리나라를 가득 채우리라 확신합니다.

이 책은 누가 무엇을 위해 읽어야 하나?

내가 인성교육을 시작하면서 부모나 교사들로부터 가장 많이 들은 이야기는 바로 아이를 바르게 키워야 한다는 사실에는 동감하지만 방법을 잘 모르겠다는 것이었다. 아이에게 막연히 "나쁜 행동을 하면 안 된다", "착한 사람이 되어야 한다"고 훈계하면 늘 듣는 잔소리로만 여긴다고 했다.

한편, 지식교육과 입시교육에만 매달려 인성교육에 관심 없는 부모와 교사들도 많이 만났다. 그들은 "아이가 수학공부와 영어공부 하기에도 시간이 부족하다", "인성교육은 시간과 노력을 들여도 별로 효과가 없다"며 부정적 태도를 보였다.

나는 이러한 현장의 목소리에 귀 기울이고, 오랫동안 인성교육을 하며 터득한 지혜를 바탕으로 이 책을 썼다. 15년간 퇴직교장 100명과 함께 100만 명에게 강의한 자료와 경험을 모아 6번 고쳐 썼다. 이 책은 인성교육 방법을 모르거나 그 효과에 회의적인 사람들에게 쉽고 흥미롭고 효과적인 인성교육 방법을 소개한다. 나아가 인생을 사는 법을 정리하려는 모든 사람들을 위한 인생학人生學 매뉴얼이기도 하다.

인성교육은 훌륭한 사람을 만드는 교육으로 알려져 있다. 그래서 어렵게 느껴진다. 그러나 습관을 만드는 교육이 바로 인성교육이라고 하면 엄청 쉬워진다. 이 책은 좋은 습관을 기르려는 사람들에게 쉽고 재미있게 그 길을 안내한다. 딱딱한 훈계나 이론 대신 흥미로운 스토리텔링으로 교훈을 전하고, 그 교훈을 습관으로 만드는 법을 담았다.

좋은 습관을 만들면 인생을 바꿀 수 있다. 학교나 인성교육 관련 책들은 지식을 가르치기만 하고, 습관을 만들려는 노력을 하지 않다 보니 대부분 실패한다.

습관교육에는 많은 시간이 필요하지 않다. 한 달에 한 시간만 꾸준히 가르쳐도 아이들은 바르게 자란다. 영어공부, 수학공부에 들이는 노력의 100분의 1만 들여도 아이를 훌륭한 사람, 행복한 사람, 사회에 유익한 사람으로 기를 수 있다.

나는 2005년부터 전력을 바쳐 인성교육운동을 펼쳤다. 처음에는 박약회博約會(도덕사회를 구현하려는 유림단체) 23개 지회支會가 동참했고, 이어서 초·중·고 퇴직교장 선생님들이 적극적으로 참여했다. 서울, 경기, 인천, 대구, 부산, 광주, 전남, 강원, 춘천, 충남의 퇴직교장들로 구성된 '인성교육실천추진단'이 결성되었다. 이 추진단의 활동으로 2018년 10월까지 100만 명이 수강했다.

공부는 가르치는 사람이 가장 많이 배운다. 10년 넘게 세상 사는 법을 가르치면서 나 자신이 세상 사는 법을 더 많이 배웠다. 80이 넘어 세상 사는 법을 새로 배우면서, 젊은 나이에 이것을 깨닫지 못한 것이 정말 아쉽다. 하지만 다행히 어린아이들, 젊은 부모들, 교사들, 군인들, 직장인들, 노인들에게 이것을 가르칠 수 있어서 큰 보람을 느낀다.

습천법(습관을 통해 실천하는 법)을 가르치는 교사들과 학부모들에게서 듣는 중요한 말은, 이 교육을 통해 아이들보다 자기 자신이 더 많이 배운다는 것이다. 그때마다 나는 "80이 돼서야 배우는 나보다 훨씬 더 젊어서 배우니 얼마나 좋습니까!"라고 말한다. 그런 관점에서 보면 젊을 때 또는 어릴 때 이 책을 읽는 사람들은 무척 운이 좋다고 할 수 있다.

우리는 세상을 살면서 배우는 게 많다. 운전도 배우고, 영어도 배우고, 피아노도 배운다. 그중에서 가장 중요하게 배울 것은 세상 사는 법이다. 세상 사는 법에 관한 책은 무수히 많다. 《논어》, 《맹자》뿐만 아니라 성경과 불경도 세상 사는 법을 가르친다. 시중의 많은 자기계발서도 마찬가지다. 성공하는 법, 행복해지는 법, 건강해지는 법, 공부 잘하는 법, 부자 되는 법, 존경받는 사람이 되는 법, 리더가 되는 법, 사람을 잘 사귀는 법, 말을 잘하는 법 등을 배울 수 있는 책은 무수히 많다.

이렇게 책이 많은데 또 한 권의 책을 새로 내는 이유는 무엇인가? 그것은 쉽고 재미있고 효과가 좋은 새로운 방법이자 도구인 습천법이 마련되었기 때문이다. 이 책으로 인하여 어른과 아이가 모두 행복해지고 세상이 한층 더 밝아지기를 간절히 바란다.

2023년 4월

李龍兒

일러두기

1. 이 책은 지식을 가르치는 책이 아니다. 좋은 습관으로 생각과 행동을 바꾸어 행복하고 성공적인 삶을 영위하도록 이끄는 책이다. 이 책에서는 이야기를 하나 읽으면 재미와 감동을 느끼는 것을 넘어, 반드시 스스로 교훈을 찾아내어 몸소 습관으로 만들어 실천하는 훈련을 하는 것이 좋다.
2. 이야기를 하나 읽을 때마다 다음의 3단계를 밟기를 권한다.
   - 핵심: 이야기 내용을 요약하고, 교훈을 찾아내며, 결심을 말한다.
   - 습관으로 만들어야 할 교훈(교훈): 습관을 만들기 위해 교훈을 간단한 구호로 바꾸어 반복한다.
   - 실천: 교훈을 언제, 어디서, 누구에게, 어떻게 적용할지 구체적으로 계획하여 실천한다.
3. 이 책의 이야기는 저자가 직접 쓴 것, 출처를 알고 동의를 구한 후 옮긴 것, 출처를 모르고 동의를 구하지 못하고 옮긴 것 등이 있다. 출처를 모르는 것은 여러 선생님이 이야기를 모아 주었는데 그때 출처를 빠트렸기 때문이다. 이에 이의가 있는 분이 있어 연락한다면 필요한 조치를 취하겠다.

행복한 삶의 습관

차례

2부 습천법의 첫걸음, 습관과 실천

3부 습천법으로 바른 인성 키우기

4부 남에 관한 이야기

5부 나에 관한 이야기

1 실패를 딛고 일어서자

2 패러다임 시프트와 극기

3 감정지능을 키우자

4 긍정적으로 생각하고 적극적으로 행동하자

1부

‘생각하다’와 ‘행복하다’

✓ 사람을 대할 때 그의 마음을 생각하자

✓ 혼자 있을 때 ‘행복하다’고 말하자

전술한 바와 같이 습관을 만드는 것이 곧 인성교육이자 인생교육이다. 좋은 습관 1~2개만 만들어도 인성을 함양하고 인생을 바꿀 수 있다. 그렇다면 그 출발점으로 어떤 습관을 만드는 것이 좋을까? 여기서는 사람이 세상을 사는 데 꼭 필요한 두 가지 습관, 남의 입장을 생각하는 것과 스스로 행복을 찾는 것을 익혀 보겠다.

일상생활에서 우리가 살아가는 모습을 살펴보면 사람을 대하고 있을 때와 혼자 있을 때의 두 가지 경우로 나눌 수 있다. 먼저 사람을 대할 때는 반드시 먼저 그 사람의 마음을 생각해 보아야 한다. 나 자신과 그 사람의 입장을 한 번 바꿔 생각해 보라는 것이다. 이를 줄여서 '생각하다'라고 하자.

다음으로 혼자 있을 때는 자신의 삶에서 만족과 기쁨을 찾아야 한다. 아침에 눈 뜨고 일어나 잠자리에 들기 전까지 사소한 일 하나하나에 감사하고 자신에게 항상 '행복하다'고 말하라는 것이다. 스스로 '행복하다'고 말할 수 있는 사람이 다른 사람을 대할 때 그의 입장을 먼저 생각할 수 있다. 이를 '행복하다'고 하자.

'생각하다'와 '행복하다'를 습관으로 만드는 일이 무엇보다 중요하다. 이 두 가지 교훈들이 담긴 이야기들을 1부에 싣는다. 먼저 이야기들을 읽은 다음 핵심내용을 요약하고, 교훈을 기억하고 실천할 방법을 고민해 보자.

1

사람을 대할 때
그의 마음을 생각하자

'생각하다'는 인생을 살아가는 데 가장 기본적인 원리이다. 사람을 대할 때 우리가 반드시 지켜야 할 교훈이다.

보통 우리는 사람을 만나면 별생각 없이 그냥 대할 때가 많다. 이것은 세상 사는 법을 모르고 사는 것이다. 가장 기본적인 삶의 교훈인데, 실제로 실천하는 사람이 많지 않다.

훌륭한 사람은 사람을 대할 때 언제나 그 사람의 마음을 한 번 생각해 본다. 역지사지해 보는 것이다.

큰 소리로 반복해서 말해 보자.

"생각하다, 역지사지!"

그리고 사람을 대할 때마다 속으로 다짐해 보자.

다음 이야기들은 사람을 대할 때 그 사람의 마음을 한 번 생각한다는 교훈을 실천한 사람들의 이야기이다.

• 치과의사가 몰랐던 것 •

어느 날 갑자기 나는 이가 아파 사무실 건너편에 새로 문을 연 치과병원을 찾아갔다. 병원 현관문에 일류대학 마크가 크게 붙어 있었다. 문을 열고 들어가니 흰 가운을 입은 젊고 예쁜 의사가 나왔다.

"잇몸이 갑자기 부어서 아픈데 좀 봐 주세요."

내가 먼저 용건을 말하자 의사는 준비한 듯 말했다.

"X레이부터 찍으세요."

"제가 다니는 병원이 있는데, X레이는 며칠 전에 이미 찍어 봤어요. 갑자기 잇몸이 부어서 아프니 우선 응급조치로 소독이나 좀 해주세요."

"우리 병원은 X레이를 안 찍으면 봐 드릴 수 없어요."

의사는 결국 치료를 거절했다.

그 의사는 공부를 잘해서 일류대학을 나왔지만 세상 사는 법을 배우지 못했다. 환자 입장을 생각할 줄 모르는 것이다. 참 딱하다는 생각이 들었다. 얼마 안 가서 그 병원의 간판은 보이지 않았다.

사람들은 많은 시간을 들여 어렵게 영어, 수학을 공부한다. 잘 살기 위해 행복하게 살기 위해 그렇게 한다. 그런데 성공하고 행복하게 살려면 지식을 쌓는 것만으로는 부족하다. 반드시 세상 사는 법도 배워야 한다. 세상 사는 법을 배우는 것은 영어, 수학 공부하는 시간의 1천 분의 1이면 되고, 어려운 것은 전혀 없는데도 사람들은 이 사실을 잘 모른다.

핵심 세상 사는 법을 배우는 것이 영어나 수학 배우는 것보다 더 중요하고 6년간 의학을 배우는 것보다 더 중요하다.

습관으로 만들어야 할 교훈(교훈) 생각하다.

실천 나는 시골에서 쓸쓸하게 혼자 사시는 할머니의 입장을 생각해 매일 한 번씩 전화를 걸겠다.

이 책에 실린 모든 이야기는 이야기의 핵심 요점, 기억하고 행동으로 익혀야 할 교훈, 그 교훈을 일상생활에서 실천하는 예시를 덧붙였다. 이를 각각 '핵심', '습관으로 만들어야 할 교훈'(교훈), '실천'으로 표기했다.

이 책은 이야기책이 아니라 좋은 습관을 만들어 실천하는 것이 목적이다. 따라서 핵심, 교훈, 실천을 참고해 아이와 함께 3단계 과정을 거치는 것이 좋다. 우선 이야기를 읽은 후 이야기의 핵심을 요약하고, 교훈을 찾아내며, 그 교훈을 지키겠다는 결심을 말하도록 한다. 다음으로 그 교훈이 습관이 될 때까지 반복하도록 한다. 마지막으로 교훈을 언제, 어디서, 누구에게, 어떻게 적용할지 구체적인 계획을 세우고, 실천하며 일기장에 실천 여부를 적도록 한다.

이러한 과정이 효과적임은 이미 100만 명이 넘는 사람이 확인했다. 하나의 교훈을 계속 반복해 습관을 만들고 이를 실천하는 것은 2부에서 자세히 살펴볼 습천법의 골자이기도 하다. 1부 1장과 2장 끝에 핵심 · 교훈 · 실천 예시를 "성공 습관을 나의 습관으로"에 모아 두었지만, 각 이야기를 읽은 후 반드시 스스로 이 과정을 거치길 바란다. 수많은 사람이 습천법의 효과를 체험한 것도 이 과정을 거쳤기 때문이다.

• 여우와 두루미 •

어느 날 할아버지가 손자 훈이를 불러 이야기를 나누었다.

"훈아, 너는 여우와 두루미 이야기를 아느냐?"

"예. 여우가 두루미를 불러 저녁을 대접했는데, 음식을 접시에 담아 줬습니다. 여우는 접시에 있는 음식을 잘 핥아 먹었지만, 두루미는 뾰족한 부리로 잘 먹을 수 없었죠. 다음에 두루미가 여우를 불러 저녁을 대접했는데, 음식을 좁고 긴 병에 담아 주었습니다. 두루미는 부리를 넣어 병에 담긴 음식을 잘 먹었지만, 여우는 혀가 닫지 않아 잘 먹을 수 없었습니다."

"일이 잘못됐구나. 뭐가 잘못되었는지 말할 수 있겠니?"

"여우와 두루미는 상대방을 손님으로 대접하려 했지만, 도리어 실망시키고 말았습니다."

"그래. 여우는 음식을 차릴 때 자기가 편하게 먹는 방법만 생각하고 두루미가 편하게 먹는 방법을 생각하지 않았지. 그것이 잘못이었다."

"할아버지, 이제 알겠어요. 두루미도 자기가 편하게 먹는 방법만 생각했지 여우가 편하게 먹는 법을 생각하지 못했습니다."

"그래, 잘 생각했다. 여우와 두루미는 어떻게 해야 했을까?"

"예, 여우가 두루미를 대할 때 먼저 두루미의 마음, 두루미의 입장을 반드시 한 번 생각해 보았어야 합니다. 그랬다면 여우는 자기가 먹을 음식은 접시에 담더라도 두루미에게 줄 음식은 병에 담아 주었을 것입니다."

"잘했다. 사람도 마찬가지다. 우리는 사람을 대하면 자기 마음과 입장만 생각하지 말고 반드시 상대의 마음과 입장을 한 번 생각해 봐야 한단다."

"할아버지, 저는 지금까지 할아버지를 대할 때 제 생각만 했지, 할아버지 마음을 한 번도 생각해 본 일이 없는데요."

"너뿐만 아니라 다른 사람들도 대부분 그렇단다. 어른들은 이 교훈을 다 알고 있으면서 습관이 되지 않아 실천을 못할 뿐이지. 만일 네가 이것을 실천할 수만 있으면 대부분의 어른들보다 더 훌륭한 사람이 될 수 있다. 벽에 '생각하자'라고 크게 써 붙여 놓고 사람을 대할 때마다 그 마음을 생각해 보는 습관을 만든다면, 나는 '내 손자가 훌륭한 사람이 되고 있구나'라고 기뻐할 게다."

"할아버지! 그것은 영어공부나 수학공부보다 훨씬 쉬운데요. 꼭 그렇게 하겠습니다."

이야기를 한 번 읽고 넘어가면 소용없다. 지금 읽은 이야기의 핵심, 교훈, 실천을 생각해 보고 차례대로 실시해야 의미가 있다.

• 구슬이의 미덕 •

문태오 할아버지가 가족잔치에 갔다. 초등학교 3학년생인 손녀 구슬이가 할아버지 테이블에 찾아왔다.

"할아버지, 제가 뭐 도와드릴 일이 있나요?"

할아버지는 구슬이를 반기며 칭찬했다.

“구슬이는 참 예쁘구나. 할아버지를 도와줄 생각을 했네. 지금은 괜찮아. 혹시 필요한 일이 있으면 부탁할게. 고맙다.”

한참 후에 구슬이가 다시 찾아왔다.

“할아버지, 물이라도 갖다 드릴까요?”

할아버지는 감격해 구슬이의 손을 잡고 구슬이 어머니에게 말했다.

“자네는 아이를 어떻게 키웠기에 얘가 할아버지 입장을 생각해서 두 번이나 도와주려고 찾아왔어. 구슬이가 ‘남의 마음을 생각하는 법’을 알아. 정말 장하네.”

구슬이 어머니는 웃으면서 말했다.

“칭찬해 주시니 감사합니다. 구슬이는 그렇게 남을 생각하는 버릇이 있어요. 자기 반에 왕따 당하는 아이가 하나 있는데, 그 애의 친구가 되어 줍니다. 가끔은 집까지 바래다주기도 하고요. 그래서 선생님에게 사랑받고 친구들도 좋아합니다. 늘 반장도 하지요.”

할아버지는 구슬이 어머니의 이야기를 듣고 대견스럽다는 듯이 구슬이를 바라보며 말했다.

“구슬이는 평생 사람들과 사이좋게 지내면서 행복하게 살 거야. 취직하면 윗사람들로부터 사랑받고, 동료들에게 칭찬을 들으며, 후배들로부터 존경받을 게다.”

구슬이는 어린아이지만 ‘생각하다’(상대방의 마음을 생각한다, 역지사지)를 실천하는 습관을 이미 갖추었다. 이 습관이 인생을 사는 데 얼마나 중요한지 깊이 생각해 보아야 한다.

사람을 대하는 태도는 두 가지로 나눌 수 있다. 상대방은 별로 생각하지 않은 채 내 생각만 하고 함부로 말하거나 행동하는 경우와, 먼저 상대방의 입장을 한 번 생각해 보고 내 마음을 정한 다음에 말하거나 행동하는 경우다. 대부분의 사람은 전자이다. 그러나 구슬이는 후자이다. 구슬이는 역지사지하는 것을 습관으로 만들어 실천했다.

다음 이야기를 읽기 전에 지금 이야기의 핵심, 교훈, 실천을 차례대로 실험해 보자.

• 카네기의 편지 •

철강왕 앤드류 카네기Andrew Carnegie에게는 예일대학에 다니는 조카 두 명이 있었다. 카네기의 제수는 두 아들이 모두 명문 예일대학에 다니는 것을 자랑스럽게 여겼다. 그런데 아들들이 도무지 엄마 편지에 답장을 보내지 않아 무척 속상해했다.

이 이야기를 들은 카네기는 내기를 걸었다.

"내가 그 아이들에게 편지를 쓰되 답장을 달라고 요청하지 않아도 바로 답장이 오게 만들지. 누가 여기에 100달러 걸겠나?"

카네기는 조카들에게 바로 편지를 썼다. 늘 있는 일상적인 이야기를 쓴 다음, 끝에 '돈 5달러를 동봉한다'고 썼다. (당시 화폐 가치로 5달러는 큰돈이었다.) 그리고 돈을 넣지 않은 채로 편지를 보냈다.

그러자 당장 답장이 왔다.

"아저씨, 편지 잘 받았습니다. 그런데 돈 넣는 것을 잊으신 것 같아요."

엄마는 아들 마음을 생각하는 대신 자기 마음만 생각했다. 아들 편지를 받아 친구들에게 자랑하고 싶었던 것이다. 반면 카네기는 조카들의 마음을 생각했다. 학생들이 갖고 싶은 것은 용돈이기 때문에 돈을 준다는 말을 덧붙인 것이다.

사람을 대할 때 그의 마음을 생각해 보는 것이 이처럼 중요한데, 사람들은 이 중대한 사실을 잊고 살아간다.

이 이야기의 핵심, 교훈, 실천을 생각해 보자.

• 하버드대학의 75년 연구 •

모든 사람이 알고자 하는 인생의 큰 문제가 있다. 바로 "어떻게 하면 행복하고 건강하게 오래 사느냐?"는 것이다.

여러 연구기관에서 이 문제에 대해 조사했더니 80%의 사람은 돈이 있어야 한다고 답했다. 과연 돈만 많으면 행복하고 건강하게 오래 살 수 있을까? 100세 이상 노인들을 대상으로 어떻게 살았는지 조사한 연구도 많다. 이를 횡단적 연구라고 한다.

한편 이 문제에 대해 종단적 연구도 진행했다. 즉, 어떤 사람의 생활을 젊은 시절부터 평생 동안 관찰함으로써 어떻게 해야 행복하고 건강하게 오래 사는지 연구한 것이다.

1938년 하버드대학에서 젊은이 724명을 대상으로 75년간 이들의 생애를 추적하는 장기 프로젝트를 추진했다. 하버드대학 2학년 학생들과 보스턴 시내 빈민촌에 사는 같은 나이의 가난한 청년들이 참여했다.

시골에서 혼자 사시는 할머니를 생각하여 매일 전화하는 습관은
가족관계를 친밀하게 만들어 건강하고 행복한 삶에 도움이 된다.

이들의 인생은 다양했다. 공장 노동자, 기업가, 의사, 변호사, 알코올 중독자, 정신병자, 밑바닥에서 정상까지 올라간 사람, 사업에 실패한 사람, 대통령(케네디) 등이었다.

이 연구를 위해 막대한 비용과 시간이 들었다. 2년에 한 번씩 연구원이 일일이 방문해 본인은 물론 부모, 배우자, 자녀를 만났다. 직장을 방문해 조사하고, MRI까지 찍으며 철저히 건강검진을 했다. 보고서는 수만 페이지에 걸쳐 작성되었다.

75년간 연구가 계속되는 동안에 연구책임자도 세 차례나 바뀌었다. 네 번째 연구책임자인 로버트 월딩거Robert Waldinger 교수는 참으로 상상하기 힘든 놀라운 연구 결과를 내놓았다.

"행복하고 건강하게 오래 산 사람들은 인간관계가 좋은 사람들이다."

그는 덧붙여서 말했다.

"인간관계가 좋다는 것은 가족관계와 친구관계가 친밀하고, 친한 사람들의 모임에 속해 있다는 것이다. 만날 때마다 사랑스러운 가족, 무엇이든 털어놓을 수 있는 친구가 있다는 것이다. 경제적으로 성공한 사람, 높은 사회적 지위를 얻은 사람, 50대에 건강이 좋았던 사람들보다 인간관계가 좋은 사람들이 더 행복하고 건강하게 오래 살았다. 외로운 사람들은 병도 많고 오래 살지 못했다. 가족과 친구가 있어도 친밀하지 않으면 소용없었다."

그는 이어서 설명했다.

"50대가 80대까지 건강하게 살 수 있는 요인은 병원에 가서 측정한 건강 수치가 아니라 사람들과 얼마나 친밀하게 지내느냐에 달렸다. 사람들과 친하게 지내는 사람들은 80대가 되어도 육체적 고통을 더 잘 참을 수 있고 정신적으로도 여유가 있으며 기억력도 더 좋다는 사실이 밝혀졌다. 왜 사람들은 그동안 이런 사실을 몰랐을까? 그것은 아마 결과가 바로 눈에 보이지 않고 오랜 시간이 걸리기 때문일 것이다."

이것은 하버드대학에서 막대한 시간과 연구비를 들여 얻은 과학적 결론이다. 행복하고 건강하게 오래 살고 싶으면 돈을 벌고 명성을 얻고 운동을 하고 건강관리를 하는 것뿐만 아니라 인간관계를 친밀하게 하는 일에 특별히 더 마음을 써야 한다.

이 책에서는 사람들과 사이좋게 지내는 것을 매우 중요한 일로 다루었다. 그 방법들 가운데 가장 효과적인 것은 "사람을 대하면 언제나 상대방의 마음을 생각한다"(무엇을 바라는지 생각한다, 역지사지)는 것이다.

이 이야기의 핵심, 교훈, 실천을 말해 보자.

• 힐의 취업성공기 •

미국의 대공황기는 국가 경제의 붕괴로 취업이 매우 어려웠던 시기다. 이때 나폴레온 힐은 경영학과 졸업을 앞두고, 자기가 취직하고 싶은 회사 사장 아이어스에게 편지를 썼다.

> 저는 경영학과를 졸업하면 사장님의 비서로 일하길 간절히 바랍니다. 저는 지금까지 경영 실무를 해본 적이 없기 때문에 제가 일할 기회를 얻으면 사장님께 도움을 드리는 것보다 제가 실무를 통해 배우는 것이 더 많을 것입니다. 그러므로 제가 수업료를 내는 것이 이치에 맞을 것 같습니다. 그 수업료를 사장님께서 계산해 주십시오. 제가 월급을 받을 자격이 있다고 생각하실 때부터 보수를 주시되 수업료는 그때부터 급료에서 감해 주시면 됩니다.

아이어스는 이 편지를 받고 힐을 즉시 채용했다. 힐은 아침 일찍 출근해 저녁 늦게까지 일했다. 그는 회사에 자기가 받는 급료보다 더 가치 있는 공헌을 하겠다는 것을 신조로 삼았다.

힐은 훗날 성공철학의 대가가 되었다. 그의 저서 《부자 되는 법》*Think and Grow Rich*은 전 세계에서 수천만 부가 팔린 베스트셀러가 되었다. 한국어판(《생각하라 그리고 부자가 되어라》)도 있다.

이 이야기의 핵심, 교훈, 실천을 적어 보자.

• 요리사를 위한 감사 인사 •

마쓰시다 고노스케松下幸之助 회장은 마쓰시다 전기회사를 설립해 세계적 기업으로 키웠고, 일본 제일의 부자였으며, 훌륭한 경영인으로서 존경받던 인물이었다.

하루는 마쓰시다 회장이 그의 단골 식당에 손님을 초대했다. 주방에서는 중요한 손님을 맞이하여 정성껏 음식을 장만했다. 그런데 그는 요리를 반만 먹고 주방장을 불렀다. 바짝 긴장한 주방장은 무엇이 잘못되었는지 조심스럽게 물었다.

의외로 그는 이렇게 답했다.

"요리가 아주 맛있습니다. 그런데 의사가 음식을 줄이라고 해서 남겼습니다. 혹시 주방장이 맛이 없어서 남겼다고 오해할까 봐 말씀드립니다. 늘 좋은 요리를 해 주어서 감사합니다."

이 이야기의 핵심, 교훈, 실천은 무엇일까?

• 부부 갈등의 이유 •

워싱턴대학의 존 고트만John Gottman 교수는 부부관계의 권위자다. 그는 수많은 부부를 조사해 사이좋게 지내는 이유, 헤어지는 이유를 분석했다.

놀랍게도, 그는 부부가 5분간 대화하는 것을 살펴보면 7년 내에 이혼할지 말지를 90% 이상 정확히 예측할 수 있다고 한다. 그는 설명한다.

사람이 다른 사람과 대화할 때는 긍정적 표현과 부정적 표현을 쓸 수 있는데, 부부 간 대화 중 부정적 대화가 20%를 넘으면 그 관계는 위험하다는 것이다. 부정적 대화로 그는 4가지 표현을 꼽는다. 멸시contempt, 비판criticism, 변명defensiveness, 무응답stonewalling 등이 그것이다.

멸시는 상대방을 깔보는 표현이다(예: "당신은 머리가 나빠서 그런 것을 이해하지 못해"). 비판은 상대방의 잘못을 지적하는 표현이다(예: "당신은 늘 성의 없이 적당히 하잖아"). 변명은 잘못이나 실수의 구실을 대는 표현이다(예: "나는 제시간에 떠났는데 길이 막혔어"). 무응답은 상대의 질문에 답하지 않고 대화를 차단하는 표현이다(예: "그 얘기는 덮어 둡시다").

이런 것들은 상대방이 듣기 불편한 표현이다. 사람을 대할 때는 그의 입장과 마음을 헤아려 보아야 한다. 상대방의 상황을 생각하면 이런 표현은 삼가야 한다.

사람도 동물의 일종이기 때문에 어쩔 수 없이 동물의 본능을 가지고 있다. 동물은 공격을 받는다고 생각하면 본능적이고 자동적으로 반응한다. 멸시, 비판, 변명, 무응답 등은 모두 공격으로 받아들여지는 것이다. 따라서 이러한 표현은 되도록 삼가는 것이 좋다.

이는 부부 사이에만 해당하는 이야기가 아니고 사람들 간 모든 대화에 적용된다. 우리가 사람들과 대화할 때는 기분 내키는 대로 함부로 말을 내뱉지 말고 듣는 사람의 입장에서 한번 생각해 보고 긍정적인 말로 바꾸어 말하는 습관을 익혀야 한다.

이 이야기의 핵심, 교훈, 실천을 파악해 보자.

• 동네 왕따 돼보기 •

한 시골 마을에 정신발달이 좀 더딘 곰이란 아이가 있었다. 동네 아이들은 매일 곰이를 놀리는 것을 재미로 삼았다. 곰이가 무슨 말을 해도 흉내 내고 웃었다. 그때마다 곰이가 괴로워하는 것을 보고 아이들은 웃었다.

마을의 한 할아버지가 아이들을 불러 모아 놓고 타일렀다.

"너희는 재미 삼아 하는 일이 곰이를 얼마나 괴롭혔는지 모른다. 이제 한 사람씩 차례로 앞에 세우고 전부 돌아가며 한마디씩 흉보기로 해보자. 그다음 얼마나 그것이 자기를 괴롭게 했는지 말해 보자."

그 일이 있은 뒤 동네 아이들은 곰이를 놀리지 않았다. 뿐만 아니라 서로 남을 배려하는 습관이 생겨 아이들이 항상 사이좋게 지내는 행복한 마을이 되었다.

남의 마음을 헤아리고, 남의 입장을 생각하는 게 좋다는 것은 누구나 다 알고 있다. 그런데 이를 일상생활에서 실천하는 사람은 많지 않다. 누구를 놀리는 것을 재미로 알고 그 때문에 그가 겪는 고통을 생각해 보지 않는 일이 너무나 많다.

이 이야기의 핵심, 교훈, 실천을 생각해 보자.

• 학교폭력의 해법 •

같은 반 학생들의 괴롭힘을 견디다 못해 아파트 옥상에서 뛰어내린 중학생 김 모 군(14세 · 대구 수성구)이 부모에게 남긴 편지가 〈조선닷컴〉에 실렸다. 그 편지의 일부를 옮긴다.

제가 그동안 말을 못했지만, 매일 라면 등 먹을 게 없어지고, 갖가지가 없어진 이유가 있어요. 저희 반 ○○○과 ○○○이란 애들이 매일 우리 집에 와서 절 괴롭혔어요. 라면, 쌀국수, 만두, 과자, 콜라, 견과류, 치즈 같은 걸 매일 먹거나 가져갔어요.

때리는 횟수도 늘고, 수업시간에 공부하지 말라고 하고, 시험지는 다 찢고, 돈 벌라 하고, 물로 고문하고, 모욕하고, 단소로 때리고, 우리 가족을 욕하고, 공부 못하도록 문제집을 다 가져가고, 학교에서도 몰래 때리고, 온갖 심부름과 숙제를 시켰어요.

저는 정말 엄마한테 죄송해서 자살도 하지 않았어요. 어제(12월 19일) 혼날 때 엄마 모습을 보니 저를 혼내고 계셨지만 속으로 걱정하시더라고요. 저는 그냥 부모님이나 선생님, 경찰 등에게 도움을 구하려 했지만, 걔들의 보복이 너무 두려웠어요. …

매일 남몰래 울고 제가 한 짓도 아닌데 억울하게 꾸중 듣고 맞던 시절을 끝내는 대신에 가족들을 볼 수 없다는 생각에 벌써부터 눈물이 앞을 가리네요. 제가 없다고 해서 슬퍼하시거나 저처럼 죽지 마세요. 저의 가족들이 슬프다면 저도 분명히 슬플 거예요. 부디 제가 없어도 행복하길 빌게요.

우리 가족을 너무나 사랑하는 막내 ○○○ 올림

P. S. 부모님께 한 번도 진지하게 사랑한다는 말을 전하지 못했지만 지금 전할게요. 엄마, 아빠 사랑해요!

이 편지를 남기고 김 모 군은 스스로 죽음을 택했다. 참 가슴 아픈 일이다. 어떻게 하면 아이들이 이런 못된 짓을 하지 않도록 가르칠 수 있을까?

첫째, 가해 학생들의 부모는 자기 아이가 잔혹한 비행을 저지른다는 사실을 전혀 모른다. 모두 '내 아이는 아니겠지'라고 생각한다.

둘째, 모든 부모는 '내 아이도 그렇게 될 수 있다'는 가정하에, 남의 일이 아니라 자기 일로 생각해 보아야 한다.

셋째, '남을 괴롭히지 말라'고 가르치는 것보다 '남의 입장이 되어 생각해 보자'고 가르치는 것이 더 효과적이다.

넷째, '남의 입장이 되어 생각해 보자'는 일반론보다 더 효과적인 것은 구체적 행동을 정해 반복 실천하는 일이다(예: "나는 매일 만진이를 만나면 '야 멋있다, 반갑다'고 말하겠다").

다섯째, 이것이 습관으로 정착하기까지 한 달 동안 반복한다.

이 이야기의 핵심, 교훈, 실천을 말하고, 습관으로 만들어 보자.

성공 습관을 나의 습관으로

여우와 두루미

핵심 여우와 두루미는 상대 입장을 생각하지 못해 손님 대접을 잘못했다.

교훈 생각하다.

실천 나는 집안일로 바쁜 어머니 입장을 생각해 설거지를 대신하겠다.
나는 가족에게 희생하는 어머니를 위해 하루에 10분을 바치겠다.

구슬이의 미덕

핵심 상대방의 마음을 생각하는 것은 초등학생도 할 수 있다.

교훈 생각하다.

실천 나는 '생각하다'를 누구에게, 언제, 어떻게 실천할지 구체적으로 계획하겠다.

카네기의 편지

핵심 카네기는 조카들의 마음을 생각하는 편지를 썼다.

교훈 생각하다.

실천 나는 앞으로 친구들을 대할 때 그들의 마음을 한 번 생각해 보겠다.

하버드대학의 75년 연구

핵심 사람들과 친하게 지내는 것이 행복하고 건강하게 오래 사는 비결이다.

교훈 생각하다.

실천 나는 친구 셋을 정해 평생 변치 않는 우정을 쌓겠다.

힐의 취업성공기

핵심 힐은 회사 대표의 입장에서 생각해 대공황기에도 일자리를 얻었다.

교훈 생각하다.

실천 나는 오늘부터 당장 상대방 입장을 한 번 생각해 보겠다.

요리사를 위한 감사 인사

핵심 마쓰시다 회장은 요리사의 마음을 생각해 감사의 말을 전했다.

교훈 생각하다.

실천 나는 매일 만나는 수위 아저씨에게 고맙다고 인사하겠다.
나는 엘리베이터를 탈 때마다 노인과 아이들에게 양보하겠다.

부부 갈등의 이유

핵심 부부 사이가 나빠지는 가장 큰 이유는, 상대방의 마음을 생각하지 않고 함부로 말하는 태도이다.

교훈 생각하다.

실천 대화 중에 부정적 표현이 없었는지 매일 밤마다 반성하겠다.

동네 왕따 돼보기

핵심 남을 놀리는 일은 상대방의 입장에서 생각할 때만 해결할 수 있다.

교훈 생각하다.

실천 나는 매일 저녁마다 그날 대한 사람을 떠올리고 내가 어떻게 말했는지, 상대방에게 듣기 싫은 말을 하지 않았는지 반성하고 일기에 쓰겠다.

학교폭력의 해법

핵심 친구를 괴롭히는 일은 당하는 아이의 입장을 생각하지 않아 발생한다.

교훈 생각하다.

실천 나는 친구를 놀리거나 괴롭히지 않았는지 반성하겠다.
나는 남을 괴롭히는 것은 큰 범죄라는 사실을 명심하겠다.
나는 '상대방의 마음을 생각한다'를 매일 아침마다 10번씩 외치겠다.

2

혼자 있을 때 '행복하다'고 말하자

우리가 살아가면서 사람을 대할 때와 혼자 있을 때가 있는데, 사람을 대할 때는 '상대방의 마음을 생각하자'는 것이 1장에서 배운 교훈이었다. 2장에서는 혼자 있을 때 어떻게 해야 하는지 알아볼 차례이다.

인격을 스스로 닦아 자기를 다스릴 수 있어야 다른 사람을 다스릴 수 있다는 교훈은 우리의 선조들이 전해 준 삶의 지혜이다. 이 오래된 지혜는 오늘날의 인성교육에도 그대로 적용할 수 있다. 혼자 있을 때 항상 '행복하다'고 말하고, 스스로 만족과 기쁨을 찾을 수 있는 사람이 다른 사람을 대할 때 상대방의 마음을 먼저 생각할 수 있다.

혼자서 자신만의 행복을 발견하고 가꾼 사람들의 이야기를 들으며 스스로 행복해지는 길을 찾아보자.

• 닉 부이치치의 행복 찾기 •

닉 부이치치Nicholas James Vujicic는 두 팔과 두 다리 없이 태어났다. 자기 손으로 밥도 먹을 수 없고, 옷도 입을 수 없고, 마음대로 움직일 수도 없다.

그러나 그는 무척 행복하다고 말한다. 세계 여러 곳을 다니면서 강연도 한다. 어려운 처지에서 실망하던 사람들도 닉의 강연을 들으면 자기보다 훨씬 처지가 어려운 사람이 행복해하는 것을 보고 용기를 얻는다.

사람들은 묻는다.

"사지四肢가 없어 무척 불편할 텐데 무엇이 행복합니까?"

그는 대답한다.

"사람의 행복은 사지에 있지 않습니다. 나는 눈이 있어 행복하고, 귀가 있어 행복합니다. 꽃이 있어 행복하고, 하늘이 있어 행복하고, 부모님이 계셔서 행복합니다. 행복할 이유는 아주 많습니다."

닉은 왼쪽 발이 엉덩이에 붙어 있고 거기에 발가락이 두 개 달려 있는데, 이것을 무척 고맙게 생각한다. 이것을 써서 컴퓨터를 할 수 있고, 악기도 두드릴 수 있다. 그 외에도 이것을 써서 할 수 있는 일이 많다.

그는 자신의 몸을 움직여 할 수 있는 일들을 꼽는다.

"나는 다이빙도 하고, 수영도 하고, 골프도 하고, 축구도 합니다."

물론 그는 올림픽 선수처럼 스포츠를 잘하지 못하지만, 노력해서 자기가 정한 목표에 도달하면 무척 행복해한다.

그는 많은 강연으로 부자가 되었고, 불우한 사람들을 돕기도 한다. 지금은 결혼도 하고 아이도 있다. 정말 행복한 사람이 된 것이다.

행복은 마음먹기에 달렸다. 아침에 눈뜰 때마다 눈부신 세상을 볼 수 있어서, 사랑하는 가족과 친구가 있어서 행복하다고 생각하면 잊었던 행복을 찾을 수 있다.

이 이야기에서 우리는 중요한 교훈을 얻을 수 있다. 그것은 "행복은 마음먹기에 달렸다"는 것이다. 즉, 행복은 바깥에서 찾기보다 마음속에서 찾아야 한다. 그 방법은 매우 간단하다. 평소에 잊고 지내는 행복을 되찾으면 된다. 앞을 못 보는 사람은 볼 수 있으면 얼마나 행복할까라고 생각하는데, 볼 수 있는 사람은 세상을 보는 행복을 잊고 산다. 이것은 어리석은 짓이다.

'항상 두 눈이 밝아서 행복하다'고 생각해야 한다. 그러면 우리가 평소에 잊고 지내는 행복이 무척 많음을 깨닫게 된다. 인생을 살아가는데 이보다 더 소중한 교훈은 없다.

이 이야기의 핵심, 교훈, 실천을 생각해 보자.

• 헬렌 켈러의 〈3일만 볼 수 있다면〉 •

많은 사람이 헬렌 켈러Helen Keller를 그저 장애를 이겨내고, 장애인, 여성, 노동자들을 위해 헌신한 사회운동가로 알고 있다. 하지만 그녀는 사실 뛰어난 작가로도 유명하다.

듣지도, 보지도, 말하지도 못하는 세 가지 장애를 동시에 가진 그녀는 5개 국어 점자를 익혀 다양한 분야의 책을 섭렵했다. 특히 자신의 장애를 잊게 해 주는 문학을 '나의 유토피아'라 부르며 좋아했다.

〈3일만 볼 수 있다면〉*Three Days to See*은 헬렌 켈러가 3일간 볼 수 있는 기적이 일어난다면 무엇을 하고 싶은지 쓴 에세이다. 〈리더스 다이제스트〉가 '20세기 최고의 에세이'로 선정한 이 작품은 우리가 당연히 여기며 잊고 지내는 삶의 감동들을 포착하고 감사하는 내용을 담고 있다.

"세상을 볼 수 있는 눈이 있어 감사하다. 새소리, 바람소리, 물소리, 음악을 들을 수 있는 귀가 있어 감사하다. 내 마음을 상대에게 말로 전할 수 있어 감사하다."

그녀가 3일간 장애가 사라진다면 보고 싶은 것은 거창하지 않다. 먼저 가까이서 지켜 준 설리번 선생님의 얼굴과 아름다운 자연을 꼽았다.

"내가 만약 3일 동안 볼 수 있다면, 첫날엔 나를 가르쳐 준 설리번 선생님을 찾아가 그분의 얼굴을 바라보겠다. 그리고 산으로 가서 아름다운 꽃과 풀과 빛나는 노을을 보고 싶다. 둘째 날엔 새벽에 일찍 일어나 먼동이 터오는 모습을 보고 싶다. 저녁엔 영롱하게 빛나는 하늘의 별을 보겠다."

다음으로 그녀는 거리에 나가 동시대를 살아가는 사람들의 모습과 세상 구경을 하고 싶다고 말한다.

"셋째 날엔 아침 일찍 큰길로 나가 부지런히 출근하는 사람들의 활기찬 표정을 보고 싶다. 점심때는 아름다운 영화를 보고, 저녁때는 화려한 네온사인과 쇼윈도의 상품들을 구경하고 돌아와, 3일 동안 눈뜨게 해 주신 하나님께 감사의 기도를 드리겠다."

그녀는 장애를 갖지 않은 사람들은 당연하다고 여기는, 볼 수 있고, 들을 수 있고, 말할 수 있고, 걸을 수 있다는 사실이 얼마나 감사한 기적인지 이야기한다. 또한 우리 곁에 있는 것들의 아름다움을 말하며 일상의 소중함을 깨닫게 한다.

일상이 소중하다는 진리를 알게 되면, 우리는 삶의 아름다움에 눈뜨고 생의 감동을 발견할 수 있다. 자신에게 없는 것을 안타까워하지 않고, 일상을 행복하게 그리고 감사하며 살 수 있다.

이 이야기의 핵심, 교훈, 실천을 말해 보자.

• 행복의 조건 •

나는 가난한 나라에 가서 그들이 살아가는 모습을 보면서 사람이 사는 조건, 행복의 조건에 대해 깊이 생각하게 되었다.

그곳에는 넓은 들판에 수없이 많은 집이 있다. 집이라고 해봐야 나무 막대를 중간에 하나 세우고 포대를 덮은 것이 전부이다. 아이와 강아지와 닭이 함께 뒹굴고, 제대로 된 화장실도 없다. 그들에게는 비바람을 막아 줄 집과, 하루 세끼 배를 채울 수 있는 삶이 평생의 꿈일 것이다.

만약 그들이 좋은 목욕탕과 화장실을 쓸 수 있다면 어떨까? 깨끗한 옷을 갈아입고, 잘 말린 이부자리에서 잘 수 있다면 어떨까? 나아가 원하는 공부를 할 수 있고, 아프면 병원에 갈 수 있다면 삶이 어떻게 변화할까?

우리는 그들이 가지지 못한 많은 것들을 가졌다. 그런데도 이를 당연하게 여기며 간단히 무시한다. 가지지 못한 것을 갈구하며 불행하다고 말하기도 한다.

혼자 있을 때 우리가 가진 모든 것들을 떠올리고 그 소중함을 되새기는 시간을 가져 보는 것은 어떨까? 생각해 보면 우리에게는 행복하게 살아야 할 조건이 너무나 많다.

이 이야기의 핵심, 교훈, 실천을 적어 보자.

• 물레방아장이와 왕 •

옛날 영국의 디Dee강 가에 물레방아가 있었는데, 그 집주인은 영국에서 가장 행복한 사람이었다. 매일 아침부터 저녁까지 바빴지만 늘 종달새처럼 즐겁게 노래했다. 그가 항상 즐거워했으므로 주위 사람들까지도 즐거웠다. 그래서 그의 즐거운 생활에 대한 이야기가 온 나라에 퍼졌다.

마침내 이 이야기가 왕의 귀에 들어갔고, 왕은 큰 관심을 보였다.

“내가 그 놀라운 물레방아장이를 만나 봐야겠다. 그에게서 행복해지는 법을 배워야지.”

왕이 물레방아를 찾아가자 노랫소리가 들려왔다.

난 아무도 부럽지가 않네.
난 이보다 더 행복할 수가 없어.
누구도 날 부러워하지 않지만.

이 노래를 듣고 왕이 말했다.

"그건 틀렸네. 바로 내가 자네를 부러워하네. 만일 자네처럼 행복할 수 있다면 난 기꺼이 자네와 내 자리를 바꿔 주겠어."

물레방아장이는 왕에게 절하고 웃으면서 말했다.

"저는 제 자리를 폐하 자리와 바꾼다는 것을 생각할 수 없습니다."

왕은 의아해하며 물었다.

"이 먼지 나는 방앗간에서 무엇이 자네를 그리 기쁘고 즐겁게 하는지, 임금인 나는 왜 매일 슬프고 고통스러운지 그 까닭을 말해 주겠나?"

물레방아장이는 자신 있게 대답했다.

"저는 폐하께서 왜 슬프신지 모르겠습니다만, 제가 왜 즐거운지는 쉽게 설명해 드릴 수 있습니다. 디강은 매일 물레방아를 돌려 곡식을 찧어서 아내와 아이와 저를 먹여 줍니다. 저는 아내와 아이들을 사랑하고, 친구들도 사랑합니다. 그들도 저를 사랑합니다. 그런데 어찌 행복하지 않을 수 있겠습니까?"

"좋았어. 오래오래 그렇게 행복하게 살게나. 자네가 부럽구먼. 자네의 먼지 묻은 모자가 나의 황금 왕관보다 더 낫네. 자네의 방앗간이 자네에게 해주는 것은, 온 나라가 내게 해주는 것보다 더 낫구나. 만일 자네 같은 사람이 많다면 이 세상은 얼마나 더 살기 좋은 곳이 될까? 잘 지내게, 내 친구!"

왕은 작별 인사를 하고 돌아서서 슬픈 마음으로 걸음을 옮겼다. 방앗간에서는 노랫소리가 들려왔다.

아! 나는 더없이 행복하구나.
디강 옆에 살고 있으므로….

이 이야기의 핵심, 교훈, 실천은 무엇일까?

• 운전기사 김 씨의 직업정신 •

김식 씨(가명)는 내가 한국전자기술연구소KIET에 있을 때, 나의 운전기사였다. 나는 그와 지내면서 그를 존경하게 되었다.

그는 운전기사라는 직업에 늘 감사했다. 그 자리가 생계를 보장해 주고 아이들을 공부시킬 수 있게 해준다고 여겼기 때문이다. 그는 운전기사의 직무를 성실히 수행하겠다는 마음가짐을 가졌다. 나는 그를 세계 최고의 기사라고 생각했다.

그는 언제나 자부심을 갖고 일한다고 말했다.

"저는 항상 감사하는 마음으로 저의 일에 최선을 다합니다. 이렇게 마음먹고 있기 때문에 즐겁고 피로하지도 않습니다. 그런데 기사들 중에는 딱한 사람들이 많습니다. 밤낮 신세타령이나 하고 모시는 분 흉이나 봅니다. 그런 사람들은 늘 피곤해하고 사고도 냅니다. 결국 한자리에 오래 있지 못하고 자꾸 자리를 옮기는데, 그럴 때마다 근무조건이 더 나쁜 데로 미끄러집니다."

또 그는 지난날에 비하면 지금이 훨씬 행복하다고 말했다.

"아버지가 일찍 돌아가시고 어머니가 길거리에서 나물 팔면서 어렵게 저희를 키우셨습니다. 저는 어릴 때 소원이 밥 세끼 배불리 먹고 학교에 다니는 것이었습니다. 그런데 지금 저는 밥 세끼 먹고, 노후를 위해 저축도 하며, 아이들을 대학에 보냅니다. 무척 고맙고 행복합니다."

내가 연구소를 그만두자 김식 씨는 소장의 기사가 되었다. 소장이 장관이 되면서 산하기관으로 옮겨갔고 거기서 차량 관리를 하는 관리직으로 승진했다. 정년이 되자 그의 성실함을 아끼던 직장에서 그 건물의 청소용역을 주어 청소회사 사장이 되었다.

그는 지난 정초에 세배 인사차 나를 찾아와 또 한 번 감동적인 이야기를 들려주었다.

"저는 새벽에 직원들과 동시에 출근해 제일 위층에서부터 출발하여 모든 층을 돌아보면서 직원들을 격려합니다. 저는 검소하게 생활하기 때문에 싼값으로 청소를 해드릴 수 있습니다. 그래서 청소하는 건물이 많이 늘어났습니다."

우리는 이 이야기에서 이런 교훈을 배울 수 있다. 욕심이 실력보다 더 크면 불행하다. 나보다 잘사는 사람과 비교하고, 나보다 더 높아진 사람과 비교하면 불행하다. 과거 어려웠던 때를 잊고, 지금 부족한 것만 생각하면 불행하다.

이 이야기의 핵심, 교훈, 실천을 파악해 보자.

봉규는 학교에 다닐 때 공부를 잘했다. 그러나 그는 항상 1등을 해야 한다는 생각에 늘 마음이 편치 않았다.

원하는 대학에 합격했지만, 기쁨은 잠시였다. 동기생들보다 먼저 고시에 합격하려고 공부에 집착해서 행복하지 않았다. 고시에 합격했다. 좋은 부처에 발령받기 위해 일하느라 여유가 없었다. 좋은 부처에 발령받았다. 기쁨은 오래가지 않았다. 누구보다 먼저 과장이 되리라고 마음먹었기 때문이다. 일에 열중해 친구 사귈 시간이 없었다. 가족도 자기 목표를 위해 희생해야 한다고 생각했다. 행복하지 않았다.

과장이 되었다. 또 국장이 되기 위해 달렸다. 국장이 되었다. 이번엔 장관이 되는 일에 목숨을 걸었다. 40대에 장관이 되었다. 오래 그 자리를 지키기 위해 온갖 궁리를 했다. 행복할 여유가 없었다. 이런 노력에도 2년 뒤 장관 자리를 물러났다.

봉규는 친구도 없고, 취미도 없으며, 가족과도 소원해졌다. 그는 매일매일 화나 있었다.

반면, 학규는 겸손하고, 작은 일에 감사하며, 늘 행복했다. 반에서 10등을 해도 열심히 공부하여 10등으로 오른 것이 행복하다고 느꼈다. 5등을 하기 위해 6개월 내에 하루 3시간씩 집중해 공부하기로 작정했다. 6개월 뒤에 7등밖에 못했지만, 하루에 3시간씩 집중해 공부하기로 한 계획은 지켰으므로 그것으로 만족했다.

열심히 노력한 덕분에 원하는 대학에 들어간 그는 무척 행복했다. 대학에 다니는 4년 내내 등교 때마다 교문을 보며 마음속으로 다짐했다.

'나는 이 학교 학생이란 사실이 무척 자랑스럽다. 나는 대학생활을 뜻있고 행복하게 보낼 것이다.'

그는 좋은 친구들을 사귀었다. 봉사활동도 했다. 대학이란 미래의 행복을 위해 공부하는 곳이지만, 대학시절보다 더 행복한 시간은 평생 다시 오지 않으리라고 생각했기 때문이다.

그는 대학을 졸업하고 기업에 취직했다. 그는 즐겁게 일하고, 동료들과 사이좋게 지내며, 맡은 일에 최선을 다했다. 승진을 위해 잔꾀를 부리지 않았다. 동기보다 늦게 과장이 되었지만 친구들과 소원해지지 않아 좋다고 생각했다. 어려운 일은 자진해서 하고, 생색날 일은 동료에게 양보했다. 그는 항상 행복한 미소를 지었다.

처음에는 진급이 늦었지만, 시간이 갈수록 명망이 높아져 마침내 그는 사장이 되었다. 모든 사람의 축복을 받으면서.

이 이야기의 핵심, 교훈, 실천을 생각해 보자.

• 돈과 행복의 상관관계 •

행복의 조건을 물으면 많은 사람들은 돈이라고 대답한다.

심리학 연구로 노벨 경제학상을 수상한 프리스턴대학의 대니얼 카너먼Daniel Kahneman 교수는 이렇게 말했다.

"미국에서 개인 연소득이 7만 5,000달러에 달한 이후부터는 수입이 아무리 늘어도 행복 수준은 더 올라가지 않는다."

네덜란드 에라스무스대학의 뤼트 베인호번Ruut Veenhoven 교수도 비슷한 연구 결과를 내놓았다. 그의 조사에 따르면, 연수입이 10만 달러를 넘으면 수입이 늘더라도 행복 수준은 더 이상 높아지지 않는다. 연구자마다 이 숫자는 조금씩 다른데, 〈타임〉은 이것이 5만 달러라고 보도하였다.

다시 말해, 수입이 아주 낮은 사람은 수입이 늘면 행복 수준도 올라가지만, 수입이 기본생계를 해결하는 수준에 도달하면 그 후부터는 수입이 늘어도 더 행복해지지 않는다는 것이다.

일반 사람들의 상식은 돈이 많을수록 행복 수준도 올라가리라는 것이다. 그러나 많은 학자는 과학적 연구를 통해 이것이 틀렸음을 밝혀냈다. 사람은 기본생계를 해결할 수 있는 수입을 가지면 그 후 수입이 10배, 100배 늘더라도 얼마간은 더 행복해지지만 시간이 흘러 그것이 당연해지면 행복지수가 제자리로 돌아간다.

우리나라의 자료도 비슷하다. 한국인의 행복지수 그래프를 보면 소득이 낮은 사람은 소득이 증가할수록 행복 수준도 올라간다. 그러나 월 소득이 350만 원에 도달하면 그 이상 소득이 늘어도 행복 수준은 더 올라가지 않는다.

이것은 매우 놀라운 발견이다. 사람들은 보통 돈이 많으면 많을수록 더 행복할 것이라고 생각한다. 그래서 돈이 많은 사람이나 적은 사람이나 모두 돈을 더 벌려고 온갖 노력을 다한다. 우리는 돈이 우리 마음에 미치는 영향을 잘 모르며, 무엇보다 자기 자신의 마음조차 잘 모르는 것이다. 이것은 매우 중요한 사실이다.

소득에 따른 행복의 수준

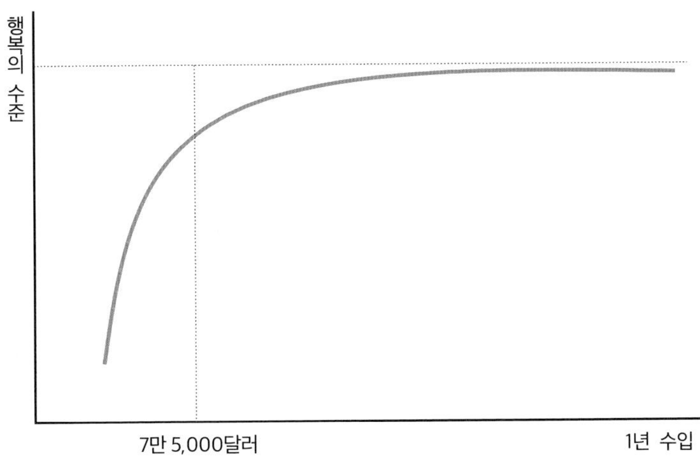

출처: 대니얼 카너먼, 2010.

한국인의 행복지수

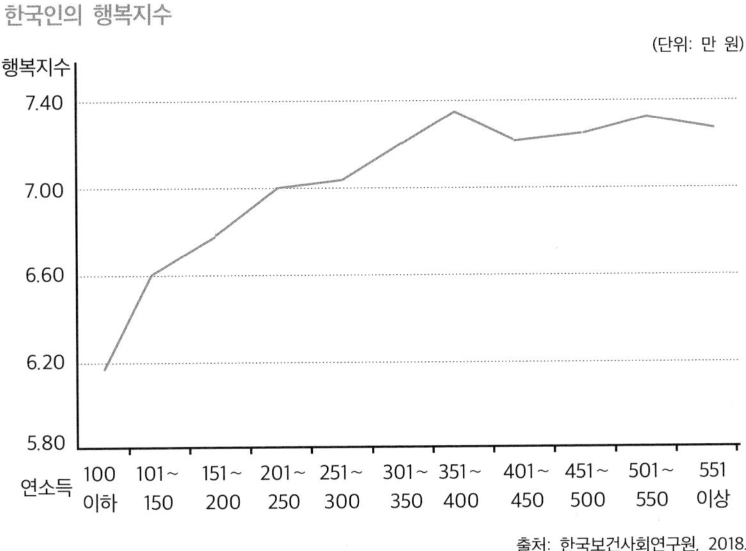

출처: 한국보건사회연구원, 2018.

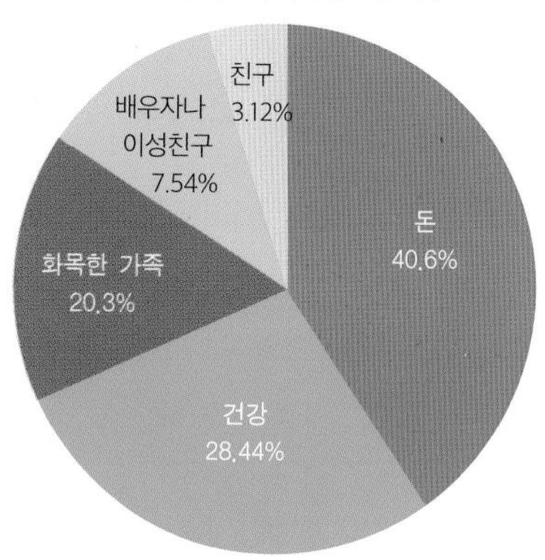

출처: 엄우식, 2010.

2010년 연세대 사회학과의 엄우식 교수가 서울 시민에게 '행복하기 위해 필요한 것'이 무엇인지 조사했다. 그 결과, 돈이 행복에서 가장 중요하다고 생각하는 사람이 제일 많았다. 즉, 우리나라에서는 많은 사람이 돈과 행복의 상관관계를 아직 잘 모른다는 것이다.

그래서 사람들은 돈을 과대평가한다. 주위를 둘러보면 인생의 목적을 돈 버는 데 두는 사람이 허다하다. 형제간 우애보다 돈이 더 가치 있다고 여기고 돈 때문에 형제가 서로 싸운다. 밤낮 아픈 사람만 보는 것이 싫어 자녀는 의사가 되고 싶지 않은데, 부모는 자꾸 의사가 되라고 한다. 의사가 되면 돈을 많이 벌 수 있고 돈만 있으면 행복하다고 믿기 때문이다.

어느 회사 경리과에서 일하며 10억 원을 빼돌린 사람이 있었다. 돈이 자기를 행복을 줄 것이므로 양심의 가책이나 감옥 가는 일쯤은 감당할 수 있다고 믿었다. 하지만 그는 양심의 가책으로 평생 불행하게 살았다.

돈이 아무리 많아도 행복하지 않으면 그 돈은 무의미하다. 그런데 사람들은 돈만 있으면 행복할 것이라고 착각한다. 다행히 많은 학자가 우리가 마음에 새길 사실을 가르쳐 주었다.

수입이 기본생계를 유지하는 수준만 넘으면, 돈과 행복은 관계가 적다.

이 이야기의 핵심, 교훈, 실천을 말해 보자.

• 높은 자리가 곧 행복일까? •

하버드대학의 댄 길버트Dan Gilbert 교수는 행복에 관해 논문도 쓰고, 책도 쓰고, 강연도 많이 한다. 그의 연구 중에 흥미로운 것 하나를 소개한다.

미국 대학 교수는 조교수로 출발한다. 조교수는 한 관문을 통과해야 비로소 평생 교수 자리가 보장된다. 이를 테뉴어tenure(종신재직권)라 한다. 테뉴어를 통과하면 평생 교수직이 보장되지만, 떨어지면 다른 직장을 구해야 한다. 미국 교수는 대부분 정년이 없다.

우리의 상식으로는 테뉴어를 통과한 사람은 무척 행복하고, 떨어진 사람은 무척 불행할 것 같다. 그런데 길버트 교수의 연구에 따르면, 이 상식은 틀렸다. 테뉴어 결정 직후에는 통과한 사람은 행복하고 떨어진 사람은 불행한 것이 사실이지만, 1년 후 양쪽 모두 행복 수준이 테뉴어 발표 전 평소 상태로 돌아갔다.

노스웨스턴대학의 필립 브릭만Philip Brickman 교수도 비슷한 연구 결과를 발표했다. 미국 일리노이주에서 복권 당첨자 14명을 조사했더니, 당첨 직후 매우 행복해했지만 3개월 후 그전 행복 수준으로 돌아갔다. 그 반대의 예도 있다. 교통사고로 두 다리를 절단한 사람들을 조사했더니,

사고 직후 무척 불행해했지만 1년 후 행복 수준이 그전 상태로 돌아갔다.

우리는 이런 학자들의 연구가 없었다면 높은 자리가 행복을 보장하지 않는다는 사실을 알지 못했을 것이다. 이는 우리가 살아가면서 꼭 기억해야 할 중요한 지식이다.

이 이야기의 핵심, 교훈, 실천을 적어 보자.

• 복권의 함정 •

박기룡은 30억 원짜리 복권에 당첨되었다. 처음엔 모든 행복이 일시에 찾아왔다고 생각했지만, 갈수록 그는 불행해졌다.

부인이 고급 사치품을 사기 시작했다. 그도 엄청나게 비싼 시계를 사서 차 보았는데 오히려 남 보기가 부끄럽고 잃어버릴까 봐 걱정되었다. 부인은 그의 이런 태도를 비웃었다. 타고난 촌사람은 어쩔 수 없다고 했다. 부인과 사이가 나빠졌다.

형제들과 친척들이 도와달라고 모여들었다. 이들을 만족시키지 못하자 사이가 나빠졌다. 듣지도 보지도 못한 각종 단체들이 기부해 달라고 몰려왔다. 그런 사람들을 만나기가 싫어졌다.

일할 필요가 없어 놀아 보니, 처음 한두 달은 좋았는데 차츰 지루하고 짜증이 났다. 사업을 해볼까도 생각했는데 경험이 없어 겁났다. 그는 옛날이 더 행복했었다고 생각했다.

사람들은 그가 못나서 그렇다고 할지 모른다. 하지만 그가 똑똑하더라도 1년이 지나 돈이 많은 것이 당연해지면 행복감은 사라진다. 이것이 사람의 일반적 심리 현상이다.

이 이야기의 핵심, 교훈, 실천은 무엇일까?

• 소박한 행복 •

나는 80이 넘어 점점 더 행복해졌다. 지난 10년간 젊은 사람들에게 '행복하다'를 가르쳐 온 덕분이다. 오랜만에 만난 친구들은 모두 내가 예전보다 더 건강해진 이유를 궁금해한다.

나는 이제 '행복하다'가 완전히 습관이 되었다. 아침에 눈뜨면 "아! 행복하다"고 하면서 일어난다. 세수할 때 거울에 비친 내 얼굴을 보면서 환하게 웃으며 "행복하다"고 말한다. 명상할 때 조용히 앉아서 천천히 깊게 호흡하면서 다른 생각을 버리고 '행복하다', '행복하다'고 마음속으로 외우면서 그 소리에 의식을 집중한다. 매일 등산하며 "행복하다"를 반복한다. "숲이 푸르러 행복하다", "꽃이 예뻐 행복하다", "새소리가 아름다워 행복하다", "바람이 시원해 행복하다", "허리가 안 아파 행복하다"고 말한다. 감기에 걸려 기침하면서도 "폐렴이 아니라 다행이다"라고 말한다.

행복이란 거창한 것이 아니다. 일상과 자연 속에 숨어 있는 작은 기쁨들을 찾아내고 감사하면 된다. 나이가 들수록 세상의 아름다움을 보는 마음의 눈은 점점 밝아진다는 것은 참 행복한 일이다.

이 이야기의 핵심, 교훈, 실천을 파악해 보자.

• 행복 수준 높이기 •

행복의 수준을 높인다는 것은 무슨 말인가? 사람은 밥을 굶을 정도로 극히 어려운 경우를 제외하면 마음먹기에 따라 모두 행복해질 수 있다. 행복한 사람도 행복 수준을 높여 더 행복해지도록 노력해야 한다.

행복의 수준을 올리려면 합리적 목표를 정해야 한다. 너무 어려우면 포기하게 되고, 너무 쉬우면 성취의 기쁨이 크지 않아 행복 수준이 올라가지 않는다. 또한 목표를 달성하는 일보다 목표를 향해 노력하는 과정을 더 중시하고, "행복하다"고 말하면서 즐겨야 한다.

행복의 수준을 높이는 몇 가지 방법은 다음과 같다.

- 부부가 서로 대할 때마다 반갑고 고맙다고 생각한다.
- 부모에게 효도한다.
- 형제와 우애 있게 지낸다.
- 사람들과 좋은 관계를 맺고 기분 좋게 서로 대한다.
- 사회를 위해, 어려운 이웃을 위해 봉사한다.
- 정직하고, 원칙을 지키면서 산다.
- 높은 목표를 정하고 그것을 달성하려고 노력한다.
- 좋아하는 일을 찾아 그것에 열중한다.

여러 학자의 행복에 관한 연구를 살펴보면, 어떻게 행복 수준을 높일 수 있는지 과학적 방법을 알 수 있다.

우선 UC 데이비스의 소냐 류보머스키Sonja Lyubomirsky 교수는 행복에 대해 다음과 같은 사실을 발견했다.

첫째, 행복감은 50%는 타고나고 50%는 후천적으로 길러진다. 그중 외부 조건에 의한 것이 10%, 마음먹기, 행동하기 등 스스로 만든 것이 40%다. 둘째, 좋은 물건을 사면 처음엔 행복감을 느끼지만 얼마 후 익숙해지면 그 행복감은 사라진다. 셋째, 어떤 사람이 타고난 행복감이 20%, 외부 요인에서 얻은 행복감이 5%, 마음먹기로 기른 행복감이 30%라면 그 사람의 행복 수준은 55%다. 넷째, 행복 수준을 높이는 방법은 감사하기, 사람들에게 친절하기, 사람들과 잘 어울리기, 명상으로 한 가지 일에 집중하기, 장기적 목표하에 꾸준히 노력하기, 운동하는 습관 등이다.

긍정심리학의 원조 마틴 셀리그만Martin Seligman 교수에 따르면 행복은 여러 수준이 있고, 행복 수준을 높이는 방법도 다양하다. 셀리그만 교수와 류보머스키 교수는 모두 행복 수준을 높이는 중요한 방법으로 사람들과 친하게 지내는 것을 꼽았다. 즉, 사람을 대하면 그의 마음을 생각하는 것이 행복 수준을 올리는 주요 요인이라는 것이다.

수많은 것을 동시에 실행하기보다 자기에게 맞는 것을 택해 하나씩 습관으로 만들면 행복 수준을 높일 수 있다. 이때 고려할 것은 쉽고, 재미있고, 자연스럽고, 의미 있는 것부터 먼저 택하는 일이다.

이야기의 핵심, 교훈, 실천을 말하고, 습관으로 만들어 보자.

성공 습관을 나의 습관으로

닉 부이치치의 행복 찾기

핵심 행복은 팔다리 유무에 달린 것이 아니고 마음먹기에 달렸다.

교훈 행복하다.

실천 나는 매일 아침마다 "눈이 있어 행복하다"고 외치겠다.
나는 걸어갈 때 "두 다리가 튼튼해 행복하다"고 말하겠다.
나는 어머니를 볼 때마다 '행복하다'고 생각하겠다.

헬렌 켈러의 〈3일만 볼 수 있다면〉

핵심 헬렌 켈러는 자신의 에세이를 통해 일상의 소중함을 일깨웠다.

교훈 행복하다.

실천 나는 오늘 하루 일상에서 어떤 행복을 느꼈는지 적어 보겠다.

행복의 조건

핵심 우리는 우리가 가진 행복의 조건을 잊고 지낸다.

교훈 행복하다.

실천 나는 혼자 있을 때 "행복하다"고 말하고, 그 이유를 생각하겠다.

- 집이 있어 편안히 살 수 있어서 행복하다.
- 세끼를 먹을 수 있어 배고프지 않아 행복하다.
- 목욕탕과 화장실이 있어 깨끗하게 살 수 있어서 행복하다.
- 옷이 있어 춥지 않아 행복하다.
- 원하는 공부를 하면서 세상을 배울 수 있어 행복하다.

물레방아장이와 왕

핵심 물레방아장이는 자신이 가진 것에 만족하고 감사했기 때문에 왕보다 더 큰 행복을 누렸다.

교훈 행복하다.

실천 나는 대통령보다 내가 더 행복한 5가지 이유를 적고, 읽어 보겠다.

운전기사 김 씨의 직업정신

핵심 운전기사 김 씨는 현재 자신의 일을 소중히 여기고 성실하게 수행하여 주변으로부터 인정받고 성공했다.

교훈 행복하다.

실천 나는 지금 내가 가진 것 중에서, 당연하게 여겨 감사하지 않는 것이 무엇인지 적어 보겠다.

성공과 행복

핵심 성공을 좇는 삶은 행복하지 않고, 행복을 추구하는 삶은 성공이 따라온다.

교훈 행복하다.

실천 나는 지금 내가 하는 일이 행복한 이유 3가지를 당장 적어 보겠다.

돈과 행복의 상관관계

핵심 돈은 사람들의 일반적인 생각처럼 행복에 중요한 요소가 아니다.

교훈 행복은 돈에 있지 않고 마음속에 있다.

실천 나는 돈을 벌기 위해 살지 않고 더 가치 있는 일을 위해 살겠다. 나는 인생의 꿈, 가족 간의 사랑, 따뜻한 인간관계, 사회봉사 등의 가치를 깊이 생각해 보겠다.

높은 자리가 곧 행복일까?

핵심 높은 자리가 곧 행복이라는 고정관념이 틀렸음을 많은 학자가 증명했다.

교훈 행복은 돈에 있지 않다, 행복은 지위에 있지 않다.

실천 나는 어떤 처지가 되어도 행복하다고 말하고 그 이유를 찾아보겠다.

복권의 함정

핵심 돈이나 물질에 의한 행복은 오래가지 않는다.

교훈 행복은 돈에 있지 않다, 행복은 지위에 있지 않다.

실천 나는 돈을 무엇에 쓰기 위해 버는지 깊이 생각해 보겠다.

소박한 행복

핵심 일상의 숨은 기쁨을 찾아내는 습관을 들이면 더 행복해질 수 있다.

교훈 행복하다, 감사하다.

실천 나는 앞으로 걸을 때마다 "두 다리가 성해서 행복하다"고 말하겠다.

행복 수준 높이기

핵심 좋은 습관을 기르면 행복 수준을 높일 수 있다.

교훈 생각하다, 행복하다.

실천 나는 다른 사람들을 위하고, 사회와 나라를 위하는 구체적 방법을 적어 보겠다.

1부를 마치며

1부에서는 '생각하다', '행복하다', 두 가지 교훈을 배웠다. 이 간단한 두 교훈은 누구나 실행에 옮길 수 있다. 누구나 쉽게 이해할 수 있고 누구나 쉽게 실천할 수 있기 때문이다. 참으로 놀랍게도 이 두 가지만 제대로 해도 세상 사는 법의 80%는 익혔다고 할 수 있다.

다음 두 이야기를 읽어 보자.

나비는 남자친구가 생겼다고 엄마에게 말했다. 엄마는 어떤 사람이냐고 물었다.

"오빠는 언제나 제 입장을 생각해요. 데이트 시간을 못 지키고 30분이나 늦게 가서 화내면 어쩌나 겁난 적이 있는데, 오빠는 오히려 제가 교통사고를 당하지 않았는지, 몸이 불편하지 않은지, 제 걱정을 해주었어요. 또 오빠는 언제나 긍정적이고 밝아요. 스키 타다 다리가 부러져서 병원에 입원했을 때도 머리가 깨지지 않아서 다행이라고 웃으며 말했어요."

나비의 이 말을 듣고 엄마는 그만하면 괜찮은 사람이라고 생각했다.

철수가 직장에 처음으로 들어갔다. 너무 귀엽게만 키운 아들이라서 아빠는 아들이 직장에서 잘 적응할까 걱정이 태산과 같았다. 아빠는 직장생활이 어떤지 물었다.

"과장님은 참 좋은 분입니다. 항상 밝은 표정으로 사십니다. 일전에 과에 어려운 일이 생겼을 때 야단치는 대신에 '이 일은 내가 맡아 해결할게. 이런 일 하라고 과장이 있는 것 아니냐'라고 하셨어요. 아침마다 출근해서 과장님을 만나면 기분이 좋아요. 신입사원인 저를 항상 배려하세요. 자주 불러서 '어려운 일은 없느냐, 도움이 필요한 일은 없느냐'고 물어봐 주세요."

철수의 이 말을 듣고 아빠는 '그 과장 참 괜찮은 사람이구나. 그런 과장 아래서 일하면 큰 걱정을 안 해도 되겠구나'라고 생각했다.

두 이야기에서 본 것처럼 '생각하다', '행복하다', 두 가지만 제대로 하면 괜찮은 사윗감, 괜찮은 상사가 된다.

그런데 대부분의 사람들은 이 두 가지를 못한다. 이 쉬운 두 가지만 하면 자신도 행복하고 옆 사람도 편하다. 사람들은 왜 이것을 못할까? 가르치지 않고 배우지 못해서 그렇다.

1부를 다 읽고 책에서 안내한 대로 따라 했는데도 생활 속에서 어떻게 '생각하다'와 '행복하다'를 실천해야 할지 막막하다면, 처음부터 다시 읽고 저자의 안내에 따라 실천하기를 권한다. 생활 속에서 작은 실천부터 해 나간다면 반드시 삶에 긍정적 변화가 있으리라고 믿는다.

2부

습천법의 첫걸음, 습관과 실천

✓ 습관 만들기

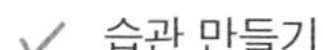

✓ 명상하기

✓ 실천하기

우리는 행복한 사람, 성공한 사람, 훌륭한 사람이 되기 위해 산다. 그러려면 지식을 늘리는 공부보다 사람 되는 공부를, 건강해지는 노력보다 사람 되는 노력을, 돈 버는 궁리를 하기 전에 사람 되는 궁리를 먼저 해야 한다. 훌륭한 사람이 되면 성공과 건강, 행복이 자연스럽게 따라오기 때문이다.

훌륭한 사람이란 훌륭한 습관을 가진 사람이다. 즉, 사람 되는 교육은 습관을 길러 주는 교육이다. 훌륭한 사람이 된다는 것은 훌륭한 습관을 기른다는 말과 같다. 다시 말해, 인성교육은 습관교육이다.

그러면 당연히 두 가지 질문이 떠오른다. "어떤 습관을 만들까?"what?, "어떻게 습관을 기를까?"how?가 그것이다.

이 두 가지를 누구나 쉽고 재미있게 할 수 있고, 이것을 하기만 하면 반드시 효과가 있는 방법이 습천법이다. 습천법習踐法은 습관을 통해 실천하는 법Habituation and Practice Model이라는 뜻이다.

2부에서는 '습관 만들기'와 '실천하기'를 통해 습천법 모델을 압축적으로 경험해 본다.

1

습관 만들기

사람을 대할 때마다 그의 입장을 먼저 생각해 보는 것은 어려운 일도 아니고 손해나는 일도 아니다. 혼자 있을 때 '행복하다'고 말하고 그 이유를 생각해 보는 것도 어려운 일이 아니다. 그런데도 사람들이 실행하지 않는 이유는 습관이 되지 않았기 때문이다. 문제해결의 열쇠는 습관을 만드는 데 있다. 습관이 중요하다.

훌륭한 사람은 훌륭한 습관을 가진 사람이다. 훌륭한 사람이 되려면 훌륭한 습관을 길러야 하고, 자식을 훌륭하게 키우려면 훌륭한 습관을 키워 주어야 한다. 이것이 습천법의 제 1 원리이다.

인성교육은 습관교육이고, 인생교육도 바로 습관교육이다. '인성교육'이라고 하면 복잡하고 어려운데 '습관교육'이라고 하면 간단하고 명료하다. '어떻게 습관을 기를 수 있는가?'라는 문제만 해결하면 인성교육, 인생교육의 문제는 저절로 해결된다.

• 벼룩과 코끼리의 변화 •

자기 키의 100배도 더 높이 뛰는 놈이 있다. 벼룩이 그렇다. 생물학자들이 벼룩을 가지고 재미있는 실험을 했다. 유리컵에 벼룩을 여러 마리 넣어 보았다. 그랬더니 이놈들이 모두 뛰어서 밖으로 나왔다. 다음에는 유리컵 뚜껑을 닫아 놓았다. 뚜껑을 닿은 후부터 벼룩들은 뚜껑에 닿지 않을 높이만큼만 뛰었다. 뚜껑을 치운 뒤에도 이놈들은 뛰어서 바깥으로 나오려 하지 않았다. 새로운 습관을 만든 것이다.

코끼리를 부리는 사람들은 코끼리가 어릴 때부터 쇠사슬로 발을 묶어 둔다. 도망치지 못하게 하기 위해서다. 코끼리는 처음 묶이면 그것을 벗어나려 발버둥 친다. 그러다가 얼마 지나면 그렇게 해도 소용없다는 것을 알게 되어 도망치려는 노력을 포기한다. 그 후에는 그냥 형식적으로 묶어 놓기만 하면 쇠사슬을 끊고 도망치려 하지 않는다. 새 습관이 생긴 것이다. 그래서 큰 코끼리를 묶어 두는 쇠사슬도 어린 코끼리를 묶어 두는 사슬과 똑같은 것이다.

어릴 때 생긴 습관을 바꾸려 하지 않기 때문에 코끼리는 충분히 그 사슬을 끊을 힘을 가졌을 때도 시도하지 못하는 것이다. 사고나 행동의 틀을 '패러다임'이라 하고, 그 틀을 바꾸는 것을 '패러다임 시프트'Paradigm shift라고 한다. 코끼리는 어릴 때 패러다임 시프트를 한 것이다.

쉽게 이야기하면 패러다임 시프트가 됐다는 것은 새로운 습관이 만들어졌다는 것이다. 더 훌륭한 사람이 된다는 것은 패러다임 시프트를 한다는 것이다.

어릴 때 소견 좁은 어른에게 "이 바보야, 그것도 못해? 넌 평생 공부 잘하기는 틀렸어"라는 말을 들은 아이는 아예 공부를 포기해 버릴 수 있다. 패러다임이 그렇게 정해져 버렸기 때문이다. '나는 공부를 못할 것'이라고 생각하는 것이 습관이 되어 버린 것이다.

위의 벼룩과 코끼리 이야기는 우리에게 다음과 같은 교훈을 준다. "어떤 환경에서 한 번 습관을 익히면 환경이 달라져도 그 습관을 고치지 못한다"는 것이다. 우리 자신을 반성해 보아도 현실에 맞지 않는 낡은 습관들을 그대로 유지하는 경우가 많다. 즉, 패러다임을 고치지 못하는 것이다.

패러다임 시프트를 위해 아이들 한 명 한 명의 새 습관을 어떻게 만들지 연구하는 일은 흥미롭다.

예를 들어, 집에 오면 우선 TV부터 본 다음에 숙제하는 패러다임을 고쳐 숙제부터 하는 습관을 만들어 보는 것이다. 과자나 콜라 같은 설탕이 많이 들어간 음식 대신에 채소와 과일을 많이 먹게 습관을 만들 수도 있다. 나아가 부정적 사고를 긍정적 사고로 바꾸거나, 일을 대하면 "나는 할 수 있다"고 말하는 습관을 길러 주는 것도 의미 있는 도전이다.

엄마들은 자신도 모르는 사이에 낡은 패러다임에 묶이는 경우가 많다. "교육이란 일류대학에 보내는 일이다"라는 잘못된 패러다임은 깨야 한다. "교육이란 성공하고 행복하고 사회에 공헌하는 인간을 키우는 일이다"가 옳은 패러다임이다. 이렇게 패러다임을 바꿔야 지식교육뿐만 아니라 인성교육도 중요함을 깨달을 수 있다.

핵심 벼룩과 코끼리도 어릴 때 새 습관 만들면 바꾸기 힘들다.

교훈 새 습관을 만들자.

실천 나는 지금 내가 새로 만들어야 할 습관을 하나 정하겠다.

• 의지보다 중요한 습관 •

많은 사람이 인간의 의지를 과신한다. 어려운 환경이나 악조건을 강한 의지로 이겨내야 한다고 믿는다. 금연이나 다이어트 등의 일상적 계획부터 진학이나 취업 등의 중요한 목표 달성까지 의지 부족으로 실패했다고 말하기도 한다.

그러나 이러한 믿음은 사실과 다르다. 우리가 어떤 결심을 하든 인생의 수많은 변수로 인해 그것이 뜻대로 진행되는 경우는 많지 않다. 실제로 성공한 사람들은 불굴의 의지보다 꾸준한 행동으로 목표를 이룬 경우가 많다.

인간의 의지는 한계가 명확하다. 우리는 마음속에서 일어나는 욕구와 감정을 억압하고 절제하려 애쓰지만 자주 실패한다. '조금만 먹어야지', '화를 내지 말아야지'라고 다짐하더라도 식욕과 분노를 통제하는 것은 쉽지 않다.

습관은 이러한 한계를 극복할 수 있다. 매번 새롭게 의지를 다지는 대신 반복적 행동방식, 즉 습관을 형성해 놓는다면 우리는 어렵지 않게 원하는 목표를 이룰 수 있다.

최근 뇌과학 이론에 따르면, 사람은 목적이 분명한 활동을 의지를 내어 실행할 때 활성화되는 뇌의 영역(전전두엽)과, 어떤 행동을 습관적으로 반복할 때 활성화되는 영역(초가비핵)이 다르다. 즉, 우리가 주체적 의지를 가지고 수행하는 행동과, 별다른 인지과정을 거치지 않고 수행하는 반복적 행동을 우리 뇌는 다른 것으로 받아들이는 것이다. 그러므로 반복적 행동을 통해 뇌의 해당 영역을 발달시키는 것이 현명한 일이다.

우리가 목표를 이루는 데 필요한 것은 의지보다 습관이다. 하루하루의 작은 습관들이 모이면 큰 목표를 이룰 수 있다. 성공적 삶은 다름 아닌 좋은 습관에서 시작되는 것이다.

핵심 성공적 삶을 살기 위해서는 의지보다 습관이 중요하다.

교훈 새 습관을 만들자.

실천 나는 목표를 정하고 그것을 이루기 위한 습관을 만들겠다.

• 하루키의 달리기 습관 •

세계적으로 '하루키 붐'을 일으킬 정도로 수많은 베스트셀러를 써낸 일본의 작가 무라카미 하루키는 매일 거르지 않는 두 가지 습관이 있다. 바로 달리기와 글쓰기다.

1979년에 등단한 하루키는 달리기로 건강을 관리하며 꾸준히 글을 써서 100여 편이 넘는 작품을 발표했다. 하나의 작품으로 반짝하고 사라지는 작가가 많은 문단에서 그는 매우 빛나는 존재이다. 40여 년간 자신의 작품세계를 만들어 가며 대중성과 작품성을 동시에 인정받아 수많은 권위 있는 상을 휩쓸었기 때문이다.

그가 작가로서 이처럼 성공할 수 있었던 비결은 무엇일까? 그의 회고록 《달리기를 말할 때 내가 하고 싶은 이야기》에는 달리기 습관이 그 답으로 제시되어 있다.

그는 달리기와 글쓰기 모두 목표에 도달하기 위해 노력한다는 공통점이 있다고 말한다. 또 작가에게 필요한 자질은 집중력, 지속력, 재능인데, 재능은 자신의 의지로 조절할 수 없지만 집중력과 지속력은 달리기를 통해 단련시킬 수 있다고 한다.

글쓰기에 필요한 체력 단련을 위해 시작한 달리기는 어느새 그의 가장 큰 습관이 되었다. 그는 자신의 한계를 인식하고 보강하기 위해 장거리 달리기를 특히 선호한다고 한다.

한 가지 습관을 만드는 데 성공하면 다음 습관을 만들기가 쉬워진다. 그의 달리기 습관은 글쓰기 습관으로 이어졌다. 달리는 습관이 하루키가 세계적 작가로 도약하는 데 발판이 된 것이다.

핵심 하루키는 달리기 습관으로 자신을 단련하여 작가로 성공했다.

교훈 새 습관을 만들자.

실천 나는 내 일을 더 잘할 수 있게 도와주는 습관을 만들겠다.

• 가족의 좋은 습관 만들기 1 •

지영 씨는 선우, 다정, 하준, 서아, 네 아이들에게 습관 만들기 교육을 석 달간 해보기로 했다.

선우에게는 담배를 피우는 나쁜 습관 없애라고 했고, 다정에게는 새벽 4시에 일어나 한 시간씩 뛰라고 했다. 하준에게는 용돈의 5분의 1을 불우이웃돕기에 기부하라고 했고, 서아에게는 사람을 대할 때마다 미소를 짓고 그 사람의 입장에서 한번 생각해 보라고 했다.

지영 씨는 석 달 뒤 결과를 확인했다. 선우는 담배를 3일 끊고 다시 피우기 시작했고, 다정이는 새벽에 이틀 뛰고서 포기했으며, 하준이는 용돈을 두 달 모아 두었다가 탐나는 물건을 사는 데 써 버렸다. 그런데 서아는 미소 짓고 역지사지하는 일은 어려운 일이 아니었다고 했다. 다만 가끔 자기도 모르는 사이에 잊어버릴 때가 있어 벽에 크게 써 붙여 놓고 휴대폰의 첫 화면에 띄워서 잊는 것을 방지한다고 했다.

지영 씨는 아이들의 이야기를 들은 후 말했다.

"마음먹은 대로 습관을 고칠 수만 있다면 사람은 얼마든지 위대해질 수 있단다.

그런데 너희가 해봐서 알겠지만 습관을 고치는 일은 쉽지 않아. 선우처럼 중독된 것은 고치기 어렵고, 다정이처럼 육체적으로 힘든 것도 하기가 어렵지. 또 하준이처럼 당장 손해나는 일을 습관으로 만드는 것도 쉽지 않단다.

그러나 마음만 먹으면 누구나 쉽게 만들 수 있는 습관이 있어. 서아가 한 일이 그렇지. 미소 짓고 남의 입장을 한번 생각해 본다는 것은 힘든 일도 아니고 손해나는 일도 아니기 때문이야."

이어 지영 씨는 힘주어 말했다.

"이렇게 힘도 안 들고 손해도 안 나는 습관을 하나만 제대로 만들어도 보통 사람들에 비해 훨씬 질 높은 고급 인간이 된다는 사실을 세상 사람들은 모른단다.

이제부터 1년간 서아가 한 것처럼 '생각하다'와 '행복하다'를 완전히 습관으로 만드는 일을 우리 집의 인성교육으로 정하자. 이 두 가지는 힘도 안 들고 손해도 나지 않는 매우 중요한 교훈이란다.

그러면 우리 집은 가족 간에 서로 사랑하는 행복한 가정이 되고, 너희는 친구들과 세상 사람들로부터 존경받는 행복한 사람이 될 거야."

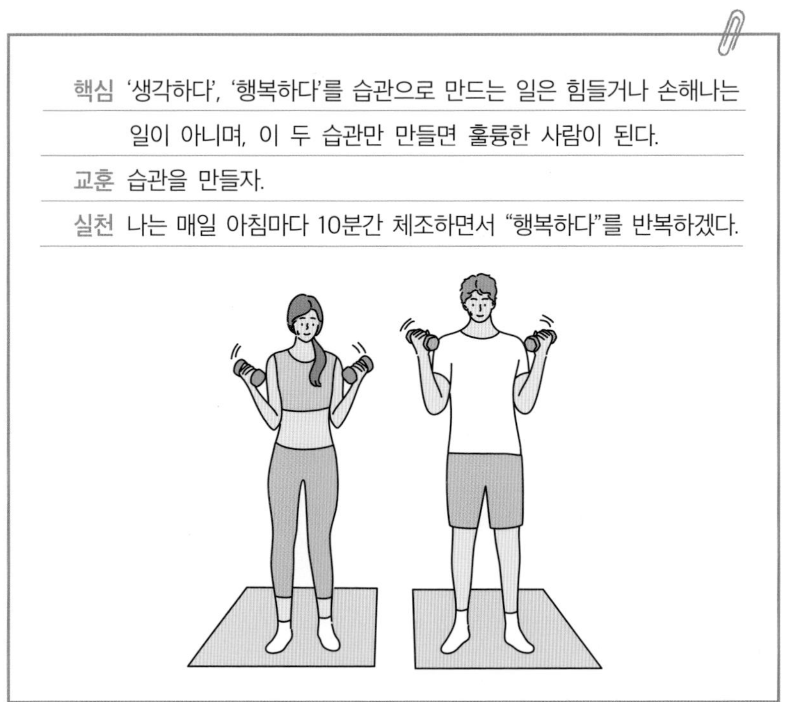

핵심 '생각하다', '행복하다'를 습관으로 만드는 일은 힘들거나 손해나는 일이 아니며, 이 두 습관만 만들면 훌륭한 사람이 된다.

교훈 습관을 만들자.

실천 나는 매일 아침마다 10분간 체조하면서 "행복하다"를 반복하겠다.

• 가족의 좋은 습관 만들기 2 •

지영 씨는 온 가족이 '생각하다', '행복하다'를 습관화하기로 결정한 후 아이들을 모아 놓고 실제로 습관을 만드는 방법을 의논했다.

다정 저는 지금 피아노를 배우는데, 악보를 보면 손가락이 자동적으로 건반을 치는 습관을 만들려고 반복해서 연습하고 있어요. 마찬가지로 '생각하다'도 반복하면 습관이 되지 않을까요?

서아 저는 지금 에어로빅을 배우는데, 하나, 둘, 셋, 넷, 박자에 맞추어 '생각하다', '생, 각, 하, 다' 하면서 율동을 해보면 좋겠어요.

하준 저는 지금 노래를 한 곡 배우는데, 그 가사를 '생각하다, 생각하다, 생각하다 … '로 바꿔 부르면 될 것 같습니다.

선우 저는 매일 10분씩 자기 전에 명상을 해요. 명상하는 법은 편하게 앉아 천천히 숨 쉬면서 모든 잡념을 털어 버리고 자기 숨소리에만 정신을 집중하는 것이죠. 이때 '생각하다'를 반복하면 좋을 것 같아요.

옆에서 이 이야기를 듣고 있던 남편이 거들었다.

남편 나는 '생각하다'를 여러 곳에 써 붙여 놓고, 그것을 볼 때마다 '생각하다'를 되풀이해야지.

지영 씨 재미있게 습관을 만드는 좋은 아이디어가 많이 나왔네. 우리 식구 모두 재미있는 방법으로 좋은 습관을 길러 훌륭한 사람이 되자. 이제부터 우리 가족은 저녁 먹고 함께 모여 10분간 체조하면서 '행복하다'를 반복하고, 그다음 5분간 명상하면서 '생각하다'를 반복하자.

핵심 습관을 만드는 간단하고 확실한 방법은 반복하는 일이다.

교훈 습관을 반복하자.

실천 나는 노래 곡조에 맞추어 '생각하다', '행복하다'를 반복하겠다.
나는 명상할 때 '생각하다', '행복하다'를 반복하겠다.
나는 에어로빅할 때 '생각하다', '행복하다'를 반복하겠다.

• 감사메모의 효과 •

미국 UC 데이비스의 로버트 에먼스Robert Emmons와 마이클 매컬로Michael McCullough 교수는 사람들을 네 그룹으로 나누어 매일 저녁마다 임무를 부여했다.

1그룹은 감사한 일 5개를 쓰게 했고, 2그룹은 못마땅한 일 5개를 쓰도록 했다. 3그룹은 남보다 잘한 일을 5개를 쓰게 했고, 4그룹은 아무거나 5개를 쓰도록 했다.

나중에 조사했더니 1그룹이 가장 긍정적이고 행복해졌다. 여러 건강 수치가 개선되었으며, 인간관계도 좋아지고, 목표를 더 많이 달성했다. 반면 2그룹은 모든 면에서 최하위를 기록했다.

감사한 일을 쓰는 것은 마음만 먹으면 누구라도 할 수 있는 쉬운 일이다. 그럼에도 그 효과가 상상 이상으로 크다는 것이 이 연구뿐만 아니라 많은 과학적 연구에서 밝혀졌다.

알기만 하는 것과 습관으로 실천하는 것은 큰 차이가 있다. 매일 잊지 않고 5분만 시간을 내서 감사한 일, 행복한 일을 5가지씩 쓰는 습관을 만들어 보자.

다시 한 번 강조하는데, 감사메모의 효과는 실제로 심리학자들이 오랫동안 연구비를 들여 여러 사람을 대상으로 진행한 연구에서 밝혀졌다. 과학적으로 증명된 사실이란 것이다.

핵심 감사한 일을 구체적으로 매일 적으면 마음만 행복해지는 것이 아니라 육체도 건강해진다는 사실이 과학적으로 증명되었다.

교훈 감사하자, 행복하다.

실천 나는 매일 감사한 일을 5개씩 쓰는 습관을 만들겠다.
나는 매일 행복한 일을 5개씩 생각하는 습관을 만들겠다.

• 담배 끊기와 자신감 •

어느 큰 기업 회장이 해외여행 중에 시간을 내어 혼자 차를 몰고 시골 구경을 갔다. 모텔에서 새벽 두 시에 잠이 깨어 머리맡에서 담뱃갑을 집었는데 담배가 없었다. 옷 주머니를 뒤지고 가방을 털어도 담배가 없었다.

모텔 직원도 모두 잠들었기 때문에, 옷을 갈아입고 차를 몰아 밤에도 열려 있는 담배 가게를 찾아가야 할 판이었다. 그런데 바깥에는 장대비가 쏟아지고 있었다.

그 순간 그는 생각했다.

'나는 수많은 사람들에게 이래라 저래라 명령하는 사람인데 나 자신에게 담배 끊으라는 소리는 왜 못할까? 언제 끊어도 한 번은 끊을 텐데 그럴 바에는 지금 끊어 버리자.'

그날 담배를 끊은 이후로, 그는 어떤 습관이든 마음만 먹으면 만들 수 있다는 자신감이 생겼다.

핵심 어려운 습관을 만들면 뭐든지 할 수 있다는 자신감이 생긴다.

교훈 나를 이기자.

실천 나는 어려운 습관 한 개를 만들어 성취감을 맛보겠다.

• 이소룡 법칙 •

'1만 시간 법칙'이라는 게 있다. 어떤 일이건 1만 시간을 반복하면 그것이 습관이 되어 세계적 선수가 된다는 것이다.

무술가이자 영화배우인 이소룡Bruce Lee은 이렇게 말했다.

"1만 번 차기 연습을 했다는 사람은 무섭지 않으나, 한 동작을 1만 번 연습했다는 사람은 무섭다."

그래서 "한 동작을 1만 번 하면 세계적 선수가 된다"는 '이소룡의 법칙'이 생겼다. 이 법칙은 스포츠 챔피언을 양성할 때 매우 적절한 교훈이 된다. 뿐만 아니라 모든 습관을 만들 때도 좋은 교훈이 된다.

인성교육은 훌륭한 습관을 만드는 교육이다. 여기에 이소룡의 법칙을 적용하면 "습관을 기르려면 한 개의 교훈을 택해서 1만 번 반복하라"는 가르침을 얻을 수 있다.

알투처James Altucher라는 작가는 온라인 매거진 〈쿼츠〉*Quartz*에 다음과 같은 실화를 올렸다.

그는 열세 살 난 딸 몰리에게 테니스를 가르쳤다. 딸이 백핸드 스트로크를 어려워해서 이소룡의 법칙으로 이것을 고치려 했다. 테니스공을 200개 사서 딸이 백핸드 스트로크만 받게 계속 볼을 보냈다. 딸은 처음에는 5%밖에 못 받아내고 울어 버렸다. 그러나 날마다 계속 반복했더니 30%를 받아내다가 60%를 받아내면서 재미있어 하기 시작했다. 나중에는 거의 다 받아낼 정도로 실력이 늘었다. 그 후 또 다른 기술을 익히는 것도 훨씬 수월해졌다.

이것은 매우 중요한 이야기다. 인성교육도 마찬가지다. "행복하다"를 수만 번 되풀이해서 습관을 만드는 데 성공하면, 그다음 다른 교훈을 습관으로 만드는 일도 훨씬 더 쉬워진다.

핵심 습관은 동시에 여러 개 만들기보다 한 가지씩 만들어야 한다.

교훈 습관을 반복하자.

실천 나는 하나의 습관을 정해 딴 생각하지 않고 그것을 완성하겠다.

• 학교에서 습관 만들기 •

A고등학교의 수학교사 최대범 씨는 자기가 가르치는 학생들이 세상에 나가 행복하고 존경받는 사람이 되기를 바랐다. 그래서 그는 수학을 가르쳤을 뿐만 아니라 수업에 지장이 없는 범위 내에서 습천법을 가르쳤다. 수학시간을 시작할 때 2분간을 습천법에 할당했다.

습천법 원리는 반복을 통해 가장 쉽고 확실하게 습관을 만드는 것이다. 최 선생은 이 짧은 시간 동안에 무슨 활동을 반복할까 궁리한 끝에 노래 부르기라는 재미있는 방법을 생각했다.

그는 학생들이 동요 〈산토끼〉 가사를 다음과 같이 바꿔 부르게 했다.

산토끼	행복해	생각하다
산토끼 토끼야	행복해 행복해	생각해 생각해
어디로 가느냐	행복해 행복해	생각해 생각해
깡충 깡충 뛰면서	행복 행복 행복해	생각 생각 생각해
어디로 가느냐	행복해 행복해	생각해 생각해

또 베토벤 9번 교향곡 〈합창〉에 나오는 합창곡 '환희의 송가'를 다음의 가사로 바꿔 부르도록 했다.

행복하다

행복하다 행복하다 행복하다 행복해
행복하다 행복하다 행복하다 행복해
행복하다 행복하다 행복하다 행복해

그렇게 1년을 반복하자 학생들은 자연스럽게 '생각하다', '행복하다'가 습관이 되었다.

최 선생은 또한 학생들에게 매일 자기 전에 교훈을 실천한 일기를 적어 다음 날 수학시간에 제출하게 했다. 그 결과 아이들은 밝고 친절해졌을 뿐만 아니라 수학성적도 향상했다.

수학 수업시간 가운데 2분만 인성교육을 했는데 이러한 효과를 얻었다는 사실은 놀라운 일이다. 나중에 학생들이 어른이 되면 수학을 배운 것보다 인성을 배운 것을 더 고맙게 생각할 것이다.

핵심 수학을 배우는 것보다 인생을 배우는 것이 더 중요한데, 그 중요한 일을 2분 만에 할 수 있다.

교훈 생각하다, 행복하다.

실천 나는 좋아하는 노래에 맞춰 '생각하다', '행복하다'를 반복하겠다.

2

명상하기

'사람을 대하면 언제나 그 사람의 마음을 생각하는 것'은 쉬운 일이다. '혼자 있을 때 행복하다고 말하고, 잊었던 행복을 찾는 것'도 어렵지 않은 일이다. 만일 '생각하다'와 '행복하다'를 습관으로 만드는 일까지 쉽다면 훌륭한 사람이 되는 것도 쉬운 일이 된다. 왜냐하면 이 두 가지를 완전히 자신의 습관으로 만든 사람이 있다면 그 사람은 매우 훌륭한 사람이기 때문이다.

그런데 습관을 만드는 일은 결코 쉽지 않다. 이 세상에 훌륭한 사람이 많지 않은 이유가 바로 여기에 있다.

일상에서 늘 실천해야 할 일을 나의 습관으로 만드는 매우 좋은 방법 중 하나가 명상이다. 이 장에서는 명상을 통해 습관을 만드는 방법에 대해 알아보자.

• 명상 시작하기 •

명상을 제대로 하면 명상과 호흡운동, 습관 만들기 등 3가지 일을 같이하는 일석삼조 효과가 있다. 이것이 과학적으로 밝혀져 지금 서양에서는 명상이 대유행이다. 영어로는 meditation 또는 mindfulness meditation이라 한다.

유학에서는 명상을 경敬이라고 하며, 명상하는 것을 경공부를 한다고 한다. 불교에서는 명상을 선禪 또는 참선參禪이라고 한다. 조계종에서는 참선이 불교수행의 중심이 된다.

명상을 시작하는 방법은 다음과 같다.

① 방바닥이나 의자에 편하게 앉는다.

② 허리를 쭉 편다.

③ 두 손은 무릎 위에 자연스럽게 놓는다.

④ 두 눈은 감는다.

⑤ 크고 길게 호흡을 세 번 한다.

이것으로 준비가 끝난다. 이후에는 천천히 호흡하면서 잡념을 버리고 오직 숨소리에만 의식을 집중한다.

마음을 풀어놓으면 과거에 대한 후회, 미래에 대한 걱정이 머리를 점령한다. 그래서 많은 사람이 이런저런 잡념에 사로잡혀 평범한 인생을 산다. 명상은 이런 상태를 고칠 수 있다.

명상할 때는 과거와 미래를 잊고 현재만 생각한다. 이 단계가 중요하다. 머릿속에 잡념을 없애고, 의식을 지금 현재의 한 가지 일에만 집중한다. 의식을 집중하는 방법은 다음과 같다.

① 숨소리에 신경을 집중한다.

② 호흡하면서 아랫배의 움직임에 신경을 집중한다.

③ 호흡에 맞추어 '행복하다'를 되풀이한다.

명상은 습관을 만드는 탁월한 방법이다. 명상에서 '생각하다'를 반복하면 '생각하다'가, '행복하다'를 반복하면 '행복하다'가 습관이 된다.

만일 잡념이 고개를 들면 호흡을 더 크고 길게 하면서 숨소리에 더 신경을 집중하면, 마치 하늘에 뜬구름이 사라지듯이 잡념이 사라진다. 또 하나 잡념을 물리치는 좋은 방법은, 행복했던 순간을 떠올리면서 '행복하다'고 말하여 잡념을 행복한 생각으로 바꾸는 것이다.

핵심 명상은 잡념을 없애고 집중력을 키우며 좋은 습관을 만든다.

교훈 명상하자.

실천 나는 매일 10분간 마음을 비우고 명상하는 데 도전하겠다.

송현빈은 명상이 정신건강과 육체건강에 좋다는 말을 듣고 명상을 해보기로 결심했다. 그런데 몇 가지 문제로 좀처럼 잘되지 않았다. 첫째, 습관이 되지 않아 잘 잊어버렸다. 둘째, 시작해도 온갖 잡념이 생겨 마음을 집중할 수 없었다. 셋째, 5분, 10분이 너무 길어 지속하기가 어려웠다.

명상을 오래 해서 습관이 된 친구에게 물었더니 비결을 알려 주었다.

"습관을 만들려면 이미 있는 습관에 붙이는 것이 좋아. 누구나 매일 자는 습관이 있으니 자기 전이나 일어난 뒤에 하면 돼. 또 매일 샤워하면 샤워 후에 하고, 매일 버스를 타고 출근하면 버스를 타서 해도 돼. 시간이 길어 지루하면 처음 한 달은 2분씩 명상하는 것으로 시작해 봐. 이게 완전히 습관이 되면 하루에 1분씩 시간을 늘려 가면 돼.

그래서 습관이 되면 한곳에서 자리를 잡고 명상하는 것 외에도 걸어갈 때, 밥 먹을 때, 차 타고 갈 때, 그때 하는 일에만 신경을 집중하고 다른 잡생각을 하지 않으면 그것도 명상이야. 더 중요한 것은 일할 때도 딴생각을 하지 말고 그 일에만 신경을 집중하면 그게 바로 명상이야."

현빈은 친구의 말을 그대로 따라 해서 습관을 만드는 데 성공했다. 그리고 명상의 효과를 느끼기 시작했다. 하는 일에 집중하게 되어 일의 능률이 향상했다. 쓸데없는 생각이 줄어들어 마음이 맑아졌다. 일상 업무에서 스트레스를 덜 느끼게 된 것이 무엇보다 좋았다. 가끔 찾아오는 공황장애도 가볍게 넘어가게 되었다.

명상은 사람이 달라지게 하고 세상이 달라지게 한다.

핵심 간단한 명상도 놀라운 효과가 있다.

교훈 명상하자.

실천 나는 차를 탈 때마다 다른 생각을 하지 않고 명상부터 하겠다.

• 학교에서 명상하기 •

A고등학교 수학교사 최대범 씨는 단순히 수학만 가르치는 기술자가 아니라 세상 사는 법도 가르치는 참스승이다. 그는 인성교육을 위해 매시간 학생들에게 명상하면서 '행복하다'는 말을 반복하도록 했다.

하루는 최 선생과 한 학생이 명상하기에 대해 대화를 나누었다.

최 선생 김 군, 요새 학교에서 수학시간마다 명상하면서 '행복하다'는 말을 반복하는데 어떤 변화를 느꼈나?

학생 선생님께서는 명상하면서 '행복하다'를 반복하라고 하셨는데요, 명상이 쉽지도 않고 재미도 없어요.

최 선생 명상이 쉽지 않다는 것은 말이 안 된다. 가만히 앉아서 눈 감고 이 생각 저 생각 하지 말고 자기 호흡에만 신경을 집중하라는 건데 무엇이 어렵단 말이냐?

학생 선생님, 그렇게 말씀하시면 어려운 것이 아닌 것은 맞는데 5분도 참기가 어렵습니다. 이 생각 저 생각이 자꾸 끼어들고요.

최 선생 누구나 처음에는 다 그렇단다. 그럴 때는 숨을 좀 더 힘들게 하면 주의력이 집중된다. 또 행복한 순간을 생각하면서 '행복하다'를 반복하면 된다.

내가 이해하기로, 수학시간에 2분씩 하는 것이 문제가 아니라 집에 가서 30분씩 하는 것이 어렵다는 말 같구나. 처음엔 무리하지 말고 매일 자기 전에 2분씩 하는 습관부터 만들어라. 일단 습관이 되면 그때 시간을 늘리면 된다.

핵심 명상할 때는 호흡에 신경을 집중하고 행복한 생각을 한다.

교훈 명상하자.

실천 나는 자기 전에 매일 2분씩 명상하는 습관을 만들겠다.

• 명상과 행복 •

감정적으로 느끼는 행복감은 오래가지 않는다. 나는 이 사실을 몇 가지 경험을 통해 깨달았다.

예전에 알프스 최고 전망대 에귀디미디Aiguille du Midi에 오른 일이 있다. 3,500m 정상에서 내려다본 알프스의 눈 덮인 산의 모습은 탄성이 절로 터져 나오는 감동적인 장관이었다. 그러나 이 감동은 5분도 지속되지 않았다.

내가 설립한 '두루넷'이 2000년에 한국 기업 중에 최초로 미국 나스닥에 직상장되었다. 주가가 급등해 회사 가치가 현대자동차보다 더 커졌다. 나는 무척 행복했지만, 그 행복한 감정도 오래가지 않았다. 다음날에 평소처럼 담담해졌다.

들뜬 행복한 감정은 오래가지 못한다. 이는 안타까운 일이다. 행복한 경험을 하면 그것을 오래 기억하는 편이 현명하다. 행복한 경험을 오래 간직하는 좋은 방법 중 하나는 명상이다. 명상하면서 행복했던 경험을 반복해서 생각하는 것이다.

지금 서양에서는 명상이 대유행이다. 명상과 관련해 수많은 책과 논문이 쏟아지며, 대학 강좌가 개설되고 있다. 명상 강연에 사람들이 모여들고, 명상 도장이 사방에 생기고 있다.

명상은 마음의 평화를 가져와 사람을 행복하게 한다. 뿐만 아니라 병을 예방하고 고치며, 수명을 늘린다는 사실이 과학적으로 밝혀졌다. 명상의 놀라운 효과는 믿기 어렵지만, 과학적으로 증명된 엄연한 사실이다.

원래 명상은 인도에서 시작되었다. 그것의 한 줄기는 중국을 거쳐 한국과 일본으로, 다른 한 줄기는 동남아시아로 전파되었다. 그중 인도와 티베트의 명상이 지금 유럽과 미국에 영향을 많이 미쳤고, 요가도 그에 한몫했다.

요컨대 명상은 정신을 맑게 하고, 신체를 건강하게 만든다. 나아가 명상하면서 '행복하다'를 되풀이하여 이를 습관으로 만들고, 동시에 잊었던 행복한 일들을 떠올리며 느껴 보도록 훈련하면, 우리는 행복한 인생을 살 수 있다.

이것은 우리가 세상을 사는 데 필요한 가장 중요한 지혜이다.

핵심 행복한 감정은 오래가지 않으므로 명상으로 행복한 경험을 되살려야 한다.

교훈 명상하자.

실천 나는 명상으로 과거에 행복했던 순간(어머니의 사랑, 해변 풍경, 벚꽃 터널, 아름다운 저녁노을 등)의 감정을 되살리겠다.

• 선비들의 경공부 •

옛 선비들은 명상을 경공부敬工夫라고 불렀다. 선비들은 하루 종일 경공부를 중단 없이 계속하려고 노력했다.

한곳에 자리를 잡고 앉아 눈을 감고 천천히 숨 쉬면서 숨소리에 정신을 집중하는 것이 경敬, 즉 명상의 출발이다. 걸어갈 때 잡념을 버리고 오직 발걸음에만 정신을 집중하거나, 밥 먹을 때 잡념을 버리고 밥맛에만 집중하는 것도 경이다. 일할 때 잡념을 버리고 오직 하는 일에만 정신을 집중하거나, 강의를 들을 때 딴생각을 하지 않고 집중하는 것도 경이다. 책을 읽을 때 책에만 온갖 신경을 다 집중하면 그것도 경이다.

사람은 경공부를 하지 않으면 하루에 약 6만 개의 잡념이 제멋대로 머리에 돌아다닌다고 한다. 가만히 관찰해 보면, 사람들은 자기도 모르게 이 잡념들을 다 말로 중얼거린다. 다시 말해, 사람은 하루에 약 6만 마디의 쓸모없는 말을 혼잣말로 중얼거린다는 이야기다. 그러면 쓸데없이 에너지가 낭비되고 자기도 모르는 사이에 신체에 긴장상태가 유지된다.

경공부를 통해 이 말들을 모두 '행복하다'로 바꾸는 것이 좋다. 그러면 우리는 잡념을 버리고 행복해지는 습관을 만들며 명상도 하는 일석삼조의 효과를 얻을 수 있다.

핵심 어떤 일을 하든지 잡생각을 버리고 그 일에 의식을 집중하면 그것이 경敬이고 명상이다.

교훈 명상하자.

실천 나는 밥 먹을 때 딴 생각하지 않고 밥맛에 신경을 집중하겠다.
나는 공부할 때 휴대폰과 TV를 끄고 공부에만 집중하겠다.

• 스님들의 참선 •

나는 대학교 1학년 때 멀리 진주까지 가서 성철 스님을 만난 적이 있다. 그때 이미 스님은 매우 유명하여 좀처럼 만나기 어려운 분이었으나, 내가 가정교사로 있던 집 할머니가 독실한 불교 신자여서 그분의 주선으로 스님을 만날 수 있었다.

많은 불교 수행자가 화두話頭 받기를 원했는데 성철 스님은 쉽게 화두를 주지 않았다. 화두란 스님들이 참선할 때 다른 생각을 접고 오직 그 한 가지 말에만 집중해 생각해야 하는 과제이다. 화두는 10년을 두고 생각해도 안 풀리는 경우가 대부분이다. 10년 동안 중도에 그만두지 않고 그것만 생각하려면 굳은 믿음이 있어야 한다.

성철 스님은 그런 신심이 있다는 것을 확인한 후에야 화두를 주었다. 성철 스님에게 그런 신심을 보이기 위해 서울에서 진주까지 차를 타지 않고 걸어간 사람도 있고, 촛불에 자기 손가락을 태운 사람도 있었다.

나는 성철 스님이 어떤 분인지 화두가 무엇인지 알고 싶었다. 그는 겉보기로는 보통 사람과 다를 바 없는 평범한 사람 같았다. 8년 동안 장좌불와長坐不臥(계속 눕지 않고 앉아 있음) 수행을 했다는 말이 믿어지지 않았다.

나는 그에게 솔직히 물었다.

"저는 불교 신자가 아니고 참선할 생각도 없습니다만, 궁금해서 여쭙습니다. 화두가 무엇인가요?"

"네가 말을 해도 매 맞고 말을 안 해도 매 맞는다. 매를 안 맞을 방도를 찾아내어라."

나는 정말 황당했다. 말이 되지 않는다고 생각했다. 이것을 화두로 10년이고 20년이고 답을 얻을 때까지 참선을 계속한다는 것은 정말 어려운 일이라고 느껴졌다.

이는 가볍게 넘길 문제가 아니다. 우리나라는 천년 넘게 수많은 승려가 이렇게 수행해 왔고, 지금도 많은 승려가 수행하고 있기 때문이다. 우리나라 여러 곳의 수도승들은 5년간, 10년간 참선을 계속한다. 일반 승려들도 하안거夏安居, 동안거冬安居라고 하여 3개월간 바깥세상과 접촉을 끊고 매일 새벽 3시에 일어나 하루에 14시간씩 참선을 한다.

이러한 일이 계속되는 이유는 참선의 효과가 입증되었기 때문일 것이다. 명상을 적게 하면 적게 하는 만큼, 많이 하면 많이 하는 만큼 마음이 맑아지고 신체가 건강해진다.

불교에서는 화두를 깨치면 도통했다고 한다. 견성성불見性成佛했다, 해탈解脫했다고도 한다. 이 경지에 이르면 일체의 욕심과 괴로움이 사라지고 죽음에도 초연해지며, 윤회전생輪廻轉生(죽었다 다시 태어나는 일)의 굴레를 벗어나 부처가 된다고 한다.

이 명상법이 불교를 통해 서구에 전파된 다음 심리학자들을 중심으로 종교적 신비성을 벗긴 과학적 연구가 활발히 추진되었다. 명백한 과학적 효과가 입증된 지금 서구에서는 종교를 떠난 명상이 급속히 보급되고 있다.

핵심 불교에서는 명상의 일종인 참선이 주요 수행방법이다.

교훈 명상하자.

실천 나는 괴로운 일이 있을 때 명상을 통해 마음의 평화를 찾겠다.

• 놀라운 명상 효과의 비밀 •

지금은 기능적 자기공명영상fMRI을 사용하여 명상의 효과를 과학적으로 관찰할 수 있다. 사라 라자Sara Lazar 박사는 하버드대학에서 실시한 실험에서 다음과 같은 사실을 알아냈다.

오랫동안 명상한 사람은 뇌조직이 변한다. 피아노를 오래 친 사람은 뇌의 일부가 변하는데, 그런 현상이 명상에서도 나타난다. 8주간 명상하면 동정심을 느낄 때, 자기만족을 느낄 때 작용하는 인술라insula의 기능이 향상한다. 또 해마hippocampus가 커져 기억력이 향상하고, 스트레스를 느낄 때 작용하는 편도체가 줄어들어 스트레스를 덜 받게 된다.

리처드 데이비슨Richard Davidson 위스콘신대학 교수는 fMRI로 관측한 결과 다음과 같은 사실을 발견했다.

하루에 40분씩 두 달 동안 명상한 사람은 뇌조직이 변했다. 또한 두 달 동안 명상한 사람들과 명상하지 않은 사람들에게 독감균을 주입하고 독감에 걸리는 비율을 조사했더니 명상하지 않은 사람들이 명상한 사람에 비해 두 배 더 독감에 걸렸다. 명상을 하면 마음만 편해지는 것이 아니라 육체의 면역력이 높아져 감기에 걸릴 확률이 줄어들기 때문이다.

매사추세츠대학의 존 카밧진Jon Kabat-Zinn 교수는 명상을 스트레스 치료에 도입했다. 그는 명상이 약물치료만큼 효과가 있으면서도 부작용이 없는 더 좋은 방법임을 밝혀냈다.

영국 옥스퍼드에는 명상센터가 있다. 대니 펜맨Danny Penman 박사와 옥스퍼드대학의 마크 윌리엄스Mark Williams 교수는 명상의 효과를 이렇게 설명했다. "명상을 하면 자존감이 높아지고 더 행복해지며 건강에도 도움이 된다. 초등학생에게 명상을 하게 했더니, 스트레스 예방과 치료에 효과가 있음이 입증되었다. 영국에서는 주의력 결핍 15세 소녀가 명상 후 치유되었다. 유아를 기르는 어머니와 5세 이상 유아에게도 명상이 긍정적 효과가 있음이 밝혀졌다."

이외에도 명상의 효과를 증명하는 논문이 약 8천 편이나 발표되었다.

요컨대 명상은 두뇌를 좋게 하고, 육체를 건강하게 만들며, 새로운 습관을 만드는 데 매우 좋은 수단이다. 더 놀라운 사실은 이것이 유아에게도 적용된다는 것이다.

핵심 명상은 정신건강과 육체건강에 좋고, 습관 형성에도 유용하다.

교훈 명상하자.

실천 나는 매일 명상을 하고 명상의 효과를 적어 보겠다.

• 다양한 명상의 종류 •

명상은 마음을 제멋대로 풀어놓지 않고 현재 하는 한 가지 일에 집중하는 것이다. 이는 생각보다 쉽지 않다. 마음을 한 가지 일에만 집중하려 해도 잡념이 꼬리를 물고 자꾸 나타나기 때문이다.

잡념을 없애고 마음을 잡아 두는 명상법은 여러 가지가 있다.

호흡 명상은 복식호흡(가슴으로 숨 쉬는 대신 아랫배를 내밀면서 숨 쉬는 법)을 하면서 배 근육이나, 숨소리에 신경을 집중한다. 숫자 명상은 숨을 천천히 들이쉬고 내쉬면서 하나, 둘, 셋, 숫자를 헤아린다. 행복 명상은 숨을 천천히 들이쉬고 내쉬면서 "행복하다"고 말하고, 행복했던 경험을 회상하거나, 행복한 이유를 생각하거나, 행복한 일을 상상한다.

친절 명상은 가까운 사람의 얼굴을 하나씩 떠올리면서 마음속으로 "정말 반갑다, 건강하길 바란다, 행복하길 바란다"고 축복한다. 요가 명상은 호흡에 맞춰 얼굴, 목, 팔다리 등의 근육을 긴장했다 이완했다 하면서 그 근육에 신경을 집중한다. 만트라 명상은 '인의예지', '나무아미타불', '할렐루야', '생각하다', '행복하다' 등 자기가 좋아하는 단어를 승려가 염불하듯이 반복해 외운다.

핵심 명상은 다양한 종류가 있다.

교훈 명상하자.

실천 나는 매일 아침마다 일어나서 행복 명상을 하겠다.

• 마음의 힘, 플라시보 효과 •

영국 국영방송 BBC에서는 플라시보 효과에 관한 다큐멘터리를 방영했다. 그 내용은 다음과 같다.

한 병원에서 세 환자에게 동시에 무릎관절 수술을 실시했다. 그 가운데 모슬리 박사가 맡은 환자에게는 국소마취를 하고 피부를 절제하고 수술하는 시늉은 다했으나, 실제로는 관절 수술을 하지 않았다. 환자에게는 수술하는 과정의 가짜 비디오를 보여 줌으로써 제대로 수술이 진행된 것으로 믿게 했다. 결과는 실제로 수술을 받은 사람과 가짜로 수술을 받은 사람 모두 무릎이 깨끗이 치유되었다.

BBC 기자는 수술이 끝난 7년 뒤에 그 환자를 찾아갔다. 환자는 "수술 전에는 무릎이 말할 수 없을 만큼 굉장히 아팠는데, 지금은 일하건 운동하건 전혀 지장이 없다"고 했다. 부인은 "밤새도록 춤을 춰도 끄떡없다"고 덧붙였다.

이것은 실제로 수술하지 않았는데도 '수술을 받았으니 병이 나아지겠지'라는 마음의 작용만으로 병이 나은 사례이다. 이런 현상을 플라시보 효과placebo effect라고 한다.

의사들은 수많은 플라시보 효과에 대한 논문을 발표했다. 그중 대표적인 것을 꼽으면 다음과 같다. 환자에게 설탕 캡슐을 주거나 물 주사를 놓으며 효과가 탁월한 신약이라고 암시를 주었더니 병이 나았다. 운동선수에게 물 주사를 놓으며 힘이 더 솟는 약이라고 암시를 주었더니 기록이 향상했다.

입덧이 심해 구역질하는 임신부에게, 구역질이 나고 토하게 하는 약을 주면서 이 약을 먹으면 구역질이 나을 거라고 했더니 속이 편해졌다. 산소가 희박한 알프스 정상에 등반하는 사람에게 공기만 넣고 산소를 넣지 않은 산소통을 주며 그 속에 산소가 있다고 했더니 진짜로 산소가 있는 것처럼 편하게 걸을 수 있다.

플라시보 효과에서 우리가 배울 수 있는 교훈은 우리의 마음은 육체의 변화를 일으킬 수 있는 능력이 있다는 것과 우리의 마음은 병을 스스로 고칠 수 있는 능력이 있다는 것이다.

마음의 힘은 우리가 상식적으로 아는 것보다 훨씬 강력하다. 이 힘을 발휘하기 위해 우리는 수시로 명상을 해야 한다. 그러면서 마음에게 우리는 '행복하다'고, 우리는 사람들의 마음을 항상 '생각한다'고 일깨우고, 우리 신체의 모든 부분이 '건강하다'고 일러 주어야 한다.

핵심 플라시보 효과는 효과가 없는 약이나 치료를 받고도 마음의 작용만으로 병이 낫는 현상이다.

교훈 내 마음은 무한한 힘을 갖고 있다.

실천 나는 아플 때 '마음으로 병을 고칠 수 있다'고 생각해 보겠다.

3

실천하기

지금까지 학교나 가정에서 했던 인성교육이 별 효과가 없었던 이유는 인성교육을 지식으로만 가르쳤기 때문이다.

이를 바로잡기 위해 습천법은 두 가지를 강조한다. 첫째, 교훈은 지식으로만 배울 것이 아니라 습관으로 만들어야 한다. 둘째, 이 습관을 일상생활에서 실천해야 한다.

앞 장에서는 습관 만드는 법을 실습했다. 이 장에서는 실천하는 구체적 연습을 하기로 한다. 좋은 습관을 형성하는 것도 중요하지만, 이를 실제 생활에서 실천하는 것도 중요하다. 가정과 학교, 군대 등에서 어떻게 습관을 실천할 수 있는지 평범한 이웃들의 사례를 통해 살펴보자.

• 가정에서 '생각하다' 실천하기 •

지영 씨 가족은 석 달 동안 노력 끝에 '생각하다'와 '행복하다'를 습관으로 만들었다. 그리고 가족회의에서 이 습관을 생활 속에서 어떻게 실천하여 가족 간에 도움을 줄 수 있을지 의논했다.

지영 씨 지금까지 우리 가족은 열심히 '생각하다', '행복하다'를 반복해서 습관으로 만들었지. 그런데 실천하지 않으면 아무 소용이 없단다. 오늘은 '생각하다'를 어떻게 실천할지 각자 생각해 보자.

하준 저부터 할게요. 저는 엄마 입장을 생각해 하루에 두 번씩 엄마 어깨를 주물러 드리고 "감사합니다"라고 말하겠습니다.

지영 씨 고맙구나. 이제부터 엄마는 매일매일 행복해지겠네!

다정 저는 매일 저녁 엄마가 설거지하는 것을 도와드릴게요.

서아 모두 엄마만 위하면 아빠가 섭섭하실 테니까, 저는 아빠를 기쁘게 해드리는 일을 생각했어요. 저는 아빠가 퇴근하시면 열렬히 환영할게요. 〈아빠, 힘내세요! 우리가 있잖아요〉 노래도 부르고요.

선우 저는 지금까지 아빠와 대화가 전혀 없었는데 오늘부터 매일 10분간 대화할게요. 그날 학교에서 있었던 일과 생각한 것을 아빠에게 말씀드리겠어요.

남편 그것 참 고맙구나. 나도 엄마에게 그날 겪은 일을 말하고, 일요일엔 집안 손보고, 하루에 세 번씩 꼭 고맙다고 말할게.

지영 씨 지금 약속한 일들은 마음만 먹으면 다 할 수 있는 일인데, 지금까지 미처 생각을 못했어! 나는 시골에 계시는 어머님께 하루 한 번씩 전화를 걸 거야. 아빠한테도 돈 못 번다고 잔소리하지 않고 직장에서 고생하니 감사하다고 말할 거야.

오늘 우리가 한 약속들은 그냥 두면 다 잊어버리기 쉬우니 모두 실천 일기장을 만들어 '생각하다'를 실천한 내용을 적어 보자.

핵심 습관을 실천하려면 언제, 누구에게, 무엇을, 어떻게 할 것이라고 구체적으로 정하고 실천 내용을 기록해야 한다.

교훈 습관을 실천하자, 실천을 기록하자.

실천 나는 매일 저녁식사 후 아버지께 그날 겪은 일을 10분간 설명하겠다.

회사에서 '생각하다' 실천하기

A회사의 Y팀은 매주 화요일 오전 10시에 팀 회의를 하는데, 팀장은 그 회의시간 중에서 5분을 할애하여 습천법 인성교육을 하고 있다.

어느 날 회의에서 '생각하다' 실천을 약속하는 발표를 했다.

팀장 지금까지 '생각하다'를 반복했는데, 오늘은 그것을 구체적으로 실천할 약속을 하겠습니다. 각자 실천 약속을 해보세요.

김 과장 저는 지금까지 일방적으로 지시만 했는데, 이제부터는 사원들의 입장을 생각해 그들의 이야기도 듣겠습니다.

오 과장 저는 매일 사원 한 사람씩 10분간 면담하겠습니다. 무엇을 도와주면 될지 같이 논의해 보겠습니다.

진 과장 저는 지금까지 사원들을 나무라기만 했지 칭찬한 적이 없습니다. 이제부터 그들의 마음을 생각해 칭찬도 하겠습니다.

송 과장 저는 지금까지 팀장님이 우리 사정을 모르고 야단만 치신다고 원망하고 불평했습니다. 이제부터 팀장님의 입장을 이해하도록 노력하겠습니다.

이 과장 저는 지금까지 회사 일을 핑계로 가족의 일은 신경을 안 썼는데, 이제부터 가족의 입장을 생각하는 방법을 연구하겠습니다.

팀장 이제부터 우리 팀의 분위기가 확 달라질 것 같다는 기분이 듭니다. 나도 지금부터 같은 말을 하더라도 상대방의 입장을 생각해서 좋은 말을 골라 보겠습니다.

오늘은 이만하겠습니다. 각자 매일 실천노트에 실천한 일을 적고 다음 모임 때 발표해 주길 바랍니다.

핵심 습관을 실천하려면 언제, 누구에게, 어떻게 할지 구체적으로 정하고 사람들 앞에서 약속해야 한다.

교훈 습관을 실천하자, 습관을 기록하자.

실천 나는 매일 직장에서 김 과장님을 만날 때마다 그가 무엇을 원하는지 생각하는 것을 실천하겠다.

• 시골 마을에서 '행복하다' 실천하기 •

시골 마을 A에서는 매일 저녁마다 마을회관에서 동네 할아버지, 할머니들에게 습천법 행복교육을 한다.

'행복하다'를 실천하기로 약속한 어르신들이 자신의 실천 경험을 발표하는 상황이다.

이장 여러분, 어제 '행복하다'를 실천하기로 약속하셨죠? 오늘은 실제로 실천한 것을 발표하는 날입니다. 한 분씩 돌아가며 말씀해 주세요.

김 할머니 나는 감기가 걸려 고생했는데 지금은 나았어요. 그래서 나는 이렇게 말했습니다. "열이 안 나서 행복하다. 기침이 안 나서 행복하다. 콧물이 안 나서 행복하다."

윤 할머니 나는 대장암을 수술해서 고쳤고, 허리 아픈 병도 수술해서 고쳤습니다. 그래서 "배가 안 아파 행복하다. 허리가 안 아파 행복하다"고 반복했습니다.

신 할아버지 내 친구 중에는 귀가 잘 안 들리는 사람도 있고, 눈이 잘 안 보이는 친구도 있습니다, 그래서 '나는 눈이 보여 행복하다. 귀가 들려 행복하다'고 생각했습니다.

박 할머니 내가 시집왔을 때는 부엌 아궁이에 불을 때는 게 힘들었고, 동쪽 밭 옆에 있던 변소가 불편했는데, 지금은 입식 부엌에 수세식 화장실이 있어 아주 편리합니다. 그래서 그것을 볼 때마다 행복하다고 말합니다.

최 할아버지 우리 어릴 때는 세끼 밥을 먹을 수 있으면 큰 부자였어요. 그때를 생각해 밥 먹을 때마다 행복하다고 말했습니다.

핵심 습관을 실천하려면 언제, 누구에게, 무엇을, 어떻게 했다고 구체적 실천 내용을 사람들 앞에서 발표해야 한다.

교훈 실천을 발표하자.

실천 나는 '행복하다'를 실천한 경험을 친구들 앞에서 이야기하겠다.

• 군대에서 '행복하다' 실천하기 •

군대에서 습천법을 실시했을 때, 사단 전체에 적용하기에 앞서 A부대에서 6개월간 교육했다. 처음 3개월간 '행복하다'를, 이후 3개월간 '생각하다'를 가르쳤다.

그 구체적인 교육과정은 다음과 같다.

1. 아침에 기상하면 큰 소리로 "행복하다"를 5번 외친다.
2. 경례할 때 '필승'이라고 하는 대신 '필승 행복하다'라고 말한다.
3. 아침 체조 때 구호를 '하나, 둘, 셋, 넷'이라고 하는 대신 '행, 복, 하, 다'로 바꾼다.
4. 행군할 때도 구호를 '행복하다'로 바꾼다.
5. 군가의 가사를 '행복하다'로 바꾸어 부른다.
6. 매일 저녁 취침 전에 30분간 외부 강사 없이 자율적으로 습천법 1-1-6의 6단계를 실시한다. 즉, ① 이야기 하나를 읽고, ② 이야기를 외우며, ③ 읽은 이야기에 대한 소감을 모두 발표하고, ④ 교훈 '행복하다'

를 (노래나 명상으로) 반복한다. ⑤ 구체적인 예를 들어 교훈을 바로 생활 속에서 구체적으로 실천할 것을 약속하고, ⑥ 약속을 실천한 내용을 일기장에 적어 다음 날 소대장에게 제출한다.

결과는 놀라왔다. 습천법 실시 후 군인들의 소감과 의견을 들어 보자.

대대장 새로운 것을 한다는 데 대한 반발심, 개인 시간을 뺏는다는 데 대한 불만을 걱정했습니다. 그러나 시간이 경과하면서 용사들이 이를 긍정적으로 수용하여 언어폭력, 폭행, 내부 부조리 등의 사고가 30% 이상 감소했습니다. 욕설과 비속어도 눈에 띄게 줄었죠.

인사과장 습관이 바뀌고 행동이 바뀌기 시작했습니다. 3개월간 동계 강화훈련을 하는 동안 부대원들은 몸과 마음, 정신이 지쳐 있었죠. 그때 누군가가 "행복하다"를 외쳤고, 그 말을 듣자마자 너도나도 다 같이 "행복하다"를 외쳤습니다. "행복하다"를 외치면서 이까짓 훈련을 이겨낼 수 있다는 마음이 들었다고 합니다. 정말 놀라운 경험이었습니다. 교육 이후 우리 부대는 정말 긍정적이고 밝아졌어요. 작은 실천 하나하나가 모여 큰 것을 이뤄낸다는 사실을 절실히 깨달았습니다.

3중대 일병 박대한 처음에 시작했을 때는 '이게 뭐지?'라며 이상하게 생각했습니다. 그런데 점점 생활관 분위기도 좋아지고 전우애도 돈독해지면서 정말 좋은 프로그램이라고 느꼈습니다.

3중대 일병 최관용 내가 정말 행복하게 변화하는 것이 신기했습니다. 힘든 군대생활에 감사하고, 더 열심히 하는 자신에게 놀라기도 했죠. 다른 군부대에서도 시행하여 부정적 군대생활을 좋은 방향으로 개선하길 바랍니다.

3중대 일병 박종석 군인의 정신을 건강하게 만들고, 인격적으로 훌륭한 사람이 되도록 하는 데 결정적 역할을 하는 프로그램입니다.

3중대 일병 김윤환 군사훈련이 육체를 건강하게 만드는 것처럼, 내 정신이 건강해지고 인격적으로 훌륭한 사람이 되는 것을 느꼈습니다.

핵심 군대에서 습천법 1-1-6으로 '행복하다'를 실천해 긍정적 결과를 얻었다.

교훈 습관을 실천하자.

실천 나는 집에서 저녁에 가족과 둘러앉아 습천법 1-1-6을 실시하겠다.

• 학교에서 실천노트 쓰기 •

다시 A고등학교의 수학교사 최대범 씨 이야기로 돌아가 보자. 최 선생이 습천법을 가르친 후 학생들은 명랑해지고 친절해졌다. 뿐만 아니라 학부모들의 칭찬이 늘었다. 학부모들은 그에게 전화해 감사하다고 했고, 교장선생님에게 전화해 그를 칭찬하기도 했다.

최 선생은 매 수학시간 시작할 때마다 명상하기와 노래 부르기를 통해 교훈을 반복하는 것 외에 한 가지 활동을 더 했다. 학생들에게 실천노트를 만들어 매일 행복한 일 두 개, 감사한 일 두 개, '생각하다'를 실천한 것을 두 개씩 쓰게 한 것이다. 물론 이것을 수학점수에 반영한 것은 아니지만, 실천한 학생은 칭찬하고, 실천하지 않은 학생은 데리고 함께 실천노트 만드는 실습을 했다.

다음은 최 선생이 가르친 학생들이 쓴 실천노트이다.

바다 엄마에게 감사, 선생님께 감사, 아이스크림 먹어 행복, 날씨가 좋아 행복, 엄마 입장 생각, 선생님 입장 생각.

소라 버스기사에게 감사, 지하철에 감사, 학교 점심 행복, 수학 재미있어 행복, 지하철에서 자리 양보, 우리 반장 입장 생각.

가람 두 눈, 두 귀, 친구 A, 친구 B, 엄마, 아빠.

다정 에어컨이 있어서 행복, 휴대폰이 좋아서 행복, 하늘이 고와서 감사, 꽃이 예뻐서 감사, 친구 욕하는 것 참기, 동생 야단치는 것 좋은 말로 바꾸어 쓰기.

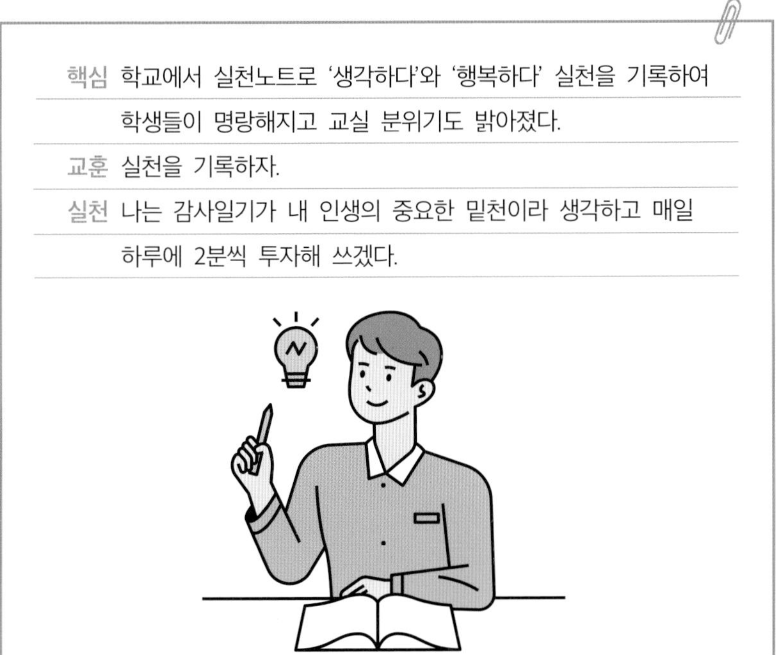

핵심 학교에서 실천노트로 '생각하다'와 '행복하다' 실천을 기록하여 학생들이 명랑해지고 교실 분위기도 밝아졌다.

교훈 실천을 기록하자.

실천 나는 감사일기가 내 인생의 중요한 밑천이라 생각하고 매일 하루에 2분씩 투자해 쓰겠다.

• 쉬운 습관부터 실천하기 •

성수는 자기와 3가지 약속을 하고, '나와의 3대 전쟁'이라 이름 붙였다. 첫째, 아침 여섯 시에 일어나기, 둘째, TV는 하루에 한 시간만 보기, 셋째, 게임은 하루에 한 시간만 하기가 그것이다.

성수는 처음부터 이것을 지킬 자신이 없어 아버지와 상의했다.

성수 아버지, 어떤 책을 보니까 자기 자신을 이기는 것이 세계를 이기는 것보다 더 어렵다는 말이 있어요. 이 3가지 모두 엄마가 야단쳐야 겨우 하던 건데, 스스로 하는 것이 솔직히 자신 없어요.

아버지 세상일은 마음먹기에 달렸단다. 하늘에 가서 별을 따오라는 것도 아닌데 무엇을 겁내니? 한 번에 3가지를 다 이루려고 하지 말고 우선 한 가지를 성공한 후에 또 한 가지를 택해 봐.

자기 전에 알람을 맞춰 놓고 아침에 울리면 우물쭈물하지 말고 단번에 벌떡 일어나겠다고 여러 번 되풀이해서 자기 자신에게 다짐하면 습관으로 만들 수 있단다. 그렇게 하면, 문제없이 해낼 수 있어. 나하고 지금 훈련해 볼까?

성수 · 아버지 알람이 울리면 벌떡 일어난다! 알람이 울리면 벌떡 일어난다! 알람이 울리면 벌떡 일어난다!

성수 해낼 수 있을 것 같은데요. "알람이 울리면 벌떡 일어난다!" 자기 전에 단단히 마음속에 새겨 넣을게요.

마침내 성수는 아침 6시에 스스로 일어날 수 있게 되었다. 엄마는 집안사람을 모두 모아서 잔치를 해주었다. 성수는 자기를 이기면 세계를 이길 수 있다는 말을 생각하면서 자신감이 생겼다. 자기의 능력을 믿기 시작했다.

그 뒤 성수는 가끔 이런 말을 하는 습관이 생겼다.

"마음만 먹으면 그까짓 것을 못해!"

그래서 TV 보는 일, 게임하는 일도 처음 결심한 대로 시간을 지킬 수 있게 되었다.

'자기를 이긴다는 것'은 진정한 의미에서 인생의 중대 과제이다. 6시만 되면 벌떡 일어나는 습관을 만든다는 것은 잠재의식을 바꿔 놓는다는 것이다. 일단 잠재의식이 바뀌면 그 뒤부터는 그게 습관이 돼서 크게 힘들이지 않고 그것을 실행할 수 있다.

위와 같은 방법으로 한 가지라도 성취하면 자기를 크게 칭찬해 주어 자기를 이기는 일에 자신감을 키운다. 이것은 인생을 사는 데 매우 중요한 지혜이다.

핵심	아무리 쉬운 일이라도 습관을 만들어 실천하려면, 크게 결심하고 꼭 실천할 수 있는 방법을 마련해 꾸준히 연습해야 한다.
교훈	할 수 있다.
실천	나는 지금 당장 쉬운 습관 한 개를 정하고 이를 실천할 수 있는 방법을 생각해 보겠다.

• 행복에 관한 시 쓰기 •

권윤수 씨는 '행복 실천'에 관한 긴 시(詩)를 썼다. 그 일부를 여기에 옮긴다. 우리는 이 시에서 일상생활을 하는 가운데 행복을 실천하는 지혜를 배울 수 있다.

거울 저편의 퉁퉁 부은 얼굴과 짝짝이 눈,
입 언저리의 작은 흉터까지 예뻐 보이는
그런 기분 좋은 아침을
행복이라 말하고 싶습니다.

내 안에 아직도 살아 숨쉬며
꿈틀대는 꺼지지 않는 꿈들을
행복이라 말하고 싶습니다.

간간이 찾아오는 무료함과 그로 인해
절실히 느끼게 되는 일의 소중함들을
행복이라 말하고 싶습니다.

가지고 싶은 것 많더라도
욕심의 무게를 측정할 줄 알며
정량을 초과하지 않을 줄 아는 지혜를
행복이라 말하고 싶습니다.

매일 아침 눈뜰 때
또다시 새로운 하루가 주어진 것만으로도
감사할 줄 아는 낙천적인 우리의 모습들을
행복이라 말하고 싶습니다.

사소한 것들에서도 난 행복해라고
느낄 수 있는 열려 있는 마음들을
행복이라 말하고 싶습니다.

돌이켜 보니, 행복이라 이름 붙인
그 모든 것들로 오늘도 행복한 하루 …
또 다른 오늘을 준비하는 지금 이 시간 …
그렇게 준비하는 오늘 역시 행복이라 말하고 싶습니다.

행복이라고 말하고 싶은 게 정말
너무도 많군요. 이렇게 많은 행복을 두고
왜 이제껏 우리는 불행만 헤아리며 살았을까요?

즐겁게 살아가는 것에 길들여지려면 약간의
괴로운 여건은 무시해 버리고 살아도 된답니다.

이제부터라도 행복을 헤아리며 살아요.
난 행복한 사람이야 입으로 늘 시인하며 사는 것입니다.
오늘도 참으로 행복한 날입니다.

핵심 '행복하다'를 실천하는 예로 행복에 관한 시를 쓸 수 있다.

교훈 행복하다.

실천 나는 일상에서 '행복하다'를 실천한 것에 대한 시를 한 편 쓰겠다.

• 익동 할배의 '행복하다' 실천 •

익동 할배는 언제나 명랑하고 행복하다. 할배는 하루 종일 '행복하다'를 입에 달고 산다.

아침에 눈을 뜨면 "아이고 허리야!"라는 대신에 "아! 오늘도 눈을 떠서 행복하다"고 말한다. 샤워를 하면서 "왜 온도 조절이 안 돼?"라고 짜증 내는 대신에 "샤워할 수 있어 행복하다"고 말한다. 'TV를 보니 아프리카의 어떤 나라 사람들은 수십 리를 걸어가 흙탕물을 길어 와야 밥을 지을 수 있다는데, 이렇게 마음껏 물을 쓸 수 있으니 얼마나 행복한가!' 라고 생각한다.

아침상을 받아서는 매일 아침 똑같은 판박이를 먹게 되었다고 불평하는 것이 아니라, 아침마다 밥을 배불리 먹을 수 있어서 행복하다고 생각한다. 지금 북한 동포들은 먹을 것이 없어 김일성이 약속한 대로 이밥에 고깃국을 먹는 지상낙원을 만나는 것을 평생의 소원으로 삼고 있는데, 나는 이미 지상낙원에 살고 있다고 고마워한다.

식탁에 할매와 나란히 앉았다. '또 잔소리를 시작하는구나, 짜증 난다'고 생각하는 대신 '할매가 옆에 있어 행복하다'고 생각한다. 상처喪妻

하고 처량하게 혼자 앉아 있는 옆집 할배보다 백번 낫다고 생각한다.

TV를 켰다. 행복했다. 옛날 임금님도 못 가졌던 것을 내가 가졌으니 감사하다.

집을 나섰다. 하늘이 파랗고 흰 구름이 아름다워 행복했다. 만일 돈을 줘야만 이 광경을 볼 수 있다면 얼마나 비쌀까 생각한다.

길가에 꽃을 보고 멈춰 섰다. "아! 아름답다. 아! 행복하다"라고 말했다. 나보고 이것을 만들라면 평생을 걸려도 못 만들 것 같은데, 또 나보고 이것을 그리라하면 죽었다가 깨어나도 이렇게 예쁘게 그리지 못할 텐데 '이 얼마나 놀라운 기적인가!'라고 감탄한다.

돌에 걸려 넘어져서 팔이 부러졌다. '나는 불행하다, 늙어서 이제는 할 수 없구나!'라고 한탄하는 대신, '머리를 다치지 않고 팔만 부러졌으니 얼마나 다행인가'라고 생각한다. '더 큰 사고를 방지하기 위한 경고이다'라고 받아들이고, 오히려 고맙다고 생각한다.

핵심 같은 일도 생각하기에 따라 반대로 해석할 수 있으므로 좋게 해석하는 습관을 길러야 한다.

교훈 행복하다.

실천 나는 앞으로 일이 생길 때마다 좋게 한 번, 나쁘게 한 번 생각해 보겠다.

• 익동 할배의 '생각하다' 실천 •

익동 할배는 '생각하다'를 입에 달고 산다. 사람을 대하면 언제나 '상대방의 입장을 생각해 보자'고 다짐한다.

할매가 늦잠 자고 일어나지 않는다. "빨리 일어나소, 해가 중천에 떴어요"라고 고함치려다가, 할매 입장을 생각해 보았다.

'어제 딸의 전화가 왔는데, 김 서방이 암이 걸렸다고 했지. 그래서 잠을 못 잤구나.'

가엾은 할매에게 이불을 당겨 덮어 주었다.

대구 사는 아들에게서 일주일째 전화가 없다. '불효자 놈, 부모를 아예 잊어버리고 사는구나'라고 화내는 대신, 아들 입장을 생각했다.

'일상 업무에 파묻혀 살다 보면 부모를 잊어버릴 수 있지. 나도 젊었을 때 그러지 않았던가? 늙은 부모의 마음을 어떻게 알아? 내가 다음에 만나면 순순히 타일러서 늙으면 아들의 전화, 손자의 전화가 얼마나 큰 위안이 되는지 일깨워 줘야지. 다 내가 미리 가르치지 못한 탓이다.'

마을에 나갔다. 길가에서 오철이를 만났는데 영 무표정하게 반 인사를 하고 지나갔다. '고얀 놈, 못 배운 놈, 어른을 대하는 태도가 저게 뭐야'라고 화내는 대신, 그의 입장을 생각해 본다.

'그래, 평소에는 공손한 아이인데 아마 오늘은 자기 어머니에게 야단맞은 모양이다. 안됐다.'

장터를 지나가는데 시비가 붙은 것을 봤다. 손님이 이 물건, 저 물건을 잔뜩 보고는 아무것도 안 사고 나가려 하자, 가게 주인이 분통을 터트린 모양이다. 모르는 사람끼리 처음 만났는데, 서로 남의 입장을 생각했다면 웃으며 헤어졌을 텐데 안타깝다고 생각했다.

손님은 "사지도 못하고 폐만 끼쳐 미안합니다"라고 하고, 주인은 "괜찮습니다. 오시는 손님마다 다 사시면 부자 되게요? 다음에 또 오셔서 봐 주세요"라고 했으면 얼마나 좋을지 생각했다.

찻집에 들러 친구를 만났다.

"병구라는 사람이 자네 흉을 보더군. 자네가 허풍쟁이라던데."

익동 할배는 침착하게 대꾸했다.

"그 사람이 한 말의 앞뒤를 다 들어 봐야지, 내 칭찬을 잔뜩 하고 나서 '그 사람은 낙관주의자라서 일을 너무 쉽게 보는 면이 있지'라고 했을 수도 있지 않겠나. 나는 그 사람과 허물없는 사이라서 장난삼아 그런 소리를 했을 테니 상관없네."

핵심 같은 일도 생각하기에 따라 반대로 해석될 수 있으므로,
되도록 좋은 방향으로 해석하는 습관을 길러야 한다.

교훈 생각하다.

실천 나는 남의 입장을 생각해 좋게 해석한 일을 3가지 써 보겠다.

3부

습천법으로 바른 인성 키우기

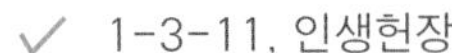

✓ 1-3-11, 인생현장

✓ 1-1-6, 습관을 기르는 방법

✓ 인생의 목표

2부에서 '습관 만들기'와 '실천하기'를 통해 습천법을 압축적으로 소개했다. 3부에서는 "어떤 습관을 만들까?"what?, "어떻게 습관을 기를까?"how?에 대한 답을 더 체계적인 방법으로 이론화한 도구들을 살펴본다.

"어떤 습관을 만들까?"를 푸는 도구가 '1-3-11'이다. '습천법 1-3-11'은 다음과 같다. 여기서 '1'은 인생의 목표이고, '3'은 남, 나, 일, 세 분야를 가리킨다. '남'은 사람과 원만한 관계를 이루기 위한 원칙·교훈이고, '나'는 나 자신을 반듯하게 다스리기 위한 원칙·교훈이며, '일'은 일을 현명하게 처리하는 원칙·교훈이다. 학생은 공부가 일이고, 주부는 가사가 일이다.

'11'은 11개의 원칙, 교훈이다. 남, 나, 일, 세 분야에서 각각 3개씩을 취하되, 부모와의 관계, 나라와의 관계를 추가하여 모두 11개가 된다. 11개 교훈은 각자 정하도록 한다. 다만 이 3개는 반드시 넣어야 한다. '생각하다', '행복하다', '명상하기'가 그것이다. 앞서 1부에서 생각하다, 행복하다를 강조한 것도 이들이 가장 중요하고 기본적인 교훈이기 때문이다.

습천법 1 - 3 - 11

인생의 목표: 의사, 기업가, 과학자, 운동선수등

남

부모에 대하여
항상 무엇을 원하시는지
생각한다.

나라에 대하여
하루에 한 가지
착한 일을 한다.

사람을 대하면
그 마음을 '생각한다'.
(역지사지)

사람이 말을 할 때,
마음을 써서 듣는다.

신의를 지킨다.

나

항상 '행복하다'고
말한다(항상 행복)

어려움을 당하면
딛고 다시 일어난다.

정직하게 말하고
정직하게 행한다.

일

하는 일을 좋게 해석하고
집중해서 일한다.

일의 경중을 따져서
중요한 일부터 먼저 한다.

결정을 할 때는
세 번 생각해 본다.

“어떻게 습관을 기를까?”를 해결하기 위한 도구가 ‘1-1-6’이다. ‘습천법 1-1-6’은 습관을 기르기 위한 단계이다.

여기서 ‘1-1’은 한 번에 한 가지 교훈만을 택해 완전히 습관이 되게 한 뒤에 다음 교훈을 택하라는 것이다. ‘6’은 다음 그림과 같은 6단계를 의미한다.

습천법 1-3-11은 사람마다 습관으로 길러야 할 바람직한 교훈들을 정리하는 도구이고, 습천법 1-1-6은 실제로 그 교훈을 습관으로 만드는 도구이다.

요약하면 다음과 같다.

첫째, 인성교육은 습관교육이다.

둘째, ‘어떤 습관을 만들까?’를 풀 때, 습천법 1-3-11을 적용한다.

셋째, ‘어떻게 습관을 기를까?’를 풀 때, 습천법 1-1-6을 적용한다.

어떻게 습관을 기를까? **습천법 1-1-6**

결심하는 단계

1단계
한 교훈을 택한 다음 그 교훈에 관한 이야기를 읽는다.

2단계
그 이야기를 외울 수 있게 반복하여 읽고 요약해 본다.

3단계
소감을 말하고, 그 교훈을 지키겠다는 결심을 말한다.

습관 만드는 단계

4단계
그 교훈이 습관이 될 때까지 반복한다.

실천하는 단계

5단계
그 교훈을 실천할 구체적인 약속을 한다.

6단계
그 교훈을 실천했는지 못했는지 일기장에 적는다.

1

1-3-11, 인생헌장

습천법의 두 기둥은 1-3-11과 1-1-6이다.

먼저 1-3-11을 살펴보자. 자녀를 훌륭한 사람으로 키우고 싶은 부모라면, 어떤 훌륭한 습관을 자녀의 몸에 배도록 해야 하나를 고민하기 마련이다. 이때 활용할 수 있도록 만든 도구가 1-3-11이다.

1-3-11은 인생을 살아가는 원칙을 적은 표로, 인생헌장이라고도 부른다. 인생계획서 또는 인생설계도라고 보면 된다.

1-3-11에서 1은 인생의 목표 또는 장래의 꿈을 말한다. 3은 남, 나, 일 등 세 분야이다. 남은 남과의 관계를 좋게 하기 위한 교훈, 나는 나 자신을 다스리기 위한 교훈, 일은 일 또는 공부를 잘하기 위한 교훈이다. 11은 지켜야 할 교훈 11가지를 말한다.

이렇게 써 놓고 보면 꽤 딱딱하고 어려워 보이는데 다음 이야기를 읽어 보면 별로 어려운 얘기가 아님을 알 수 있다.

• 초등학생의 1-3-11 •

어느 날, 초등학교 5학년생인 별이가 엄마와 대화를 나누었다.

"별이야, 너는 어떤 사람이냐?"

"엄마가 다 알잖아요."

"그래도 한번 말해 봐."

"혜화초등학교 5학년입니다."

"혜화초등학교 5학년은 너만이 아니잖아?"

"엄마의 둘째딸입니다."

"내가 너한테 물은 것은 어떠한 마음가짐을 가지고 무엇을 중요하다고 생각하는 사람이냐는 것이었다. 질문을 좀 바꾸어 볼게. 전에 엄마하고 나의 인생헌장 1-3-11을 만들어 본 적이 있지. 그것을 한번 외워 봐라."

"엄마, 시키신 대로 카드에 적어서 수첩에 갖고 다니니까 꺼내 볼게요. 저의 인생 목표는 훌륭한 의상 디자이너가 되는 거고요. 제가 지켜야 할 교훈을 남, 나, 일, 세 분야로 나눠서 있는데요.

남과 사이좋게 지내기 위해서 웃는 얼굴로 사람을 대한다, 사람을 칭찬한다, 매일 엄마에게 감사편지를 쓴다, 노인에게 자리를 양보한다는 교훈을 지킬 거예요. 나 자신을 다스리기 위해서 아침에 일찍 일어난다. 매주 계획, 매일 계획을 세운다는 교훈을 지킬 것이고요. 공부를 효과적으로 하기 위해 오늘 할 일을 내일로 미루지 않는다, 일할 때는 중요한 것부터 먼저 한다는 교훈을 지킬 거예요. 엄마, 이게 전부인데요."

"그래 훌륭하구나. 너는 바로 이 인생헌장에 따라 살려고 하는 사람 아니냐?"

"아하, 그렇군요."

"그럼 다시 묻겠다. 너는 어떤 사람이냐?"

"네, 저는요, 의상 디자이너가 되는 것이 꿈이고요, 사람들을 웃는 얼굴로 대하며 상대를 칭찬하고 약속을 지키는 사람이고요, 엄마를 사랑해서 매일 엄마에게 편지를 쓰는 사람이고요, 세상을 위해 착한 일을 하기 위해 어른에게 자리를 양보하는 사람이고요, 나 스스로는 일찍 일어나고, 매주·매일 계획을 세우고 그것에 따라 열심히 노력하는 사람이고요, 일할 때는 오늘 할 일은 내일로 미루지 않고, 중요한 일부터 먼저 하는 사람입니다."

"와, 내 딸 대단하다! 이제 갑자기 사람의 가치가 돋보여서 훌륭한 인격자로 보이네."

별이의 인생헌장은 다음과 같았다.

초등학생 별이의 인생헌장

인생의 목표: 의상 디자이너	
남	1. 웃는 얼굴로 사람을 대한다. 2. 사람을 칭찬한다. 3. (효) 부모에게: 매일 엄마에게 감사편지를 쓴다. 4. (충) 사회에: 노인에게 자리를 양보한다.
나	1. 아침에 일찍 일어난다. 2. 매주 계획, 매일 계획을 세운다.
일	1. 오늘 할 일을 내일로 미루지 않는다. 2. 일할 때는 중요한 것부터 먼저 한다.

대학 2학년생 지호가 혼자 유럽 무전여행을 떠나기 전날 아버지가 물었다.

"여행의 목적이 무엇이냐?"

"새로운 경험을 해보려고요. 유럽은 우리나라와 역사도 다르고 문화도 다르고 생활도 다르잖아요. 뭔가 얻을 게 있을 것 같습니다."

"사업차 가는 사람 말곤, 우리나라 여행객은 대부분 경치나 박물관을 구경하고 역사 유적지를 찾는데, 너는 문화와 생활도 보겠다는 거네?"

"물어보시니까 별생각 없이 그렇게 대답했습니다. 솔직히 말씀드리면 특별한 목적이 있는 것은 아닙니다."

"그럼 언제 어디에 갈지 여행 계획은 세운 거냐?"

"먼저 다녀온 친구들에게 물어 대강 맞추었습니다."

"목적을 확실히 정하고 그 목적에 따라 세부계획을 세우고, 각 세부계획에서도 네가 얻고자 하는 것이 무엇인지 미리 정해 놓으면 훨씬 값진 여행이 되지 않겠니?"

"아버지, 그러려면 준비하는 데 시간도 걸리고, 그것을 다 생각하면 골치가 아픕니다. 편하고 재미있게 다녀오겠습니다."

이때 아버지는 심각한 표정으로 말했다.

"지호야, 인생 100년도 하나의 여행이다. 인생의 목표를 정하고, 그 목표를 달성하기 위해 지켜야 할 교훈을 정하고, 그 교훈을 실제로 지키기 위해 세부계획을 세워야 한다. 이것이 귀찮다고 그때그때 남들이 하는 것을 보고 적당히 하면 같은 시간, 같은 노력을 들여도 10년, 20년 지나면 목표를 미리 정하고 가는 사람에 비해 아주 큰 차이가 난다."

"아버지 그것은 여행 계획보다 훨씬 더 어려운 일인데요. 지금까지 생각해 본 일도 없고요. 지금 당장 생각해 보라고 해도 너무 어려워 엄두가 나지 않습니다."

"그렇다면 그것은 지금까지 아버지 노릇을 제대로 하지 못한 내게 책임이 있다. 너는 지금 인생설계를 하는 일이 너무 어려울 것이라고 했는데, 다행히 습천법 1-3-11이라는 도구를 쓰면 놀랍게도 쉽게 그것을 해결할 수 있다."

"믿어지지 않는데요. 당장 해보고 싶습니다."

"그럼 네가 여행을 다녀온 후에 습천법 1-3-11을 써 보자꾸나. 여행 중에 할 숙제도 내주마. 인생을 살면서 지켜야 할 교훈, 바꿔 말하면 인생을 살면서 지켜야 할 원칙 11개를 써 보아라."

지호는 약속대로 유럽 무전여행을 다녀와 아버지와 마주 앉았다.

"이번 여행에서 얻은 게 뭐냐?"

"여러 가지가 있는데요. 아버지께서 말씀하신 것처럼 여행을 떠나기 전에 여행 목표를 명확히 정하고 그 목표를 이루기 위해 자세한 계획을 세우는 게 중요하다는 것을 알았습니다."

"중요한 것을 배웠으니 다행이다. 그건 그렇고 지난번에 숙제를 내준 것은 생각해 보았니?"

"네, 인생을 살면서 지켜야 할 교훈을 11개 써 보라고 하신 것 말씀이죠? 지금 읽어 보겠습니다.

성실하자, 친절하자, 감사하자, 일할 때 열중하자, 어려움을 당할 때 다시 일어나는 용기를 갖자, 결정할 때 다시 한 번 더 생각해 보자,

칭찬하자, 내가 나의 주인이 되자, 신의를 지키자, 남이 말할 때 주의 깊게 듣자, 매일 30분 걷자.

우선 이렇게 써 봤습니다만, 깊이 생각한 것도 아니고 다 지킬 자신도 없습니다."

"그렇게라도 써 보았다는 것이 중요하다. 평생 한 번도 이런 것을 써 보지 않는 사람이 얼마나 많은데. 이것이 인생을 사는 데 유용한 길잡이가 되려면 1-3-11이라는 틀에 맞추는 게 좋다. 인생 목표가 무엇이든 그것을 달성하려면 남, 나, 일, 세 분야를 잘해야 한다.

첫째, 남들과 사이가 좋아야 한다. 사람은 사회적 존재로 혼자 살아갈 수 없다. 무슨 일을 하든 대인관계가 원만해야 한다.

둘째, 나 자신을 스스로 다스릴 줄 알아야 한다. 나 자신을 그대로 두면 본능이 시키는 대로, 마음이 내키는 대로 행동하게 된다.

셋째, 일을 슬기롭게 해야 한다. 사람은 누구나 일한다. 학생은 공부가 일이고, 주부는 살림살이가 일이고, 노인은 건강을 관리하고 의미 있는 인생을 사는 게 일이다.

네가 쓴 11가지 교훈을 이 세 분야에 각각 배치해 보자.

대학생 지호의 인생현장 1

인생의 목표	
남	1. 친절하자. 2. 칭찬하자. 3. 남이 말할 때 주의 깊게 듣자.
나	1. 성실하자. 2. 감사하자. 3. 어려움을 당할 때에 다시 일어날 용기를 갖자. 4. 신의를 지키자. 5. 매일 30분 걷자. 6. 내가 나의 주인이 되자.
일	1. 일을 할 때 열중하자. 2. 결정할 때 다시 한 번 더 생각해 보자.

이 표에서 몇 가지 지적할 것이 있다. 네가 별생각 없이 적은 것을 분석해 보면 남에 대한 교훈이 3개, 나에 대한 교훈이 5개, 일에 관한 교훈이 2개였다. 습천법에서는 교훈의 실천이 중요하니까 많은 교훈을 나열하기보다 정말 중요하다고 생각하는 것을 택해야 한다."

"아버지, 저는 그냥 생각나는 대로 적었는데 아버지께서 이렇게 정리해 주시니까 정말 좋은데요. 이제 정신 차리고 열심히 생각해서 잘 만들어 보겠습니다."

며칠 후 지호는 1-3-11을 잘 만들어 보겠다는 약속을 지키기 위해 다시 아버지에게 조언을 구했다.

"지난번 1-3-11은 생각나는 대로 적은 것을 아버지께서 표로 정리해 주셨는데요, 아버지께서 생각하시는 바람직한 답이 있다면 가르쳐 주세요."

"이것은 각자 자기가 자기 것을 만들어야 효과가 있다. 그러니 네 자신이 잘 생각해서 수정해 보아라. 다만 주의할 것 두 가지를 더 얘기해 줄게. 다음 표를 보아라."

아버지는 표를 보여 주며 상세하게 설명을 덧붙였다.

"첫째, 11개 교훈 가운데 '생각하다'와 '행복하다'를 반드시 넣어야 한다. 이 두 가지만 제대로 하면 너는 훌륭한 사람이 될 수 있다.

둘째, 사람이 사람답게 사는 데 꼭 필요한 두 가지를 더 추가해야 한다. 그것은 보은報恩, 즉 은혜를 갚는 일인데, 부모에 대한 것과 사회에 대한 것, 두 가지가 있다. 이를 줄이면 효孝와 충忠이다.

사람이 세상에 존재할 수 있는 것은 부모 덕분이다. 부모에게 효도하는 것이 인간이 지켜야 할 첫 번째 도리이다. 이것이 효이다.

그다음은 사회에 대한 의무다. 인간은 누구나 혼자서 살 수 없다. 먹는 것, 입는 것, 움직이는 것, 모두가 누군가가 힘쓴 덕분이다. 그래서 우리는 사회와 나라에 감사해야 하고, 우리가 속한 공동체와 이웃들에게 도움을 주는 사람이 되려고 노력해야 한다. 이것이 현대적 의미의 충이다. 법과 규범을 지키고, 세금을 내면 된다는 식의 좁은 생각을 버려야 한다."

지호는 아버지의 말씀을 주의 깊게 듣고 1-3-11을 수정한 후 다시 보여 드렸다.

"말씀하신 대로 수정한 인생헌장은 이렇습니다."

"됐다. 11개 교훈은 자기가 중요하다고 생각하는 것, 자기가 할 수 있는 것을 택하는 것이 좋다. 나중에 고칠 수가 있으니 너무 어렵게 생각하지 말고 우선 생각나는 대로 한 번 만들어 보는 것이 중요하다.

일단 인생헌장을 만든 다음에는 정한 교훈들을 습관으로 만들어서 실천해야 하는 데, 이때 11가지를 동시에 하려면 반드시 실패한다. 1-1-6을 해야 한다. 즉, 한 번에 한 개의 교훈을 택해서 6단계를 거쳐 실천하는 습관을 확실히 만든다. 일단 그것이 완성되면 그다음에 실천할 새로운 교훈을 하나 택해서 같은 방식으로 한다."

대학생 지호의 인생헌장 2

인생의 목표: 사업가	
남	1. 생각하다.(사람을 대할 때마다 그 사람의 마음을 생각한다) 2. 부모에 대하여: 항상 무엇을 원하시는지 생각한다. 3. 나라에 대하여: 하루에 한 가지 착한 일을 한다. 4. 사람이 말할 때 주의 깊게 듣는다. 5. 사람을 대할 때 밝은 표정으로 대한다.
나	1. 행복하다.(항상 '행복하다'라고 말하고 그 이유를 생각한다) 2. 어려움을 당할 때 다시 일어날 용기를 갖는다. 3. 신의를 지킨다.
일	1. 일을 할 때 열중한다. 2. 일할 때 더 좋은 방법이 있는지 생각해 본다. 3. 결정할 때 다시 한 번 더 생각해 본다.

• 남에 대한 3가지 교훈 정하기 •

B부대에서는 매일 저녁식사 후에 생활관에 모여서 자율적으로 습천법 1-3-11을 실시하기로 했다.

진행자 오늘은 습천법 1-3-11의 남, 나, 일 중에서 남에 대해 공부하겠습니다. 용사들은 각자 자기가 지켜야겠다고 생각하는 교훈 3개를 발표하길 바랍니다. 시간을 5분씩 드리겠습니다.

다 같이 네, 알겠습니다.

진행자 (5분 뒤) 그럼 박 일병부터 차례대로 발표해 주세요.

박 일병 저는 지금까지 남을 대할 때 제 입장만을 생각해 왔습니다. 앞으로는 사람을 대하면 남의 입장을 꼭 한 번 생각해 보겠습니다. 사람들은 저를 보면 항상 표정이 우울해 보인다고 합니다. 이제부터는 늘 미소를 짓고 살겠습니다. 저는 약속해 놓고도 그때그때 편리한 대로 바꾸었습니다. 이제부터 약속을 잘 지켜 사람들로부터 신용 있는 사람이라는 인정을 받겠습니다.

김 일병 저는 옆에 있는 이 일병과 사이좋게 지내려면 어떻게 해야 할지 생각했습니다. 그래서 욕하지 말자. 놀리지 말자. 도와주자 등 3가지를 정했습니다.

오 일병 저는 상관에게는 그분이 맡은 임무를 생각해서 좋게 해석하자, 동료에게는 그들의 이야기를 건성으로 듣지 말고 성의를 기울여 열심히 들어 주자, 후배에게는 도움을 주자로 정했습니다.

독자들도 각자 사람들과 사이좋게 지내기 위한 원칙 3개를 써 보자.

• 나에 대한 3가지 교훈 정하기 •

시골 마을 B에서는 매일 저녁마다 마을회관에서 동네 할아버지, 할머니들에게 습천법 1-3-11을 실시하고 있다.

어르신들이 습천법 1-3-11 가운데 나에 대한 교훈 3가지를 발표하는 상황이다.

진행자 오늘은 습천법 1-3-11 가운데 나에 대해 생각해 보겠습니다. 여러분 모두 나 스스로를 어떻게 다루어야 할지 그 원칙을 3가지씩 이야기해 보시길 바랍니다.

김 할아버지 지난 주말에 서울에서 손녀가 와서 지금 사귀는 남자친구가 있는데, 그 사람이 작은 일에도 감사하고 모든 일을 좋게 해석하고 늘 행복해한다고 했어요. 지금 생각해 보니 우리 같은 노인도 이 3가지만 할 수 있으면 훌륭하다고 봐요. 그래서 저는 감사하자, 좋게 해석하자, 행복하자를 택해 실천하겠습니다.

박 할아버지 저는 곱게 늙기 위해 어떤 일을 하면 좋을까 생각해 보았어요. 첫째, 매일 30분씩 걷자, 둘째, 몸이 불편해도 행복한 이유를 찾아 행복하다는 말을 적어도 하루에 100번씩 반복하자, 셋째, 마음을 제멋대로 돌아가게 내버려 두면 과거를 후회하고 미래를 걱정하기 때문에 명상으로 정신을 호흡에 집중하여 마음을 편하게 하자는 것입니다. 요약하면, 저는 저 자신을 위해 운동하자, 행복하자, 명상하자, 3가지 원칙을 지키겠습니다.

최 할머니 저는 매일 저녁 행복 모임에 빠지지 말고 나가자, 이것 한 가지면 끝난다고 생각합니다. 거기에 가면 운동하고 노래하고 에어로빅하고 좋은 이야기 읽고 많이 웃습니다. 그러면 신체건강에 좋고, 정신건강에 좋고, 사람 만나서 좋지요. 아주 행복해집니다.

독자들도 각자 자기 자신을 다스리기 위한 원칙 3개를 써 보자.

• 일에 대한 3가지 교훈 정하기 •

A회사는 습천법 인성교육을 회사 전체에서 실시하기로 하고, 각 팀별로 매일 일과 시작 전에 습천법 1-3-11을 자율적으로 실시한다.

다음은 '일을 합리적으로 하기 위한 원칙'을 주제로 회의를 진행하는 상황이다.

진행자 오늘은 습천법 1-3-11의 남, 나, 일 가운데 일에 대해 각자 지키고자 하는 교훈 3가지를 정해 보겠습니다. 각자 일을 합리적으로 처리하기 위한 원칙을 3가지씩 생각해서 발표해 주시길 바랍니다.

김 대리 제가 먼저 발표하겠습니다. 저는 선배인 박 과장님께서 어떻게 일을 잘하시는지 좀 연구해 보았습니다. 그래서 저 나름대로 결론을 얻었습니다. 첫째, 사명감을 가지고 열정적으로 일합니다. 일할 때 보면 눈에 불이 나는 것 같습니다. 옆에서 떠드는 소리를 듣지 못하세요. 둘째, 창의적으로 일하세요. 무슨 일을 하시든지 "더 좋은 방법을 없을까?"라고 질문하세요. 셋째, 주인의식이 있습니다. 한 푼을 써도 그게 회사에 이익이 되는지 철저히 따지고 아낍니다. 공사公私가 분명하죠. 저도 이 3가지를 본받으려고 합니다.

이 대리 저는 세일즈맨이니까 훌륭한 세일즈맨이 되기 위한 요건 3가지를 생각해 보았습니다. 첫째, 고객을 왕이라고 생각하고 정성껏 모시겠습니다. 둘째, 고객에게 정직한 정보를 제공하겠습니다. 경우에 따라 이것이 우리 회사에 불리할 때도 있겠지만 믿음이라는 더 중요한 것을 얻을 수 있습니다. 셋째, 제가 지금 하는 일을 밥 먹기 위해 하는 일이라 생각하는 대신 아주 뜻있는 일이라 생각하겠습니다.

회사에서 아무리 좋은 물건을 만들어도 파는 사람이 없으면 소용이 없습니다, 그러므로 '영업사원인 내 일이 가장 중요하다'고 생각하겠습니다. 제품 평가, 신제품 아이디어, 경쟁사 정보, 이 모든 것이 일선 영업사원으로부터 얻어진다고 생각합니다. 장차 회사 간부가 되더라도 영업을 해봐야 제대로 회사를 경영할 수 있다고 생각합니다. 만남은 사람과 사람 사이의 접촉에서 이루어지는데, 사람 접촉하는 일은 영업을 해보는 것이 최고라고 생각합니다. 정리하면 '고객을 왕으로 모신다', '절대로 거짓말을 하지 않는다', '일을 즐겁게 한다'입니다.

최 대리 저는 중요한 일을 먼저 하겠습니다. 결정할 때는 모든 방법을 다 나열해 놓고 검토하겠습니다. 견리사의見利思義하겠습니다. 즉, 이익이냐 손해냐를 따지기 전에, 옳으냐 그르냐를 먼저 따지겠습니다. 저는 이 3가지를 택하겠습니다.

독자들도 각자 일을 합리적으로 처리하기 위한 원칙 3개를 써 보자.

2

1-1-6, 습관을 기르는 방법

인성교육 방법으로서 습천법의 두 기둥은 1-3-11과 1-1-6이다. 1-3-11이 훌륭한 사람이 되기 위해 '어떤 습관을 만들까?'를 정리하는 도구라면, 1-1-6는 '어떻게 습관을 기를까'에 대한 답을 구하는 도구이다.

습천법은 훌륭한 습관을 길러주는 것을 교육의 목표로 한다. 1-3-11을 통해 자신의 인생현장을 만들고, 지켜야 할 교훈 11가지를 정했다고 해서 바로 훌륭한 사람이 되는 것은 아니다. 한 번에 한 개의 교훈을 택해서 꾸준히 실천하는 과정을 거쳐야 비로소 자신의 습관으로 만들 수 있다.

이 장에서는 1-1-6을 통해 습관을 기르는 방식에 대해 살펴보자.

• 습천법 1-1-6의 의미 •

HPM 1-1-6에서 1-1이란 한 번에 한 가지 교훈을 택하라는 뜻이다. 이것은 중요한 일이다. 습관을 만드는 것은 쉬운 일이 아니므로 한 번에 여러 가지 습관을 동시에 만들려면 하나도 제대로 되지 않는다. 한 번에 한 가지를 택해 완전히 습관으로 만들기 전에는 다음 단계로 나아가지 말아야 한다. 예를 들어, "생각하다"(무엇을 바라는지 생각한다, 역지사지) 라는 교훈을 택했으면 그것이 완전히 습관화되기 전에는 다른 교훈 공부로 옮기지 말라는 것이다.

다음으로 HPM 1-1-6에서 6은 습관을 만드는 6단계를 의미한다.

1단계에서는 하나의 교훈을 택한 다음 그 교훈에 관한 이야기를 읽는다. 2단계에서는 그 이야기를 외울 수 있게 반복해서 읽고 요약해 본다. 3단계에서는 소감을 말하고, 그 교훈을 지키겠다는 결심을 말한다. 지금 읽은 이야기에 대한 소감을 말하고, 자기도 그와 비슷한 경험을 했으면 그것을 말한다. 그 이야기를 읽고 감동해서 나도 그렇게 해야겠다고 결심해야 한다. 그래서 3단계를 결심 단계라 한다.

1, 2, 3단계를 거치면 동기가 유발되어 결심하게 된다. 다음으로 이것을 습관으로 만들어 실천하면 된다.

4단계는 습관을 만드는 단계로, 교훈이 습관이 될 때까지 반복한다. 교훈은 무수히 반복하면 습관이 된다.

가령, 자전거를 타는 습관을 만들려면 넘어지고 일어서는 일을 무수히 반복해야 한다. 야구공을 때리는 습관을 기르려면 여러 번 반복해 공을 쳐야 한다. 컴퓨터 자판을 빨리 치는 습관을 만들려면 같은 글자를 여러 번 반복해 쳐서 손가락이 자동적으로 움직일 수 있도록 해야 한다. 피아노를 배울 때 악보만 보고 손가락이 자동적으로 건반을 치게 하는 습관을 만들려면 한 소절마다 수없이 반복해야 한다.

마찬가지로 사람을 대하면 자동적으로 '생각하다'가 습관이 되도록 만들려면 '생각하다'를 수만 번 반복해야 한다. 이것은 자전거 타기보다 쉽고, 야구공 치기보다 쉽다. 그러면서 자전거 타는 일보다 야구공 던지는 일보다 백배 더 중요하다.

그러므로 다시 한 번 강조하겠다.

"같은 일을 수없이 반복하면 습관이 된다."

4단계에서 습관을 만들었다면 5단계와 6단계는 실천하는 단계이다.

5단계에서는 교훈을 실천할 구체적 약속을 한다. 교훈은 일상생활에서 실천하지 않으면 아무 의미가 없다. 매일 누구에게 언제 어떻게 실천할지 구체적으로 정해야 한다.

예를 들어, 학생이라면 매일 어머니를 대할 때마다 어머니가 무엇을 원하실까 생각하고, 5분씩 어깨를 주물러 드리겠다고 할 수 있다. 기혼 남성이라면 매일 아내를 대할 때마다 아내가 무엇을 원할까 생각하고, 세 번 이상 아내에게 감사하다고 말하겠다고 정할 수 있다. 할아버지가 시골에서 홀로 계시는 경우라면 하루에 한 번씩 할아버지에게 전화를 걸겠다고 약속할 수 있다.

6단계에서는 교훈의 실천 여부를 일기장(실천노트)에 적는다. 실천한 일은 매일 기록해 두었다가 그다음 모임 때 발표한다. 심리학자들의 연구에 따르면, 한 번 종이에 적어 보는 것이 습관을 만드는 데 큰 효과가 있다고 한다.

이상의 내용을 다시 한 번 요약하면 다음과 같다.

1, 2, 3단계에서는 이야기를 읽고 교훈을 실천하겠다고 결심한다(동기유발 과정). 4, 5, 6단계에서는 교훈을 습관으로 만들어 실천한다(습관 실천 과정).

특히 1, 2, 3단계는 오늘날 가정 내 소통의 부재를 해결하는 중요한 기능을 한다. 어른과 아이 사이에 대화가 없는 것이 요즘 많은 가정이 안고 있는 문제이다. 어른이 무엇을 물으면 아이는 '예' 혹은 '아니요'라고 단답으로 끝내고 말이 오고가는 대화가 이루어지지 않는다. 인성교육을 하려면 아이들도 의견을 말하는 대화가 필요하다. 1, 2, 3단계를 거치면 그 문제가 자연스럽게 풀린다. 이는 매우 중요한 사실이다.

• 가정에서 HPM 1-1-6 실시하기 •

지우 씨 가족은 아빠 지우 씨, 엄마, 선재, 민정, 희재, 소정 등 여섯 식구가 매주 일요일 저녁 5시에 집에서 모여 HPM 1-1-6을 실천하기로 했다. 처음에 '생각하다'라는 교훈을 택해 습관으로 만들기로 결정했다.

다음은 지우 씨가 진행자가 되어 1-1-6의 6단계를 실시하는 예이다. 지우 씨는 교훈과 관련된 이야기로 1부의 '구슬이의 미덕'을 택했다.

제 1 단계 (이야기 읽기 단계)

지우 씨 민정아, 이야기를 큰 소리로 읽어라. 모두 따라서 같이 읽자.

민정 네, 아빠. 큰 소리로 읽어 볼게요. 다들 같이 읽어 주세요. 문태오 할아버지가 가족잔치에 갔다. … (이하 1부 1장 '구슬이의 미덕' 참고)

민정이와 가족은 역지사지하는 것이 습관이 된 초등학생 구슬이 이야기를 함께 읽었다. 구슬이는 가족잔치에서 할아버지 입장에서 생각하여 도와드리려고 했다. 할아버지가 구슬이의 행동을 좋게 보고 구슬이 어머니를 칭찬하자 어머니는 구슬이가 학교에서도 반장으로서 왕따 당하는 아이와 친하게 지낸다고 말했다. 할아버지는 구슬이가 평생 사람들과 잘 지내고 행복한 삶을 살 거라고 했다.

제 2 단계 (기억 단계)

지우 씨 이야기를 잊어버리지 않도록 모두 돌아가며 요약해서 말해 보자.

선재 제가 먼저 할게요. 구슬이라는 아이는 초등학생인데도 '생각하다'를 할 줄 안다는 얘기입니다.

소정 구슬이는 할아버지가 필요한 것을 갖다드리려 했습니다.

희재 구슬이는 반에서 왕따 당하는 아이의 친구가 되어 주었어요.

민정 구슬이가 할아버지를 도우려 하자 할아버지가 장하다고 여겨서 그 엄마를 칭찬했더니, 엄마는 구슬이가 학교에서도 남을 잘 돕는다고 했습니다.

엄마 학교에서나 집에서나 늘 어려운 사람을 돕는 착한 아이 이야기네.

지우 씨 이것은 아름다운 이야기니까 잊어버리지 않도록 친구 5명에게 들려주어라. 지금 모두 이야기를 들려줄 친구 5명의 이름을 써 봐라.

제 3 단계 (결심 단계)

지우 씨 이번에는 이 이야기에 대한 소감이나 비슷한 경험을 말하고 마음의 다짐을 얘기해 보자.

선재 사람을 만나면 그 사람의 입장을 한 번 생각해 본다는 것은 그렇게 어려운 일 아닌데, 사람들은 그것을 잘 못해요. 그것을 할 수 있는 사람은 인격자라는 생각이 들어요. 저도 사람을 대하면 먼저 그 사람의 입장을 한 번 생각해 보겠습니다.

민정 왜 저는 그런 생각을 못했을까요? 이제부터 저도 그렇게 할 거예요.

소정 우리 반의 영지는 인기가 없고 세미는 인기가 있어요. 지금 생각해 보니 영지는 남을 전혀 생각하지 않고 자기 편한 대로만 행동하고, 세미는 언제나 남을 먼저 생각하는 마음을 가졌기 때문이라는 것을 알겠습니다. 저도 세미를 본받겠습니다.

민정 당장 저부터 엄마 고생하시는 것을 전혀 모르고 지냈다는 것을 깨달았어요.

희재 와! 간단한 이야기 한 편에서 많은 것을 배우네. 저는 어제 버스에서 할머니께 자리를 양보했어요. '생각하다'를 실천한 거예요. 장하죠?

엄마 나는 신혼 때 시어머니가 내 입장을 헤아려 주시고 결혼생활에 대해 이것저것 가르쳐 주셔서 행복했단다. 우리 언니는 무서운 시어머니를 만나 밤낮 꾸중을 들어서, 젊었을 때 시댁만 다녀오면 기가 죽어 있었지. 좋은 인간관계를 맺는 데는 상대의 마음을 생각하는 것이 그렇게 중요하단다.

제 4 단계 (습관 단계)

지우 씨 1, 2, 3단계를 통해 우리는 '생각하다'가 얼마나 중요한지 알았다. 이것은 매우 중요한 교훈인 한편 아주 하기 쉬운 일이기도 하지. 중요하면서도 쉽다면 안 하는 사람이 바보다. 그런데도 안 하는 사람이 있다면 그것은 습관이 되지 않았기 때문이야.

습관을 만드는 일을 사람들은 어렵다고 생각한다. HPM은 이것을 재미있게 하는 방법 3가지를 제시한다. 첫째는 노래하거나 춤추는 것이고, 둘째는 명상하는 것이다. 셋째는 사방에 써 붙여 놓는 것이다.

그럼 노래 부르기부터 시작해 볼까? 동요 〈아기돼지〉의 가사를 바꾸어 불러 보자.

아기돼지	생각하다
토실토실 아기돼지 젖 달라고 꿀꿀꿀	생각생각 생각하자 생각생각 생각해
엄마돼지 오냐오냐 알았다고 꿀꿀꿀	생각생각 생각하자 생각생각 생각해
꿀꿀 꿀꿀 꿀꿀 꿀꿀	생각 생각 생각 생각
꿀꿀꿀꿀 꿀꿀꿀꿀 꿀꿀꿀꿀꿀	생각생각 생각하자 생각생각해
꿀꿀꿀꿀 꿀꿀꿀꿀 꿀꿀꿀꿀꿀	생각생각 생각하자 생각생각해
아기돼지 바깥으로 나가자고 꿀꿀꿀	생각생각 생각하자 생각하자 생각해
엄마돼지 비가 와서 안 된다고 꿀꿀꿀	생각생각 생각하자 생각생각 생각해

지금은 노래만 불렀는데 다음에는 체조도 하면서 불러 보자. 그럼 노래도 부르고, 운동도 하고, 좋은 습관도 기르고 얼마나 좋으냐?

이번에는 명상을 하자. 명상은 눈을 감고 편하게 앉아서 온 정신을 자기 숨소리를 듣는 데만 집중하고 잡념을 잊어버리는 수양이다. 그런데 실제로 해보면 잡념이 자꾸 되돌아온다. 이때 숨을 들이쉬면서 '생각하다', 내쉬면서 '생각하다'를 되풀이하면 잡념을 이기기가 쉬워진다. 우리 다 같이 명상해 보자. 숨을 쉬면서 '생각하다'를 반복하거나 '생각하다' 노래를 반복하는 것이다.

다 같이 네, 알겠습니다. (눈을 감고 명상을 한다.)

제 5 단계 (실천 단계)

지우 씨 '생각하다'를 수만 번 되풀이하면 습관이 되는 것은 확실하다. 그런데 이것을 실천하지 않으면 의미가 없단다. 우선 쉬운 것부터 한 가지씩 실천하겠다고 모두 돌아가면서 약속하자.

소정 저는 엄마 입장을 생각해서 저녁식사 후에 설거지를 도와드리겠습니다.

민정 저는 매일 엄마에게 감사편지를 쓸게요.

선재 저는 아빠 마음을 생각해 매일 10분씩 아빠에게 그날 있었던 일을 말씀드리겠어요.

희재 저는 매일 10분씩 시골 계시는 할머니에게 전화해 이야기책을 읽어드릴게요.

엄마 와! 우리 집은 이제 행복한 집이 되겠네. 여보, 이제부터 나도 당신에게 감사하다고 말할게요.

지우 씨 그래 지금까지 나는 가족의 행복을 위해 일하는 데만 힘썼는데, 이렇게 쉽게 행복해지는 법이 있다는 것을 모르고 살았네. 앞으로 우리 가족은 열심히 HPM을 해보자.

제 6 단계 (확인 단계)

지우 씨 이제부터 HPM 실천노트를 마련해 매일 그날 실천한 내용을 적고, 더불어 감사한 일, 행복한 일을 5개씩 쓰자. 그리고 다음 모임 때 발표해 보자.

• 군대에서 HPM 1-1-6 실시하기 •

B부대에서는 매일 저녁식사 후에 생활관에 모여 자율적으로 HPM 1-1-6을 실시하기로 했다. 다음은 '행복하다'라는 교훈을 정하고 습관을 만드는 사례이다. 교훈에 관한 이야기로는 1부에서 소개한 '물레방아장이와 왕'을 택했다.

진행자 오늘은 '행복하다'라는 교훈을 택해 HPM 1-1-6의 6단계를 실천해 보겠습니다. 1단계로 '물레방아장이와 왕' 이야기를 다 같이 읽어 보겠습니다.

다 같이 옛날 영국의 디강 가에 물레방아가 있었는데, 그 집주인은 영국에서 가장 행복한 사람이었다. … (이하 1부 2장 '물레방아장이와 왕' 참고)

부대원들은 다 같이 '물레방아장이와 왕' 이야기를 함께 읽었다. 옛날 영국 디강에 늘 행복해하는 물레방아장이가 있었는데, 왕이 그 이유를 물었더니 디강이 물레방아를 돌려 배불리 먹고 사랑하는 가족과 친구가 있기에 왕의 자리도 부럽지 않다고 했다는 이야기다.

진행자 자, 그럼 2단계로 넘어가겠습니다. 2단계에서는 이야기를 외우기 위해 각자 이 이야기를 요약해 보겠습니다. 김 일병부터 시작해서 돌아가며 발표해 주시길 바랍니다.

김 일병 영국 왕이 행복한 물레방아장이가 있다는 말을 듣고 그를 찾아가 행복한 이유를 알아보기로 했습니다. 물레방아장이는 모든 것에 감사하고, 모든 것이 자기를 행복하게 해준다고 말했습니다.

박 일병 물레방아장이는 물레방아, 아내, 아이들, 친구들이 모두 자기를 행복하게 해준다고 생각했습니다. 이것을 본받으면 마땅히 왕은 왕관과 영토와 충성스러운 신하들과 거대한 보물을 행복하다고 생각해야 하는데, 왕은 물레방아장이에게 이것을 배우지 못한 것 같습니다.

나머지 병사들도 빠짐없이 이야기를 요약했다.

진행자 다음 3단계는 이야기를 읽은 감상, 자기의 결심, 자신의 비슷한 경험을 애기할 차례입니다. 오 일병부터 시작해 주세요.

오 일병 저는 어촌 출신인데 평생 고기잡이를 해도 대통령보다 더 행복하게 살 수 있다는 귀중한 교훈을 배웠습니다.

최 일병 행복은 환경이 좋냐, 나쁘냐에 달린 것이 아니고, 마음먹기에 달렸다는 것을 깨달았습니다.

서 상사 우리 군대생활도 행복하다고 생각하면 얼마든지 그 이유를 찾을 수 있다고 생각합니다. 신체를 단련할 수 있다는 것, 가까운 친구를 얻을 수 있다는 것, 사람들과의 협력하는 법을 배울 수 있다는 것, 이제껏 몰랐던 나라의 중요함을 알게 된 것, 고난을 극복하는 끈기를 기를 수 있다는 것, 규칙적 생활을 몸에 익히는 일 등이 그 예입니다. 앞으로 이 모든 것을 행복하다고 생각하겠습니다.

김 일병 행복은 마음먹기에 달렸다는 교훈을 실천해야겠다고 결심했습니다. 식사가 맛있어 행복하고, 군복이 좋아 행복하고, 하늘이 맑아 행복하고, 꽃이 고와 행복합니다.

박 상사 눈이 있어 행복하고, 귀가 있어 행복하고, 친구가 좋아 행복합니다.

다른 병사들도 모두 돌아가면서 소감을 이야기했다.

진행자 다음 4단계는 교훈을 반복해 완전히 습관으로 만드는 일입니다. 오늘부터 3개월간 '행복하다'는 교훈을 10만 번 반복할 것입니다. 아침마다 체조시간에 '하나, 둘, 셋, 넷'이라는 구호 대신 '행, 복, 하, 다'를 반복할 것입니다. 행군할 때도 구령은 '행, 복, 하, 다'입니다. 군가 가사도 모두 '행복하다'로 개사합니다. 다 같이 개사한 가사로 군가를 부르겠습니다.

아름다운 이 강산을 지키는 우리 행복하다 행복하다 행복해 행복
사나이 기백으로 오늘을 산다. 행복해 행복하다 행복해 행복
폭탄의 불바다를 무릅쓰면서 행복해 행복하다 행복해 행복
고향땅 부모형제 평화를 위해 행복해 행복하다 행복해 행복
전우여 내 나라는 내가 지킨다 전우여 내 나라는 내가 지킨다
멸공의 횃불 아래 목숨을 건다. 멸공의 횃불 아래 목숨을 건다

교훈을 반복하는 또 한 가지 방법은 명상을 하는 것입니다. 모두 똑바로 앉아 눈을 감으세요. 숨을 편하게 길게 쉬세요.
이제 준비가 되었습니다. 일체의 잡념을 버리고 오직 자기 숨소리에 신경을 집중하세요. 3분 동안 하겠습니다.
다 같이 네, 알겠습니다. (눈을 감고 호흡 명상을 한다.)
진행자 (3분 지나고) 다음 단계로 갑니다. 숨을 들이쉬면서 '행복하다', 내쉬면서 '행복하다'를 반복하세요. 그러면서 정신을 집중해 한 가지 행복한 상황을 떠올리고 그것을 느끼세요. 5분 동안 하겠습니다. 오늘 밤 잠자리에 들면서 이것을 반복하세요.

다 같이 네, 알겠습니다. (눈을 감고 행복 명상을 한다.)

진행자 다음 5단계는 이 교훈을 생활에서 실천하는 약속을 하는 것입니다. 박 상사님부터 부탁드립니다.

박 상사 저는 아침에 눈뜨면 어머니를 생각하고 행복하다고 말하겠어요.

김 일병 저는 이 일병을 볼 때마다 친구가 좋아 행복하다고 말하겠습니다.

서 상사 저는 식사 때마다 음식 맛을 음미하며 행복하다고 반복할 거예요.

김 일병 저는 하루에 2분씩 3회 명상을 하고 행복하다고 반복하겠습니다.

전원이 돌아가면서 결심을 발표한다.

진행자 6단계는 기록하는 단계입니다. 매일 저녁 자기 전에 결심을 실천한 것을 일기장에 적습니다. 이것을 다음 모임에서 발표한 후에 제출해 주시길 바랍니다.

독자들도 각자 자기 가족과 함께 매주 정한 시간에 모여 6단계 과정을 실습해 보자. 혼자서도 이 책의 이야기를 읽을 때마다 펜으로 메모하고 토의하면서 6단계 과정을 실천해 보자.

3

인생의 목표

HPM 인성교육은 습관교육이다. 1-3-11과 1-1-6을 적용해 어떤 습관을 만들지, 그리고 어떻게 습관을 기를지 살펴보았다.

지금까지 100만 명이 넘는 사람들이 HPM 인성교육을 받았다. 교육을 받지 못한 사람들도 HPM 교육의 많은 성공사례를 들려주면 적극적으로 관심을 보였다.

1장에서 인생헌장을 정할 때, 인생의 목표를 가장 먼저 정하라고 말한 바 있다. 목표를 세우지 않고 살면 물 위의 나뭇잎처럼 흘러가는 대로 떠밀리면서 살게 된다. 목표를 세우면 목적지를 향하는 배처럼 흔들림 없이 앞으로 나아가는 삶을 살 수 있다. 습관으로 만들기 위해 인생헌장에 써 놓은 교훈들이 내 인생의 목표와 연계될 때, 습관이 인생을 바꿀 수 있다.

마크 매코맥Mark McCormack이 쓴 《하버드에서도 가르쳐 주지 않는 것들》에는 인생설계에 관한 흥미로운 이야기가 있다.

1979년 하버드대학의 MBA 학생들에게 질문했다.

"당신은 장래 인생의 목표를 분명히 쓰고 그것을 달성하기 위한 방법을 구체적으로 정한 일이 있습니까?"

그 결과 3%만이 목표와 구체적 방법을 가졌고, 13%는 목표를 가졌으나 구체적 실천방법을 적어 놓지는 않았고, 나머지 84%는 목표를 갖지 않았다.

이 조사가 실시되고 10년이 지난 후 다시 이들을 면접하여 조사한 결과 놀라운 사실이 발견되었다.

목표가 있던 13%의 연 평균수입은 목표가 없던 84%의 평균수입의 두 배였다. 또 목표뿐만 아니라 그 목표를 달성하기 위한 구체적 방법까지 있던 3%의 연 평균수입은 나머지 97%의 평균수입의 10배였다.

여기서 배운 교훈은 인생을 살아가는 데는 목표를 정하는 일이 대단히 중요하다는 것이다. 우리는 구체적 목표를 정하는 가장 효과적인 방법을 배운 바 있다. HPM 1-3-11이 바로 그것이다.

이 이야기의 핵심, 교훈, 실천을 생각해 보자.

• 지호의 인생 목표 •

부자가 함께 HPM 1-3-11을 만들고 며칠이 지난 후, 아버지가 지호에게 말했다.

"지호야! 지난번에 만든 HPM 1-3-11에서 가장 중요한 인생의 목표를 얘기하지 않았다. 오늘은 그걸 정해 볼까? 너의 인생 목표가 뭐냐?"

"아버지! 저는 사업가가 되겠습니다."

"사업가란 범위가 너무 넓다. 범위를 좁히고 가능하면 구체적으로 숫자도 제시해야 목표가 더 명확해진다."

"저는 식당을 하겠습니다. 한식 한 가지를 한국 최고로 만들겠습니다. 60세까지 200억 원을 모은 다음 사업을 정리하고 사회에 도움을 주는 봉사를 하면서 행복하게 살겠습니다."

"좋았어. 목표는 고칠 수 있으니 일단 생각나는 대로 만들어 보아라."

이 이야기의 핵심, 교훈, 실천을 말해 보자.

• 새해의 인생 목표 •

정월 초하룻날 아침, 준열 씨와 아내, 딸 지수, 아들 지호, 네 가족이 모여 새해 결심을 발표했다.

준열 씨 이왕 우리 가족이 새해 아침에 모였으니 평생의 꿈을 말해 보자.

미리 준비한 것이 아니니, 편하게 생각나는 대로 얘기해 보자. 여보, 당신부터 시작해 보세요.

아내 사실 나는 그런 것을 미처 생각해 보지 않고 살았어요. 내 꿈은 우선 행복한 가정을 가꾸는 것이에요. 둘째, 건강을 위해 체중을 5kg 줄이는 것이고요. 셋째, 65세가 되어 당신이 퇴직하면 시골 옛집에 돌아가 자연을 즐기며 사는 거예요. 거기서 손주들과 감자도 캐고, 감도 따고 싶어요.

지수 생각나는 대로 말하는 것이니 웃지 마세요. 저는 세계에서 제일 난초를 잘 그리는 화가가 되겠어요. 청초하고 향기로운 난초는 제가 참 좋아하는 화초예요. 언젠가 난초를 그려 본 적이 있는데 마음까지 맑아지는 느낌이 들더라고요. 난초의 은은한 향기와 단아한 자태가 생생하게 느껴지는 그림을 그려서 난초의 아름다움과 한국화의 멋을 세계에 알리고 싶습니다.

지호 저는 부지런히 공부해 좋은 회사에 취직하겠습니다. 회사에서는 사심 없이 열심히 일하며, 동료와 1등 경쟁을 하지 않겠습니다. 모두가 제 진급을 아쉬워할 때 진급하는 게 좋겠죠. 55세에 퇴직하면 그때는 정말 제가 좋아하는 일을 하면서 제2의 인생을 시작하겠습니다. 70세까지 돈을 모아서 세상에 보탬이 되는 일에 쓰겠습니다.

이 이야기의 핵심, 교훈, 실천을 적어 보자.

• 목표와 그 이유 •

B중학교 교사 이대로 씨는 학생들에게 인생의 목표 또는 평생의 꿈을 적어 보라고 했다.

학생들이 각자 적어 낸 꿈은 다음과 같다.

- 요리사가 되겠다.
- 의사가 되겠다.
- 축구선수가 되겠다.
- 경영자가 되겠다.
- 건강하고 행복하게 살겠다.

이것을 본 이 선생은 좀 더 자세히 이유와 방법도 쓰라고 말했다.

"너희들은 단순히 직업의 이름만 말했는데, 왜 그것을 하려고 하는지 구체적인 이유를 써야 한다. 그리고 그 꿈을 이루기 위한 구체적인 방법도 말할 수 있어야 한다."

그는 칠판에 다음과 같이 썼다.

- 무엇이 되겠다. Be 목표 (예: 의사가 되겠다).
- 무엇을 하겠다. Do 목표 (예: 심장병을 퇴치하겠다).
- 어떻게 하겠다. Action 목표 (예: 열심히 공부해서 S대학에 가겠다).

이어서 그는 설명했다.

"단순히 무엇이 되겠다는 식으로 끝내지 마라. 그것이 되면 무엇을 하려는지 쓰고, 또 그것이 되기 위해 어떻게 할 것인지도 써 보자."

아이들은 이 선생의 설명을 듣고 다시 답을 적어서 냈다.

저는 한국 요리를 세계에 알리는 요리사가 되고 싶습니다. 한국 요리는 훌륭하지만 중국 요리나 일본 요리처럼 여러 나라에 알려져 있지 않습니다. 제가 최고의 한국 요리를 만들어 외국인들도 즐길 수 있게 하겠습니다. 제 꿈을 이루는 구체적인 방법은 HPM 1-3-11을 만들어 실행하는 것입니다.

저는 의사가 되겠습니다. 우리 아버지께서 심장병으로 고생하고 계셔서, 의사가 되어 아버지 같은 심장병 환자를 고치고 싶기 때문입니다. 의사가 되면 심장이 약한 가난한 아이들도 돕겠습니다. 그 목표에 도달하는 구체적인 방법으로 HPM 1-3-11을 만들고 그것을 지켜 나가겠습니다.

저는 축구 국가대표 선수가 되겠습니다. 축구가 재미있고 소질도 있습니다. 2년 안에 고등학교 대표선수가 되고, 대학에 축구 특기생으로 들어가

겠으며, 23세까지 국가대표가 되겠습니다. 최고의 기술을 구사하는 공격수가 되어 우리나라 축구의 수준을 한 단계 올리고 싶습니다.

저는 사회적 기업 경영자가 되겠습니다. 청년이나 어려운 이웃에게 좋은 일자리를 만들어 주고 사회에도 공헌하고 싶습니다. 40세까지 직원을 20명 이상으로 늘리고, 50세까지 20억 원을 모으겠습니다. 50세에 경영에서 물러난 후에는 모은 돈을 사회에 환원하고 사회봉사를 하며 살겠습니다.

저는 건강하고 행복한 삶을 사는 사람이 되고 싶습니다. 육체건강과 정신건강을 위해 매일 30분씩 걷고, 10분씩 명상하며, 악기 하나를 배우겠습니다. 행복한 삶을 위해 가족 한 사람 한 사람의 입장을 늘 생각해 화목한 가정을 만들고, 열심히 일하며 상사와 동료들과 잘 지내면서 좋은 직장을 만들겠습니다.

이 이야기의 핵심, 교훈, 실천은 무엇일까?

• 대통령의 꿈 •

A대학 고상한 교수가 장차 대통령이 되겠다는 제자 기수에게 말했다.

"큰 꿈을 갖는 것은 인생을 사는 데 꼭 필요한 일이다. 그러나 그 꿈을 이루려면 두 가지를 더 생각해 보아야 한다. 첫째, 그 꿈이 이루어지면 무엇을 할 것인지, 둘째, 그 꿈을 이루는 구체적 계획은 무엇인지 분명히 해야 한다."

고 교수의 조언을 듣고 기수는 자신의 꿈에 대해 자세히 이야기했다.

"우리나라에서 대통령이 되겠다는 사람들을 보면, 어릴 때부터 그런 꿈을 가지고 준비한 사람이 없는 것 같습니다. 그래서 경력에 비난받을 만한 흠이 많습니다. 또 일찍부터 준비하지 않았기 때문에 지식이 부족합니다. 법률이나 정치, 국방, 경제, 외교 등은 아는 것 같은데, 교육, 기술, 미래 변화 등은 잘 알지 못하는 것 같습니다.

저는 이 모든 것을 미리 준비하겠습니다. 대통령이 돼서 한국을 세계에서 가장 존경받는 나라로 만들겠습니다. 구체적 계획은 대학을 나와 변호사가 된 다음, 세계 3개국에 유학해 여러 나라의 국가발전 계획을 공부하겠습니다. 45세가 되면 어느 지역을 정해 놓고 사회의 그늘에 있는 사람들을 변호하는 동시에 정당활동을 시작하겠습니다. 55세부터는 깨끗한 경력과 30년간 오로지 대통령학만을 공부한 실력으로 대통령 선거에 도전하겠습니다. HPM 1-3-11을 만들어 실천하면 된다고 믿습니다."

이 이야기의 핵심, 교훈, 실천을 파악해 보자.

• 목표의 습관화 •

앞의 이야기들은 목표를 세우는 것이 얼마나 중요한지 잘 보여 준다. 문제는 이 목표를 마음에 새겨 모든 행동이 목표를 향해 정렬되게 해야 한다는 것이다. 이것은 목표를 습관으로 만드는 일이라 할 수 있다.

습관을 만드는 방법은 이미 공부한 바 있다. 그것은 반복하는 것이다.

구체적 방법은 다음과 같다.

① 목표가 달성된 장면을 머릿속에서 생생한 비디오로 만들어 반복해서 상상한다.
② 목표를 구호로 만들어 수시로 반복하고, 벽에 크게 써 붙여 놓고 큰 소리로 읽는다.
③ 완전히 습관이 될 때까지 적어도 두 달간 때와 장소를 정해 놓고 반복한다.
④ 습관이 되면 어떤 행동을 하거나 어떤 결정을 할 때, 자연스럽게 목표를 향해 가게 된다.

설날에 지키겠다고 결심한 것들이 열매를 맺지 못하는 이유는 이러한 단계를 거치지 않기 때문이다.

이 이야기의 핵심, 교훈, 실천을 생각해 보자.

• 짧은 목표 •

행복하게 사는 방법 중 하나는 삶의 목표를 정하고 이 목표를 달성하기 위해 노력하는 것이다. 큰 목표를 아직 정하지 못했으면 작은 목표를 우선 정한다. 맹목적으로 그냥 남을 따라 사는 것보다 훨씬 더 보람을 느끼고 자존감이 높아져 행복해진다.

예를 들어, 다음과 같은 목표를 정해 본다.

- '행복하다'는 말을 하루 100번 이상 반복한다.
- 6개월 안에 턱걸이를 20번 할 수 있게 단련한다.
- 하루에 영어를 한 문장씩 외운다.
- 하루에 한자를 한 자씩 외운다.
- 하루에 민법 조문을 한 개씩 외운다.

이런 목표도 없는 것보다는 있는 것이 낫다. 무엇보다 중요한 것은 HPM 1-3-11처럼 체계적이고 종합적인 인생설계를 만드는 일이다.

이 이야기의 핵심, 교훈, 실천을 말해 보자.

• 레스 브라운의 끝없는 도전 •

레스 브라운은 시청 공원에서 잔디 깎는 일을 했지만 큰 꿈이 있었다. 바로 음악 방송 디스크자키DJ가 되는 것이었다.

그는 집에 가상 스튜디오를 만들어 놓고 매일 방송 연습을 했다. 방송국에 수없이 찾아가 DJ가 되고 싶다고 졸랐고, 집에서 연습한 대사를 줄줄 외어 보였다. 방송국에서는 DJ 대신 사환 자리를 주었다. 그는 틈날 때마다 컨트롤 룸에 가서 그곳에서 진행되는 일들을 유심히 지켜보았다. 그날 저녁 집에 오면 그것을 열심히 연습했다.

어느 날 뜻밖의 기회가 찾아왔다. 갑자기 담당 DJ가 그날 진행할 수 없게 된 것이다. 방송국에서 하는 수 없이 그에게 대신해 보라고 했다. 결과는 대성공이었다. 드디어 그는 꿈에 그리던 DJ가 된 것이다.

훗날 그는 미국 오하이오주 의원이 되었고, 〈레스 브라운 쇼〉 진행자가 되었다. 뿐만 아니라 인성교육 강연을 하고, 책도 여러 권 쓰며 많은 사람들에게 꿈과 용기를 심어 주었다.

이 이야기의 핵심, 교훈, 실천을 적어 보자.

• 베스트셀러 만들기 •

잭 캔필드Jack Canfield와 마크 한센Mark Hansen은 《영혼을 위한 닭고기 수프》*Chicken Soup*라는 베스트셀러를 썼다. 이 책은 여러 사람이 쓴 '인생의 감동적인 이야기'를 모은 것이다. 캔필드와 한센은 특별한 성공 스토리를 가졌다.

첫째, 그들은 '목표'를 정했다. "첫해에 15만 부를 팔고 다음 해에 100만 부를 팔겠다. 이 목표가 달성된 다음에는 2020년까지 '닭고기 수프'이라는 제목을 붙인 책들을 여러 권 써서 모두 10억 부를 팔고 자선사업에 쓸 돈 5억 달러를 마련한다." 이것을 그들은 '비전 2020'이라 불렀다.

그들은 "목표는 크게 잡으라"고 말한다. 그래야 창의적 아이디어가 나오고, 사람들의 주목을 끌어 참여하는 사람을 모을 수 있으며, 자기 자신이 한층 더 성장할 수 있다. 이때 목표는 구체적 숫자로 표시하라고 권한다. "체중을 줄이겠다"가 아니라 "체중은 12월 31일까지 65kg으로 줄이겠다"라고 해야 한다.

둘째, "목표는 꼭 이루어진다"고 믿고 말하고 행동했다. 이 목표는 반드시 이루어진다고 끊임없이 자신에게 일러 주고 듣게 했다. 그래야 잠재의식 속에서 부정적인 생각을 털어 낼 수 있기 때문이다. 예를 들어, '나는 매력적이고 유능하다', '나는 내가 원하는 것을 이룰 수 있는 능력을 가졌다', '나의 목표는 반드시 이루어진다', '내가 하는 일은 모든 사람에게 도움이 된다' 등의 말을 반복했다.

셋째, 목적을 향해 노력을 집중했다. 관계없는 일은 안 하고 관계없는 물건은 버렸다.

넷째, 팀을 짰다. 혼자서 하면 1을 만드는데, 둘이서 하면 4를 만들고 셋이서 하면 9를 만들 수 있다면, 혼자 해야 할 이유가 없지 않은가?

다섯째, 꿈이 이루어졌을 때의 그림을 상상했다.

'상상의 힘이 얼마나 큰가?'를 증명하는 실험이 오하이오주립대학에서 실시된 적이 있다. 야구 공 베팅을 하는데, A그룹은 매일 30분씩 한 달 동안 실제로 연습했고, B그룹은 매일 30분씩 한 달 동안 상상으로 연습했고, C그룹은 연습하지 않았다. 실제 상황에서 측정한 결과 A그룹은 24%, B그룹은 23%, C그룹은 0% 향상했다.

이 사례에서 교훈을 얻은 캔필드와 한센은 꿈을 실현한 상황을 연출했다. 먼저 〈뉴욕타임스〉의 베스트셀러 목록을 복사해 그 첫 줄을 《영혼을 위한 닭고기 스프》라고 고쳐 쓴 다음 사방에 붙였다. 그 밖에 자잘한 목표들도 달성된 것처럼 카드에 써서 침실, 화장실 등 사방에 붙였다. 그리고 매일 큰 소리로 "목표가 드디어 달성되었다!"라고 외쳤다. "지금

100만 부가 팔렸다. 그것을 축하하기 위해 라스베이거스에 가고 있다."

여섯째, 실제로 행동에 옮겼다. 그들은 다음과 같은 일을 성취하도록 행동을 개시했다. 매일 5번 인터뷰를 하고, 매일 5번 서평을 게재하며, 매일 유명인사, 인기 연예인 5명에게 책을 보내고 도움을 청했다. 또한 매일 판매회사들에게 5번 전화를 걸었고, 절대로 거절을 두려워하지 않았다. "우리가 그들에게 피해를 주는 일은 없으니까 부탁하는 게 나쁜 일은 아니다"라는 배짱을 가졌다. 매일 무슨 일이 있어도 이것을 실천했다.

이 이야기의 핵심, 교훈, 실천은 무엇일까?

• 큰 목표를 작은 목표로 쪼개기 •

앨런 피즈의 책에 있는 목표 세분화에 관한 이야기다.

바바라는 광고 영업을 시작하면서 한 해에 100만 달러 영업실적을 올리는 것을 목표로 삼았다. 이 목표가 엄청난 것이라 그것을 세분해 보기로 했다. 1년을 50주로 치면 연 100만 달러는 주 2만 달러, 하루 4,000달러가 된다.

광고는 평균 건당 5천 달러였으므로 주당 4건을 계약하면 된다. 그는 세 사람의 고객을 면담하면 한 사람에게 계약을 체결했던 경험을 살려, 주당 12명을 면담했다. 12명과 면담하려면 약 36명에게 전화를 걸어야 한다고 가정해 하루에 7명에게 전화하면 된다는 결론을 얻었다.

이렇게 목표를 세분하면 바버라의 목표는 다음과 같아진다.

"매일 잠재고객 7명에게 전화를 건다."

이 이야기의 핵심, 교훈, 실천을 파악해 보자.

• 목표 없이 노는 일 •

김국진 씨는 사업에 성공한 다음, 많은 자금을 들여 대학을 설립했다. 그런데 그에게 고민이 생겼다. 아들 경수가 이 학교 재단을 맡아 자기가 바라는 이상대로 훌륭한 대학으로 키워 주길 바라는데, 대학생 경수는 인생 목표 없이 노는 데 정신이 팔려 무슨 일이건 진지하게 하지 않는 것 같았다.

김 씨는 큰 모험을 하기로 마음먹었다. 이열치열以熱治熱 방법을 써 보기로 한 것이다. 이열치열이란 더위를 이기기 위해 찬 것을 먹는 것이 아니라 오히려 뜨거운 것을 먹는 방식이다. 가령 무더운 복날에 뜨거운 곰국을 먹는 것이다.

그는 놀기 좋아하는 아들에게 더 놀라고 시켜 보기로 했다. 만일 이 방법이 실패하면 학교 재단을 맡을 사람을 따로 구하겠다고 각오하고, 경수를 불러 말했다.

"너는 지금 놀고 싶어서 공부가 손에 잡히지 않는 모양인데, 1년을 휴학해라. 돈은 줄 테니 네가 놀고 싶은 대로 실컷 놀아라. 네가 무엇을 하든지 돈을 어떻게 쓰든지 일체 묻지 않을게. 1년이 지난 다음, 나하고 다시 이야기하자."

경수는 어리둥절했다. 너무나 뜻밖인 아버지 말씀에 숨은 의미가 무엇인지 궁금했다. 경수는 아버지의 속마음을 짐작해 보았다.

'아버지가 돌아가시면 어차피 돈은 내 멋대로 쓸 텐데, 아버지가 살아 계신 동안에 내 그릇을 시험해 보고 대책을 세우시려는 걸까?'

경수는 아버지 일을 이어받아 아버지처럼 답답하게 사는 것보다 돈이 없더라도 자유롭게 사는 것이 낫다고 생각하는 사람이었다.

경수가 솔직히 말했다.

"아버지, 정말이세요? 고맙습니다."

마침내 경수는 1년을 휴학하였다. 신이 났다. 친구들과 어울려 술을 마시고, 춤도 추었다. 여기저기 쏘다니면서 구경하고, 하루에 극장을 두세 번 가기도 했다. 힘센 모터사이클을 사서 무서운 속도로 달려 보고, 유행하는 옷도 여러 벌씩 샀다. 아침에 늦잠을 실컷 자고 밤늦도록 돌아다니길 반복했다.

이렇게 한 달쯤 지나니 먼저 피로가 찾아왔다. 밤에는 잠이 안 오고 낮에는 기운이 없었다. 좋은 친구들이 떠나고 쓰레기 같은 인간들만 주변에 모여들었다. 전에는 전혀 보이지 않던 어두운 세계가 보이기 시작했다. 노름꾼과 깡패가 주변을 맴돌기 시작하는 낌새도 느꼈다. 쾌락을 쫓아 보니 즐겁다고 느끼는 것은 그때뿐이고, 허망한 생각이 들기 시작했다.

그렇게 석 달이 지나갔다. 이제는 시간을 죽이는 일이 지겨워졌다. 놀자고 전화하는 녀석들도 꼴 보기 싫어졌다. 쾌락이 주는 피로를 몸서

리치게 겪었다.

결국 경수는 아버지를 찾아갔다.

"아버지, 아버지의 뜻을 이제 알 것 같습니다. 이제까지 신물이 나도록 놀았습니다. 그리고 좋은 것을 배웠습니다. 사람은 자기 기분대로 살아서는 안 되고 높은 목표를 가지고 힘들여 일해야 한다는 것입니다. 검소하고 절제된 생활이 심신을 건강하게 만든다는 것도 알았습니다. 수험료를 많이 주셔서 감사합니다. 이제 마음을 다잡고 사람의 도리를 지키겠습니다."

기분 내키는 대로 살면 심신이 망가지고, 자기 이익만 챙기면 주위에서 사람이 떠난다는 것을 알아야 한다. 반대로 그때그때 기분을 누르고 이겨 이성理性이 시키는 대로 하면 건전하고 행복한 인생이 열린다.

이 이야기의 핵심, 교훈, 실천을 생각해 보자.

• 진정한 인생의 목표 •

서울 한복판에 오래된 곰탕집이 있었다. 점심시간에 가면 줄을 서서 기다려야 차례가 돌아올 정도로 인기가 많은 곳이었다. 그런데 이곳은 오후 3시가 되면 문을 닫았다.

하루는 이 식당에 오랫동안 다닌 단골손님이 주인에게 물었다.

"아저씨, 3시에 가게 문을 닫으시는데, 그 후엔 무엇을 하십니까?"

"3시 이후는 나 자신의 시간입니다. 가족들과 한가롭게 차도 마시고,

딸들을 데리고 산에도 오르고, 손자들과 영화도 보러 가죠. 저녁에는 친구들과 어울려 소주 마시면서 세상 이야기도 합니다."

"아저씨는 곰탕 만드는 기술과 가게의 명성을 썩히는 것 아닌가요? 그건 너무 아까워요. 금덩어리를 버려두는 거나 마찬가지입니다. 제가 몇 가지 제안을 할게요.

첫째, 밤까지 여세요. 그럼 이익이 두 배가 될 것입니다.

둘째, 넓은 서울시에 가게를 4개 더 여세요.

셋째, 전국에 프랜차이즈 가게를 모집하세요. 맥도날드 햄버거나 스타벅스 커피처럼요.

넷째, 이쯤 되면 회사 본부를 만들어 영업부와 구매부를 두고, 주식시장에도 상장해야 합니다.

다섯째, 프랜차이즈에 고기를 공급해야 하므로 고기를 많이 사고, 그것을 바탕으로 소고기 수입상을 시작합니다.

여섯째, 곰탕 국물을 포장해 인스턴트식품으로 슈퍼마켓에 내놓습니다. 20년 후면 충분히 이렇게 할 수 있습니다."

곰탕집 주인은 말을 가로막고 되물었다.

"그럼 죽을 때까지 일만 하라고요?"

"아닙니다. 돈을 많이 벌면 일에서 손을 떼고 인생을 즐기시면 됩니다. 가족들과 한가롭게 커피 마시고, 친구들과 소주 마시면서 세상 이야기도 하시구요."

주인은 크게 웃으면서 말했다.

"나는 20년 후에 그렇게 하기보다 당장 그렇게 하는 쪽을 택하겠어요!"

인생의 목표가 돈을 많이 버는 것인 사람도 있고, 사람들과 사이좋게 즐겁게 사는 것인 사람도 있다. 이 곰탕집 할아버지는 인생 목표가 돈을 많이 버는 것이 아니고 인생을 즐겁게 사는 것이다. 이 이야기는 모든 사람의 인생 목표가 같지 않음을 보여 준다.

이 이야기의 핵심, 교훈, 실천을 말해 보자.

4부

남에 관한 이야기

- ✓ 마음을 다해 효도하자
- ✓ 민주국가의 충忠, 세상에 보탬이 되자
- ✓ 남의 말을 경청하자
- ✓ 신의를 지키자
- ✓ 진심으로 칭찬하자
- ✓ 밝은 표정으로 사람을 대하자
- ✓ 함께 윈윈하자
- ✓ 부드러운 말을 쓰자
- ✓ 건강한 인간관계의 기술

3부에서는 "어떤 습관을 만들까?"와 "어떻게 습관을 기를까?"에 대한 답을 체계적으로 이론화한 도구인 습천법 1-3-11과 습천법 1-1-6에 대해 알아보았다. 4부에서는 습천법 1-3-11의 '3'(남, 나, 일) 중에서 '남'에 대한 원칙과 교훈을 살펴본다.

우리는 사회적 존재로서 많은 시간을 다른 사람들과 더불어 살아간다. 어떤 목적의 일을 하든 남과 원만한 관계를 유지하는 것은 필수적이다. 즉, 성공적 삶의 출발점은 남과 좋은 관계를 맺는 것이라 할 수 있다.

그렇다면 이를 위해 어떤 교훈을 습관으로 만들어야 할까?

우선 부모에게 효도하고, 사회에 보탬이 되어야 한다. 사람들을 대할 때는 경청의 자세로 상대의 마음을 열고 진정한 소통을 시작하며, 정직한 태도로 신의를 얻어야 한다. 또한 진심을 담은 칭찬을 하고, 밝은 표정을 지으며, 윈윈전략으로 장기적 협력관계를 만들어야 한다. 나아가 대화할 때는 부드러운 말투를 사용하되, 옳지 않은 일에는 단호하게 '노' 하는 용기도 필요하다.

1

마음을 다해 효도하자

오늘날 우리 사회에서 자식들은 보통 부모의 사랑을 독차지하며 성장한다. 전통사회에서는 아이들이 대가족 안에서 자라면서 자연스럽게 효도하는 법을 배웠다. 효도의 가치는 변함없지만, 오늘날의 아이들은 따로 가르치지 않으면 효도하는 법을 스스로 깨닫기 어렵게 되었다.

그렇다면 효도교육은 어떻게 해야 할까? 효도는 글로 가르치기보다 어릴 때부터 습관이 되도록 가르쳐 주어야 한다.

우선 부모를 자주 생각하도록 해야 한다. 우리 옛말에서 사랑이란 자주 생각한다는 뜻이다. 하루에도 몇 번씩 부모를 생각할 줄 알아야 부모를 사랑하는 것이다. 좋은 음식, 편안한 거처, 넉넉한 용돈보다 중요한 것은 부모가 무엇을 원하는지 그 마음을 헤아리는 일이다.

• 어머니의 발 •

이것은 문화부 장관을 지낸 석학 이어령 선생이 들려준 감동적 이야기다.

어느 시골에서 올라온 한 젊은이가 취직하려고 면담을 했다.

사장이 뜻밖의 질문을 했다.

"요새 어머니의 몸을 만져 본 적이 있는가?"

"없습니다."

"한번 만져 보고 다시 오게."

그는 집에 가서 물을 따끈하게 데워 대야에 부은 후 밭에서 돌아온 어머니의 발을 씻겨 드렸다. 고된 일을 하면서 나무껍질같이 굳은 피부에, 살이 다 빠져 쪼그라진 어머니의 발을 보자 가슴이 아팠다.

'아! 어머니께서 이렇게 늙으시다니…. 모진 고생을 하시는 것을 나는 잊고 있었구나. 나는 너무 내 생각만 하는 불효자였구나.'

그는 사장을 찾아가 자신의 뜻을 전했다.

"사장님, 저를 깨우쳐 주셔서 고맙습니다. 저는 취업을 그만두고 어머니를 옆에서 모시고 살겠습니다."

사장은 만류하며 말했다.

"이제 자네는 취직할 자격이 생겼어. 인생을 그런 마음으로 살면 무슨 일이든 잘할 수 있을 것일세. 어머니를 받들 수 있는 시간은 배려할 테니 당장 나를 도와주게!"

핵심 한 젊은이가 어머니의 발을 씻겨 드리며 그간 어머니의 고생을 깨달았다.

교훈 효도하자.

실천 나는 그간 어머니의 희생에 감사하며, 당장 발을 씻겨 드리겠다.

• 집 나간 소녀 •

어린 영애는 엄마에게 불만이 많다. 모든 것을 자기 마음대로 하도록 내버려 두지 않기 때문이다.

하루는 엄마가 숙제는 하지 않고 TV만 본다고 야단치자 영애는 엄마와 싸우고 집을 나왔다. 집을 뛰쳐나오긴 했지만 마땅히 갈 곳도 없고 돈도 없었다. 하룻밤을 지하상가 앞에서 지냈는데 전날 점심부터 굶어서 배가 너무 고팠다.

영애는 식당가를 지나면서 주인들의 인상을 살펴보다가 가장 마음씨 좋게 생긴 주인이 있는 식당에 들어갔다. 식당의 빈 의자에 앉아 고개를 숙이고 있는데 주인아주머니가 다가와 물었다.

"얘야, 뭘 먹을래?"

영애는 아무 말도 못하고 계속 고개를 숙이고 있었다.

"그래, 알았어. 걱정 마. 국밥 한 그릇 줄게."

영애는 주인아주머니가 주는 국밥을 받고 너무 고마워 눈물이 났다. 그리고 겨우 입을 열었다.

"아주머니, 고마워요."

국밥 한 그릇에 감격한 영애는 그제야 그보다 백배 천배 더 큰 엄마의 고마움을 깨달았다.

영애는 그 길로 집으로 돌아갔다. 엄마가 대문 밖에서 열심히 사방을 살피다가 영애를 보자 한걸음에 달려와 안으며 말했다.

"가서 밥 먹자. 네가 좋아하는 오므라이스 해줄게."

핵심 한 소녀가 집을 나가 배고픔을 겪으며 엄마의 고마움을 깨달았다.

교훈 효도하자.

실천 나는 부모님께 감사한 일 10가지를 떠올리며 적어 보겠다.

• 어머니의 따뜻한 품 •

눈이 소복이 내린 어느 겨울날, 강원도 깊은 골짜기를 두 사람이 찾았다. 나이가 지긋한 미국 사람과 젊은 한국 청년이었다. 눈을 헤치고 깊은 골짜기를 더듬어 간 두 사람이 마침내 한 무덤 앞에 섰다.

"이곳이 네 어머니가 묻힌 곳이란다."

나이 많은 미국인이 청년에게 말하고는 지난날을 회상했다.

그는 한국전쟁 때 미군 병사로 강원도 깊은 골짜기로 후퇴하고 있었다. 그때 이상한 소리가 들려왔다. 귀 기울여 들어 보니 아이 울음소리였다. 그 소리를 따라가 보았더니 눈구덩이가 나타났다.

눈구덩이에서 아이를 꺼내기 위해 쌓인 눈을 치우던 그는 소스라치게 놀랐다. 흰 눈 속에서 옷 하나 걸치지 않은 알몸의 어머니를 발견한 것이다. 피란 가던 어머니는 깊은 골짜기에 갇히자 아이를 살리려고 자기가 입었던 옷을 모두 벗어 아이를 감싸고 허리를 굽혀 아이를 끌어안은 채 얼어 죽고 만 것이다.

그 모습에 감동한 그는 언 땅을 파서 어머니를 묻고, 어머니 품에서 울어대던 갓난아이를 데려가 자신의 아들로 키웠다.

아이가 자라 청년이 되자 지난날 이야기를 하고, 그때 언 땅에 묻었던 청년의 어머니 산소를 찾아온 것이다.

이야기를 들은 청년이 눈 쌓인 무덤 앞에 무릎을 꿇었다. 뜨거운 눈물이 볼을 타고 흘러내려 무릎 아래 눈을 녹이기 시작했다.

한참 만에 청년은 자리에서 일어나 입고 있던 옷을 하나씩 벗었다. 마침내 그는 알몸이 되었다. 청년은 무덤 위에 쌓인 눈을 두 손으로 정성스레 모두 치우고 자기가 벗은 옷으로 무덤을 덮기 시작했다. 마치 어머니께 옷을 입혀 드리듯 어머니 무덤을 모두 자기 옷으로 덮었다.

그리고 무덤 위에 쓰러져 통곡하며 말했다.

"어머니, 그날 얼마나 추우셨어요!"

핵심 어머니의 희생으로 살아난 아들이 훗날 어머니가 베푼 은혜를 깨닫고 감격했다.

교훈 효도하자.

실천 나는 어머니의 은혜를 갚는 방법 5가지를 적어 보겠다.

• 엄마에게 쓴 편지 •

부모에게 효도하는 것은 어려운 일이 아니다. 부모의 마음을 생각하면서 다음과 같은 작은 실천부터 시작하면 된다.

- 매일 어머니에게 한 장씩 편지를 쓴다.
- 매일 어머니에게 두 번씩 전화를 한다.
- 매일 어머니에게 5분씩 바친다.

이는 마음만 있으면 누구나 할 수 있는 간단한 일이다. 하지만 어머니에게 큰 기쁨을 주고, 자기 자신에게도 큰 기쁨이 된다.

그 예로 한 초등학생 소녀가 어머니에게 쓴 편지를 살펴보자.

3월 5일

엄마, 오늘 아침에 일찍 깨워 주셔서 고맙습니다.

4월 8일

어제 제가 옥수수가 먹고 싶다고 했더니, 오늘 엄마가 옥수수를 삶아 주셨어요. 저 때문에 일부러 장에 다녀오신 것을 알아요. 엄마, 고마워요.

9월 5일

어제는 비가 왔는데, 엄마가 우산 들고 학교까지 마중 나오셨습니다. 갑자기 비가 와서 저는 비가 그치기를 기다릴까, 가게까지 뛰어가 비닐우산을 살까, 우산을 갖고 온 별이에게 데려다 달라고 부탁할까, 궁리하고 있었는데 엄마가 오셨어요. 엄마, 고맙습니다.

10월 1일

어제 제가 막 잠들려고 할 때쯤, 엄마가 가만히 문을 열고 들어오셨어요. 이불을 당겨 덮어 주시고, 한참 동안 저의 얼굴을 바라보셨지요. 저는 엄마의 사랑을 온몸으로 느꼈어요. 저는 행복했습니다. 엄마, 사랑해요.

11월 20일

엄마, 생신을 진심으로 축하드려요. 엄마는 저를 낳으신 후 다니던 직장을 그만두시고 저를 보살피셨다고 들었어요. 엄마는 제가 아플 때면 며칠 밤을 꼬박 새우면서 간호하셨다지요. 저를 위해 큰 희생을 하신 우리 엄마. 제가 크고 엄마가 늙어 힘이 없어지면 제가 꼭 보살펴 드릴게요. 엄마, 사랑해요.

핵심 작은 실천을 통해 누구나 효도할 수 있다.

교훈 효도하자.

실천 나는 당장 어머니에게 편지 쓰기를 실천하겠다.

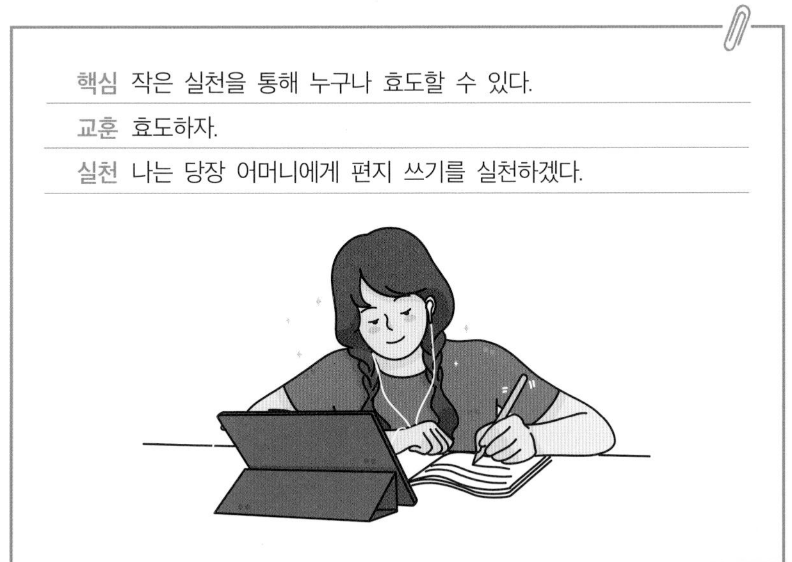

• 부모님께 드리는 전화 •

옛날에는 효도하려면 무척 힘들었다. 먹을 것이 부족했을 때라 부모님이 끼니를 거르지 않도록 하려면 배고픔을 참아야 했다. 병원에 모시고 가기도 어려워 밤낮으로 옆에서 간호해야 했다.

지금은 효도하기가 무척 쉬워졌다. 부모님이 무엇을 바라시는지 하루에 두 번씩만 생각해도 효녀, 효자라고 칭찬받을 수 있다. 나아가 자식이 부모를 위해 하루에 10분을 바치고 한 달에 하루를 바친다면 대단한 효도를 하는 것이다. 그런데 이를 실천하는 자식이 흔치 않다. 부모가 자식에게 바친 시간을 헤아려 보면 정말 아무 일도 아닌데 말이다.

김대식과 이준우는 미국에서 같은 대학에 다니는 유학생이다. 대식은 혼자 계시는 어머니에게 매일 전화를 걸었다. 준우는 자기는 전화를 걸고 싶어도 할 말이 없는데, 대식이가 어떻게 매일 전화를 거는지 궁금했다.

어느 날 준우는 대식이 집에 갔다가 대식이가 어머니에게 전화하는 것을 우연히 듣게 되었다.

"어머니, 오늘은 새벽 5시에 잠을 깼습니다. 조깅하러 나갔더니 날씨가 꽤 쌀쌀해졌더군요. 낙엽이 몇 잎 바람에 날리는데, 갑자기 어머니 생각이 났습니다.

아침은 팬케이크를 구워 먹었습니다. 가게에서 모든 재료를 파니까 프라이팬에 굽기만 하면 되요.

오전에 강의가 없어서 실험실에서 실험을 했습니다. 지도교수 데이비스 선생님이 와서 점심을 사 주겠다고 하셨습니다. 제가 차를 몰고 일식당으로 가서 우동을 먹었습니다."

준우는 이것을 듣고 한 수 배웠다.

"아하! 그날그날 본 것, 한 일 같은 일상을 말하면 되는구나. 나는 지금까지 무슨 사건이 있어야 이야깃거리가 된다고 생각했는데. 이제 나도 부모님께 매일 전화할 수 있겠어."

나는 미국에 있을 때 3년 8개월간 하루도 빠지지 않고 한국의 부모님께 편지를 썼다. 그때는 국제전화 요금이 너무 비싸 전화는 걸 수 없었다. 늘 아들을 걱정하시던 어머니는 "편지 부치는 돈으로 계란을 사 먹어"라고 여러 번 말씀하셨다.

핵심 부모님께 매일 전화해 일상적 대화를 나누는 것은 큰 효도다.

교훈 효도하자.

실천 나는 시골의 할머니께 매일 전화해 일상적 대화를 나누겠다.

• 할머니의 식탁 •

한 할머니가 아들네와 한집에 살았다. 할머니는 젊었을 때 혼자 힘으로 모진 고생을 하면서도 정성을 다해 아들을 키웠다. 어려운 형편에 아들을 대학에 보내기 위해 낮에는 식당에서 일하고, 밤에는 삯바느질을 했다. 덕분에 아들은 성공할 수 있었다.

할머니는 나이가 들자 눈이 어두워져서 식탁에 자꾸 음식을 흘렸다. 아들 내외는 조그만 식탁을 만들어 할머니가 따로 식사하도록 했다. 하루 종일 외롭게 지내는 할머니는 식사 시간에 자손들과 이야기하는 것이 큰 즐거움이었는데 그것이 사라졌다.

어느 날 아이가 마루에서 무엇인가 만들기에 아들이 물었다.

"얘야, 뭐 하니?"

"아빠랑 엄마가 늙으면 식사할 식탁을 만들고 있어요."

아들은 충격을 받았다.

"그래, 나는 그동안 내 생각만 했구나. 나는 한집에 모시는 것만으로 효도한다고 생각했지."

핵심 우리는 일상생활에서 미처 깨닫지 못한 불효를 저지른다.

교훈 효도하자.

실천 나는 매일 부모님을 서운하게 한 일이 있는지 생각하겠다.

• 가장 자랑스러운 부모님 •

농구선수 김주성은 2002년 프로농구 원주 TG삼보팀에 입단한 후 16시즌 동안 원주에서 활약했다. 16년간 정규리그 4회, 챔피언결정전 3회 우승을 거뒀고, 국가대표 선수로 뛰면서 2002 부산아시안게임, 2014 인천아시안게임 금메달을 획득하며 한국 남자농구의 대들보로 인정받았다.

그의 부모님은 두 분 모두 장애를 겪었다. 아버지는 소아마비 후유증, 어머니는 척추측만증을 앓았다. 그는 부모님, 여동생과 함께 단칸방에서 어린 시절을 보냈지만, 가난이나 부모님을 부끄럽게 생각하지 않았다.

그는 시합이 있을 때면 부모님을 모셔 와 시합 구경을 시켜드렸다. 그래서 김주성은 사람들로부터 칭찬과 존경을 받는다. 출세한 아들이 고생하는 시골 부모님을 모셔 와서 "우리 부모님이십니다. 저는 세상에서 부모님이 가장 자랑스럽습니다"라고 하니 얼마나 아름다운 모습인가?

핵심 부모님을 자랑스럽게 여기고 잘 모시는 것이 효도이다.

교훈 효도하자.

실천 나는 부모님을 좋은 곳에 모시고 가서 구경시켜 드리겠다.

가난한 어머니와 아들이 살고 있었다. 어머니는 어렵게 아들의 학비를 마련하여 공부를 시켰다. 어머니의 눈물겨운 노력으로 아들은 대학을 졸업하게 되었다.

그때쯤 어머니에게 고민이 생겼다. 졸업식장에 가기가 두려웠다. 초라하고 누추한 자신의 모습이 수석졸업을 하는 아들의 영예에 오점이 되면 어쩌나 걱정했다.

아들은 간곡히 부탁해 어머니를 졸업식장에 모시고 갔다. 그는 졸업연설에서 수석졸업의 영광을 하나님과 스승들, 그리고 어머니에게 돌렸다.

우레 같은 박수 속에서 그는 학장으로부터 금메달을 받았다. 그리고 금메달을 자신의 목에 걸지 않고 두 손으로 받쳐 들고 청중들 틈으로 걸어갔다. 사람들의 시선이 초라한 옷을 입은 그의 어머니에게 집중되었다.

"어머니, 고맙습니다. 어머니의 은혜로 제가 이렇게 졸업하게 되었습니다. 이 메달은 마땅히 어머니께서 받으셔야 합니다."

그는 어머니의 목에 금메달을 걸어 드렸다.

그 후 그는 그 대학 총장이 되었다. 10년 후엔 28대 미국 대통령이 되었고, 노벨평화상도 받았다.

그가 바로 민족자결주의를 제창한 윌슨 대통령이다.

핵심 윌슨 대통령은 어머니의 노고를 치하하고 감사했다.

교훈 효도하자.

실천 나는 어머니의 극진한 사랑을 생각하고 어머니를 감동시키는 방법을 적어 보겠다.

• 시골 아버지 •

시골에서 늙은 아버지가 햅쌀 한 가마니를 가지고 서울에서 사는 아들 형준을 찾아왔다. 이튿날 그 쌀로 밥을 지었다.

"햅쌀이라 맛이 참 좋습니다."

형준이 말했다.

얼마 뒤에 아버지가 또 쌀 한 가마니를 가져왔다.

아내가 형준에게 말했다.

"아버님께 쌀 갖고 오시지 말라고 말씀 좀 드리세요. 아버님이 들이는 여비와 운임이면 여기서 그만큼 살 수 있어요. 가마니를 가져오시면 보관하기도 불편하고요."

형준이 아버지에게 말했다.

"아버지, 무거운데 쌀은 뭐 하러 갖고 오세요. 이젠 그만하세요."

얼마 뒤에 다시 아버지는 쌀 한 가마니를 가져왔다. 아내가 짜증을 냈다.

형준은 아버지를 문밖으로 모시고 나와서 말했다.

"아버지, 또 쌀을 갖고 오셨네요. 제발 그러지 마세요. 쌓여서 처분이 곤란하다고 집사람도 불편해해요."

아버지는 고개를 숙이고 낮은 목소리로 얘기했다.

"옆집에 사는 민웅이 알지? 그 사람이 장사하러 서울에 자주 다니는데, 번번이 나보고 서울 구경을 가자고 했어. 그렇잖아도 네가 보고 싶은데 구실이 있어야지. 그래서 쌀이라도 내가 대주어야겠다고 생각한 게다. 다음엔 민웅이가 가자고 해도 이제 서울 구경은 다했다고 하고 거절할게."

이 말을 듣고 형준은 가슴이 먹먹했다.

"내가 너무 불효자였구나. 아버지에게 너무 무심했어."

형준의 말을 들은 아내도 눈물을 흘리면서 말했다.

"우리는 부모님 마음을 너무 헤아리지 못했어요. 이제부터는 부모님을 자주 모셔 와서 서울 구경을 시켜 드립시다."

도시에 나와서 사는 자식들은 시골의 부모 마음을 잊고 산다. 하루에 한 번씩이라도 부모 생각을 하면 요즘 세상에는 효자라 할 수 있을 것이다.

핵심 도시에 사는 아들은 시골의 아버지 마음을 헤아리기 힘들다.

교훈 효도하자.

실천 나는 한 달에 하루는 부모님께 바치겠다.

2

민주국가의 충忠, 세상에 보탬이 되자

오늘날 사람들은 흔히 백성이나 신하가 군주나 나라를 위해 헌신하는 것을 충忠이라고 생각한다. 그러나 원래 충은 조금의 속임도 없이 자신의 온 정성을 다한다는 뜻으로, 복종보다는 진실과 성실이 본래의 의미에 가깝다. 충은 상하관계뿐만 아니라 친구나 이웃, 공동체와 같은 수평적 관계에도 적용될 수 있다,

우리는 국가와 사회로부터 큰 혜택을 받으며 살고 있다. 우리가 먹는 음식, 입는 옷, 사는 집부터 의료, 교육, 국방, 치안까지 모두 사회로부터 공급받은 것이다. 우리는 여러 사람의 도움으로 나날이 살아간다. 그런데 우리는 이를 돈을 냈으니 당연히 받는 권리라고 생각하고 고마워하지 않는다.

우리는 이런 생각을 바꾸어야 한다. 공동체를 이루는 한 사람 한 사람이 모두 공동체의 존재에 감사하고, 공동체에 짐이 되는 것이 아니라 보탬이 되는 행동해야 한다. 이웃과 공동체에 보탬이 되고자 하는 태도야말로 현대 민주국가의 구성원이 갖춰야 할 진정한 의미의 충일 것이다.

• 착한 사람이 행복하다 •

'착한 사람', '어진 사람'이란 어떤 사람일까? 자기가 손해 보더라도 남을 돕는 사람, 세상을 위해 사회를 위해 봉사하는 사람이 착한 사람이다. 세상에 착한 사람이 귀한 것은 무엇 때문일까? 답은 간단하다. 사람들은 손해 보기를 싫어하기 때문이다.

A마을은 모든 사람이 기꺼이 5% 손해 볼 줄 아는 반면, B마을 사람들은 무슨 일이 있어도 5%는 이득을 봐야 한다고 하자. 두 마을 사람들의 사는 모습은 어떻게 다를까? A마을 사람들은 항상 서로 화목하고, 마음에 여유가 있으며, 행복할 것이다. 반면 B마을 사람들은 서로 경계하고, 각박하고, 불편한 마음으로 살아갈 것이다.

심리학자들의 연구에 따르면, 착한 사람들이 더 마음이 편하고, 행복하며, 건강하게 오래 산다. 그때그때는 시간과 돈의 손해를 보는 듯하지만, 길게 보면 더 행복하고 건강해져서 결국 손해가 아니라는 것이다.

서양에서는 착하게 사는 것을 "더 큰 자기를 위해 산다", "의미 있는 인생을 산다", "사명감을 갖고 산다"고 한다. 심리학자들은 착하게 사는 것이 행복하게 살기 위한 주요 요인임을 수많은 연구 논문에서 밝혀냈다.

핵심 착한 사람이 더 행복하게 산다.

교훈 위세적선爲世積善.

실천 나는 세상을 위해 내가 할 수 있는 일을 생각해 보겠다.

• 록펠러가 찾은 행복 •

세계 최고의 부자였던 석유왕 록펠러의 이야기다.

그가 무지막지하게 돈을 모을 때 그를 미워하는 사람들이 많았다. 그의 동상을 무너뜨리고 목을 매어 나무에 매다는 사람도 있었고, 화약을 넣은 우편물을 보낸 사람도 있었으며, 죽이겠다고 협박하는 사람도 있었다. 그는 생명의 위협을 느껴 경호원을 항상 데리고 다녔다.

어느 날 그의 몸이 이상 신호를 보냈다. 잠을 잘 수 없었고, 소화가 되지 않았다. 머리가 아프고, 마음이 불안했다. 의사들은 사업과 생명 중 하나를 택하라고 했다. 그는 후자를 택했고 일에서 손을 뗐다. 골프를 치며, 정원을 가꾸었다. 친구들과 어울리고, 카드놀이를 하며, 노래를 불렀다.

그리고 그는 사람들을 돕기 시작했다. 교회에 기부하고, 자금난을 겪는 대학(현 시카고대학)을 구하며, 흑인 교육을 지원했다. 십이지장충을 없애는 구충약을 전국에 보급하고, 록펠러재단을 설립해 질병과 문맹을 퇴치하는 사업을 전 세계에서 펼쳤다.

그러자 사람들이 그를 칭찬하고, 존경하며, 감사했다. 그리고 그의 병이 점점 나았다. 그는 행복해졌다.

핵심 세계 최고 부자 록펠러는 돈보다 남을 돕는 일에서 행복을 찾았다.

교훈 위세적선.

실천 나는 내 힘이 미치는 범위에서 남을 돕는 일을 하겠다.

• 퇴계 선생의 논 메우기 •

조선 최고의 선비로 존경받았던 퇴계 이황退溪 李滉 선생의 이야기이다.

퇴계 선생의 논은 위에 있어서 가물어도 물을 대기가 편했기 때문에 흉년을 별로 타지 않았다. 그런데 선생의 논 아래에 많은 논이 줄줄이 길게 이어져 있었다. 논에 물을 대려면 위에서 차례로 물을 받아 와야 하므로 아래의 논은 웬만큼 비가 와도 물이 부족했다.

어느 날, 퇴계 선생이 일하는 사람을 불렀다.

"우리 논을 메워서 밭으로 만들어라."

"예? 논을 메워서 밭을 만들다니요. 논의 소출이 밭의 소출보다 나아서 가능하면 밭을 논으로 만들라는데, 이미 논으로 되어 있는 것을 밭으로 만들라고 하시니 무슨 뜻인지 알 수 없습니다."

"우리 논이 물을 먹어 버리기 때문에 아래 논이 마르니, 우리 논을 없애면 아래 논이 가뭄을 면할 것 아니냐!"

"우리 논은 처음부터 있었던 것이기 때문에 우리가 남에게 피해를 준 것이 아니지 않습니까? 그러실 필요는 없다고 생각합니다만 … ."

"작은 논뙈기 하나만 바라보고 사는 사람들이 딱해 그러니, 시키는 대로 해라."

핵심 퇴계 선생은 농민의 입장을 생각해 손해 보며 논을 메웠다.

교훈 위세적선, 생각하다.

실천 나는 때에 따라 어려운 이웃을 위해 손해 보는 일을 해야겠다.

• 김형석 교수의 경험 •

100세 철학자 김형석 교수가 강연에서 말했다.

"나 자신을 위해 한 일은 남는 것이 없으나, 남을 위하거나 사회를 위해 한 일은 생각이 잘 나고, 그 생각을 하면 행복해집니다. 더불어 살 줄 아는 사람이 행복합니다.

착하고 아름다운 마음을 가진 사람들이 행복한 사회를 만듭니다. 세상 사람들에게 '정말 고맙습니다, 수고 많이 하셨습니다, 우리를 위해 많은 일을 하셨습니다'라는 인사를 듣는 것이 가장 값지고 행복한 삶입니다."

핵심 다른 사람과 사회를 위해 노력하는 사람이 행복하다.

교훈 위세적선.

실천 나는 남을 위해 사회를 위해 할 일 3가지를 적어 보겠다.

• 화살표 청년의 시민의식 •

서울 버스정류장에서 노선도를 보면 버스가 어느 방향으로 가는지 알려 주는 빨간색 화살표 스티커를 쉽게 발견할 수 있다. 지금은 스마트폰으로 버스 운행방향을 쉽게 알 수 있지만, 스마트폰이 대중화되지 않았던 시절에는 반대 방향으로 가는 버스를 타 불편을 겪는 사람들이 많았다.

2011년 당시 대학생이던 이민호 씨는 버스를 거꾸로 타는 일을 직접 경험하고 난 뒤 다른 시민들도 똑같은 불편함을 느끼리라고 생각했다. 이것이 개인의 문제가 아니라 시민 공동체의 문제라고 인식한 그는 특별한 봉사활동을 시작했다. 7개월간 자전거를 타고 서울 시내 버스정류장을 돌아다니며 화살표 스티커를 직접 붙인 것이다.

이러한 선행이 언론을 통해 세상에 알려지면서 그는 '화살표 청년'으로 불렸고, 서울시장 표창까지 받게 되었다.

수상 소감을 묻자 그는 시민의 불편이 공론화되고 개선되어 뿌듯히다고 말했다.

"제가 시작한 작은 일이 표창까지 받고 주목을 받으니 기분이 얼떨떨해요. 하지만 덕분에 서울시에서 개선하려는 의지를 보이고, 실제로도시 전체적으로 버스노선도 보수를 실시했어요. 노선도 디자인도 개선해 보기 편하게 만들고요."

작은 불편을 해결하고자 실천한 행동은 커다란 나비효과를 일으켰다. 화살표를 붙이는 단순한 작업이었지만 이 일은 시민의식을 일깨우고 서울시를 움직였다.

핵심	이민호 씨는 시민 공동체를 위한 작은 실천으로 시민의식의 중요성을 알렸다.
교훈	애국애족.
실천	나는 시민 공동체를 위해 할 수 있는 일을 찾아 실천하겠다.

홍서봉 어머니의 선행

조선 인조 때 영의정을 지낸 홍서봉洪瑞鳳(1572~1645)의 어머니는 어진 사람이었다. 남이 알아주든 안 알아주든 세상을 위해서 좋은 일을 하려고 노력했다.

어느 날 그녀는 하인을 시켜 장에 가서 고기를 사오게 했다. 그런데 고기 빛깔이 이상했다. 상하거나 독이 든 것처럼 색이 변해 있었다. 이런 고기를 먹으면 몸에 해로울 것 같았다.

그녀는 사람들의 피해를 막기 위해 그 고기를 몽땅 사서 버리기로 했다. 살림이 넉넉지 못해서 고기 살 돈이 없었으므로 갖고 있던 머리 장식을 팔아 돈을 마련했다.

참선행은 남이 알아주지 않아도 자기가 손해를 보면서 행하는 일이다. 이런 행동을 가리켜 음덕을 쌓는다고 한다.

핵심 참선행은 남이 알아주지 않고 손해 보더라도 행하는 일이다.

교훈 위세적선.

실천 나는 손해 보기 싫어 세상일을 외면하지 않았는지 반성하겠다.

• 차비를 내준 소녀 •

평범한 34세 회사원 준열 씨가 어느 날 신갈에서 오리로 가는 버스를 탔다. 구성 정거장에서 버스가 막 떠나려 할 때 한 할아버지가 양손에 짐을 들고 간신히 버스에 올랐다. 10m쯤 가서 버스가 급정거했다. 사람들이 놀라 앞을 보았다.

운전기사가 할아버지에게 말했다.

"할아버지, 차비가 없으면 빨리 내리세요."

할아버지가 애원했다.

"그냥 한 번만 태워 주시오."

준열 씨는 운전기사에게 너무 심하지 않느냐고 말하고 싶었지만 입이 떨어지지 않았다. 그때 초등학생으로 보이는 한 소녀가 앞으로 나가 돈 만 원을 내밀면서 큰 소리로 말했다.

"아저씨, 할아버지잖아요. 앞으로는 이렇게 불쌍한 분들 타시면 공짜로 10번 태워 주세요."

그리고 소녀는 그 할아버지를 자기가 앉았던 자리에 모셨다.

준열 씨는 깊은 감동과 부끄러움을 느꼈다. 그는 만 원을 꺼내서 소녀 주머니에 몰래 넣어 주고 도망치듯 내렸다. 그렇게라도 하지 않으면 마음이 편치 않았을 것 같았다.

그는 어려운 이웃을 돌아보는 따뜻한 마음을 일깨워 준 그 꼬마 숙녀에게 머리 숙여 감사했다.

핵심 초등학생 소녀가 불쌍한 할아버지의 차비를 대신 내주었다.

교훈 위세적선.

실천 나는 주위의 어려운 이웃에게 필요한 것이 무엇인지 생각하고 도움을 주겠다.

• 택시기사의 적선 •

우리 주변의 숨은 미담과 선행을 발굴하여 소개하는 KBS 교양 프로그램 〈아름다운 사람들〉에 나온 이야기다.

안병원 씨는 택시기사다. 프로그램은 그가 쌀가마니를 배달하는 장면으로 시작되었다. 4만 5,000원짜리 쌀가마니를 나르면 이익이 2,500원 생긴다. 이 돈을 모아 심장병 어린이의 수술비에 보태 준다.

1989년에 시작한 안 씨의 선행은 많은 동조자를 낳았다. 그가 먼저 실천해 보이자 동료들이 하나씩 모여들어 기사 1,410명이 동참했다. 지금은 '푸른마음봉사대'라는 단체까지 조직했다. 덕분에 심장병 어린이 470명이 혜택을 받았다.

이제 이 봉사회는 사업 범위를 넓혀 독거노인들에게 무료 빵을 나누어 주는 일을 시작했다.

안 씨는 많은 부하를 거느린 장군도 아니요, 많은 관료를 거느린 고관대작도 아니다. 그는 그저 평범한 시민이지만, 훌륭한 리더이자 존경받는 사회 지도자가 되었다.

그는 목표가 뚜렷하고, 자신이 먼저 실천했으며, 개인의 이익을 추구하지 않았다. 그것이 사람들을 감동시켜 많은 동참자를 얻었다. 이런 마음과 태도를 갖춘 사람을 우리는 리더십 있는 사람이라 한다.

핵심 평범한 시민도 어려운 이웃을 도울 수 있다.

교훈 사회에 보탬이 되자.

실천 나는 담배를 끊고 그 돈을 모아 가난한 이웃을 돕겠다.

• 마음과 마음 잇기 •

마산은 창원시로 통합되어 옛 도시 이름은 잃었지만, 마산보건소가 7년간 운영해 온 '스마일 홈닥터' 시스템은 한국 의료봉사시스템의 새로운 모델이 되었다. 그 중심에 임선영 보건소장이 있다.

임 소장은 안부전화는 물론 병원동행과 반찬배달에 이르기까지, 모든 과정을 직접 챙기며 봉사자들의 든든한 맏언니로 살고 있다. 직함은 봉사팀장이지만 역할은 심부름꾼이다.

그녀는 해병전우회 회원들에게 홀몸 어르신의 이사를 도와달라고 부탁한 적이 있다. 마산교육청 봉사대원들에게 집수리 봉사를 맡긴 적도 있다. 지역 내 봉사단체들에 구호물품이 많이 들어오는 연말이면, 그 단체들로부터 물품을 다시 기부받아 그것이 필요한 세대들에게 전달하기도 한다.

임 소장은 겸손하게 말한다.

"한 지역에 오래 살면서 이런저런 활동을 하다 보면, 그 지역의 정보에 훤할 수밖에 없어요. 인맥도 저절로 생겨나고요. 그걸 활용하는 것뿐, 별로 어려운 일은 아니에요."

그녀는 많은 사람들을 봉사활동에 끌어들인다. 예를 들어, 김숙자 씨(64세)는 '연결'의 달인이다. 선의를 가진 사람들을 평소 눈여겨봐 두었다가, 그들이 소외 이웃을 도울 수 있도록 적절히 주선한다. 반찬가게를 운영하는 사람은 홀몸 어르신의 영양식 공급에, 지역 내 기업들은 불우청소년 장학금 지원에, 한복집을 운영하는 사람은 가난한 신혼부부 예식의상 협찬에 참여시킨다.

이와 같이 그녀는 봉사하기를 희망하는 사람과 봉사가 필요한 곳 사이에서 가교 역할을 한다. 눈 밝고 발 빠른 그녀 덕분에, 나눔의 볕이 들지 않는 사각지대가 빠르게 사라지고 있다.

마산보건소의 스마일 홈닥터 시스템은 소득이 낮고 거동이 불편한 이웃들을 가족처럼 보살피는 의료서비스체계이다. 보건소에서 추진해온 방문보건사업만으로는 의료취약계층에 대한 서비스 제공에 한계가 있었다.

2007년 5월 홀몸 어르신과 중증장애인의 병원 수송과 동행, 진료우대, 의료비 경감, 간병 및 가사도우미 연계, 반찬배달 같은 서비스를 시작했다. 의료기관 180곳과 자원봉사자 285명이 참여해 소외 이웃 263명을 돕고 있다.

지역이 하나의 공동체가 되는 이 시스템 안에서 봉사자와 수혜자를 연결하는 그녀의 재능은 그 어느 때보다 빛난다.

"아침 8시 30분이면 보건소로 출근해요. 직원들보다 일찍 나올 때가 많아서, 그분들께 조금 죄송하죠."

자리에 앉은 뒤엔 홀몸 어르신과 중증장애인 20명에게 오전 내내 전화를 돌린다. 안부전화를 통해 병원에 모시고 갈 분이 파악되면, 해당 병원에 예약하고 수송팀에 연락을 취한다.

그것이 끝이 아니다. 병원까지 직접 동행하면서, 전화로 미처 듣지 못한 환자 이야기에 귀를 기울인다. 이사해야 하는 분이나 집수리가 필요한 분은 적절한 봉사자와 연결해, 빠른 시간 안에 일을 처리해 준다. 봉사자를 넘어 '해결사'에 가깝다.

"매주 화요일엔 영양이 부족한 어르신과 장애인 28가구에 죽과 반찬을 배달해요. 지역 내 반찬가게 세 곳에서 음식을 모두 후원해 줘서 여간 고맙지 않아요."

생일잔치는 홀몸 어르신을 위해 그녀가 특별히 신경 쓰는 일이다. 생일이 비슷한 사람들을 한 날짜에 묶지 않고, 제 날짜에 찾아가 '오직 그 분만을 위해' 케이크를 자르고 노래를 불러 드린다. 이유는 단 하나, 가족이기 때문이다.

나들이 행사도 생일잔치만큼 특별하다. 소풍은커녕 변변한 외출 한 번 해보지 못했던 분들을 모시고 축제행사장이며 드라마세트장, 수목원 등으로 나들이를 간다. 벚꽃 아래서, 국화꽃 아래서 '가족의 추억'이 쌓여가고 있다.

핵심 임선영 소장은 우리 사회의 그늘을 찾아 열정적으로 봉사한다.

교훈 위세적선.

실천 나는 자원봉사를 통해 이웃을 돕고 따뜻한 사회를 만들겠다.

• 선물의 의미 •

바다의 생일이 다가왔다. 가족들이 무슨 선물이 갖고 싶냐고 물었다. 바다는 같은 반 친구인 가람이 생일도 자기와 같은 날이라는 것이 생각났다. 가람이는 소녀가장이었다. 살림이 쪼들려 부족한 것이 많은 아이였다.

바다는 가람이의 어려운 처지를 설명하며 선물을 양보했다.

"이번에는 저 대신에 가람이에게 선물해 주세요."

온 식구가 힘을 합해 가람이가 필요할 것 같은 선물을 사서 새벽에 몰래 가람이 집 문 앞에 갖다 놓았다.

쪽지도 함께 남겼다.

"김가람! 생일 축하해. 힘내라."

며칠 후 어느 추운 날에 가람이는 선물받은 털 점퍼를 입고 학교에 왔다. 바다는 마음이 흐뭇했다. 남을 도우면 이렇게 큰 기쁨을 얻는다는 사실을 처음으로 깨달았다.

핵심 선물은 받는 사람뿐만 아니라 주는 사람도 행복하게 한다.

교훈 생각하다(역지사지), 도와주자.

실천 나는 매일 1천 원씩 모아 연말에 어려운 사람을 돕겠다.

• 5%의 원칙 •

나는 "5% 더 하고, 5% 덜 갖는다"는 '5%의 원칙'을 세우고 많은 사람에게 가르쳐 왔다. 이 원칙은 남보다 조금 더 잘하고 양보하여 사람들에게 인정받았던 나의 경험을 토대로 만든 것이다.

왜 5%인가? 사람들은 더 잘하는 정도가 5%인지 10%인지는 잘 모르지만, 누가 더 잘하는지는 쉽게 안다. 그래서 5%이면 충분하다. 남보다 10% 더 나으려면 비상한 노력이 들고, 15% 나으려면 천재적 소질이 있어야 하지만, 5% 앞서는 것은 누구나 마음만 먹으면 할 수 있다.

다음은 내가 가르쳐 준 5%의 원칙을 실천하는 외손녀 수란의 편지다.

저는 지금 다니는 직장에서 행복하게 일하고 있습니다. 할아버지의 가르침에 따라 '5%의 원칙'을 실천하기 때문입니다.

아침에 출근할 때 지하철역에서 무거운 짐을 들고 가는 할머니를 보고 정류장까지 짐을 들어 드렸습니다. 그다음 혼잣말을 했습니다.

"5% 더 했다."

저는 직장에 30분 일찍 도착해 그날 할 일을 미리 준비합니다. 우리 사무실 사람들을 위해 에어컨과 커피머신의 스위치도 켭니다. 그리고 스스로에게 말합니다.

"5% 더 했다."

상사의 칭찬을 받을 때 저는 그 공을 동료들에게 돌립니다. 5% 덜 갖는 것입니다.

저는 상사와 동료들의 사랑을 온몸으로 느낍니다. 행복합니다.

핵심 5% 더 하고, 5% 덜 갖는 '5%의 원칙'을 지키면 행복하다.

교훈 위세적선, 생각하다.

실천 나는 매사에 5% 더 열심히 하고 양보해야겠다.

오대식 씨는 누구에게도 말은 안 했지만, 자기 스스로를 '5프로 씨'라고 부르고 5%의 원칙을 지킨다.

5프로 씨는 영업부에 근무할 때 사람들이 기피하는 지역의 담당자를 자청했다. 그리고 스스로에게 말했다.

"5% 덜 가졌다."

그 구역에서 좋은 결과가 나오자 부장이 특별히 불러 칭찬했다. 5프로 씨는 겸손하게 말했다.

"그 구역은 김교운 씨가 맡았던 곳인데 그 사람이 기초를 잘 다져 놓았기 때문에 제가 열매를 거둔 것입니다."

구매과로 옮긴 후에는 납품업자가 오면 반드시 자리에서 일어나 응대했다. 밖에서 납품업자와 밥을 먹거나 차를 마실 때는 싸워서라도 반드시 자기가 돈을 냈다.

과장 승진 기회가 오자, 그는 부장을 찾아가 자기 동료를 추천했다.

"부장님, 이번에 저를 추천하시면 같은 학교 선후배끼리 서로 봐준다는 말을 들을 수 있습니다. 그 대신 박 팀장을 밀어 주십시오. 그도 열심히 일하는 훌륭한 사람입니다."

이때쯤 되자 5프로 씨는 직장 안팎에서 좋은 사람이라는 평이 자자하게 되었다.

10년이 흐르자 그는 회사에서 인덕 있는 사람으로 인정받게 되었다.

후배들이 말했다.

"오대식 선배는 좋은 분이야. 나는 그분을 존경한다."

동료들이 말했다.

"오대식, 일도 잘하고 인격자야. 그 친구 옆에 가면 향기가 난다구."

사장이 말했다.

"오대식, 정말 믿을 수 있는 사람이지. 언제나 자기 개인의 이익보다 회사를 먼저 생각해. 그 사람에게는 무엇이든 믿고 맡길 수 있어."

회사에 들어와 15년째 되던 어느 날, 옛날 개발부에서 나가 벤처회사를 차린 후배들이 그에게 자기네 회사 사장으로 와 달라고 요청했다.

"저희 회사에 와서 대표이사를 맡아 주십시오. 우리 제품은 이제 호평을 받기 시작했습니다. 기술은 자신 있는데 경영을 아는 분이 필요합니다. 저희가 의논한 결과, 오 선배님을 모시면 좋겠다고 만장일치로 결정했습니다."

그는 사장과 상의했다.

"그 친구들, 아이디어가 괜찮아. 나도 후원하고 있어. 자네가 우리 회사를 떠난다는 것은 큰 손실이지만, 그 회사로서는 자네가 맡아 주면 더 이상 바랄 게 없겠지."

5프로 씨가 그 회사 사장이 되자, 여기저기서 그의 인격과 능력을 믿는 사람들이 투자하겠다고 나섰다. 회사는 크게 성공했다. 더 중요한 사실은 그를 존경하는 사람들에게 둘러싸인 그의 인생이 행복했다는 것이다.

핵심	평소 5%씩 양보한 사람이 나중에 크게 성공한다.
교훈	위세적선, 양보하자.
실천	나는 먼 훗날을 바라보며 매사에 5%씩 양보하겠다.

• 아름다운 2등 •

2010년 중국 국제마라톤대회의 가장 아름다운 경기 이야기다.

케냐의 마라톤 선수 재클린 키플리모Jacqueline Kiplimo는 우승 후보였다. 키플리모는 열심히 달리던 도중에 코스 10km 지점에서 두 손이 없는 중국인 선수가 목말라 하는 것을 보았다. 그녀는 그 장애인 선수에게 물을 먹였다. 38km까지 가는 사이에 물 공급 테이블마다 들러 여러 번 물을 먹는 것을 도왔다.

결국 키플리모는 1등을 놓치고 2등으로 경기를 끝냈다. 그리고 1만 달러의 상금을 손해 봤다. 그녀는 "다시 같은 상황이 와도 같은 행동을 할 것"이라면서 오히려 그 중국 선수를 걱정했다.

남을 위해 내가 손해를 보는 것은 참으로 실천하기 힘든 선행이다.

핵심 재클린 키플리모는 자신의 우승보다 남을 돕는 길을 택했다.

교훈 위세적선, 생각하다.

실천 나는 주위의 어려운 이웃을 찾아 내가 손해 보더라도 일주일에 한 번씩 돕겠다.

• 주는 사람, 받는 사람, 맞추는 사람 •

사람들은 보통 양보하면 남에게 이용만 당하여 낙오자가 될 것이라고 생각한다. 과연 그럴까?

펜실베이니아대학 아담 그랜트Adam Grant 교수는, 남을 위하면서 사는 사람이 그렇지 않은 사람에 비해 성공하기 쉬운지, 실패하기 쉬운지 연구했다. 그는 사람을 주는 사람giver, 받는 사람taker, 맞추는 사람matcher(주는 것만큼 받는 사람) 등 세 부류로 나눴다. 그리고 실제로 많은 사람의 사례를 조사해 어떤 부류의 사람이 더 성공적인 삶을 사는지 연구했다.

그 결과, 가장 성공한 사람들은 주는 사람이었고, 가장 실패한 사람도 주는 사람이었다. 그중에서 성공한 주는 사람은 나쁜 사람들을 아예 상대하지 않는 사람들이었다. 실패한 주는 사람은 사람을 가리지 않고 모두에게 무골호인無骨好人 노릇을 한 사람들이었다.

핵심 사람은 주는 사람, 받는 사람, 맞추는 사람으로 나눌 수 있는데, 가장 성공하는 사람은 나쁜 사람은 거르고 주는 사람이다.

교훈 양보하자, 위세적선.

실천 나는 나쁜 사람은 가리고 주는 사람이 되겠다.

가네다가 재미있는 사업 아이디어를 가지고 나를 찾아왔다. 그의 이야기를 자세히 들어 보니 전망이 매우 밝아 보였다.

야마시다라는 친구는 평소에 정보산업에 투자하고 싶다고 말했기 때문에 야마시다에게 그 사업에 투자하라고 권유했다. 나의 사업 설명을 들은 야마시다는 매우 흥미를 갖고 가네다를 소개해 달라고 했다. 나는 가네다에게 일이 잘될 것 같으니 야마시다를 만나 보라고 했다.

며칠 뒤에 야마시다로부터 전화가 왔다.

"이 회장님의 말씀을 들은 뒤에 흥미를 갖고 가네다를 만나 보았더니 가네다는 50년을 헛산 것 같았습니다. 50년간 사람에 대한 투자가 너무 없었어요. '가네다의 일이라면 무조건 신용할 수 있다'는 친구가 가네다 주위에 적어도 셋 정도는 있어야 하는데, 그런 사람이 없는 것 같았습니다. 아무리 아이디어가 좋아도 그런 사람이 사업한다면 성공적으로 해낼 것 같지 않아 저는 투자하지 않기로 했습니다."

"사람에게 투자한다"는 말은 주위 사람들이 칭찬하며 믿고 따르도록 처신한다는 말이다.

내가 남을 배려하고 남을 돕고 남의 입장을 생각하면, 그 사람들은 자기 주위 사람들에게 내 말을 좋게 한다. 이런 일이 10년, 20년 쌓이면 내 주위에는 나를 좋아하는 사람들로 가득 찬다. 이런 상태를 "사람에게 투자해 이자가 많이 늘어난 상태"라고 한다.

핵심 사람에 대한 투자는 중요하다.

교훈 생각한다, 위세적선.

실천 나는 오늘부터 주위 사람들에게 투자해 10년 후 나를 좋아하는 사람이 가득하게 하겠다.

• 우리 집 가훈, 지고 밑져라 •

경상북도 영덕 나랏골에 오래된 고택 충효당이 있다. 우리가 1497년부터 오늘날에 이르기까지 19대에 걸쳐 살아 온 집이다. 이 집의 특징은 미완성인 채로 500여 년간 버텨 왔다는 것이다. 천장 마무리를 하지 않았고, 문간채가 없으며, 담의 문도 없었다.

이 미완성의 집은 조상들이 후손에게 남긴 교훈을 보여 준다. 무엇이든 여유를 두고 끝까지 가지 말라는 것이다. 돈이 있다고 끝까지 사치하지 말며, 기운이 있다고 끝까지 권세를 부리지 말며, 재주가 있다고 끝까지 잘난 척하지 말며, 항상 겸손하게 검소하게 살라는 것이다.

어릴 적 나는 할아버지에게 "지고 밑져라"라는 교훈을 들었다. 그때는 그 말씀의 뜻을 잘 몰랐다. 어른이 돼서야 그 말이 무슨 뜻인지 깨달았고, 인생을 사는 데 큰 힘이 되었다.

그래서 내가 창립한 삼보컴퓨터 신입사원들에게 이 보배 같은 교훈을 들려주었다.

"나는 시골에서 태어나 농업고등학교를 졸업했고, 대학에서 물리학을 전공했습니다. 그래서 사업할 때 친척, 선후배, 친구의 도움을 받을 수 없었습니다. 그런데도 사업에 성공한 것은 할아버지의 가르침이 큰 힘이 되었습니다. 할아버지는 나에게 '지고 밑져라'라고 가르치셨습니다.

사람들은 자기 이익을 따라 살아갑니다. 그런데 그 범위가 문제입니다. 어떤 사람은 당장 그 자리에서 이익을 취하려 합니다. 또 어떤 사람은 40년, 60년을 내다보며 지고 밑질 줄 압니다.

나는 살면서 할아버지의 교훈을 지키려 노력했습니다. 그렇게 10년, 20년이 흐르자 내 주위에 나를 좋아하는 사람들이 모였습니다. 어떤 후배는 좋은 아이디어가 있는데 나와 파트너가 되고 싶다고 했고, 어떤 친구는 여유 자금이 있는데 내 사업에 투자하고 싶다고 했지요. 이 사람들을 엮으면 사업이 되는 것입니다.

여러분도 우리 할아버지의 교훈을 받아들여 눈앞의 이익만 추구하지 말고 미래에 투자하기를 바랍니다."

핵심 인생은 넓고 길게 보아야 성공할 수 있다.

교훈 지고 밑져라.

실천 나는 눈앞의 이익보다 평생 이익을 취하는 방법을 생각하겠다.

• 진정한 승자 •

나는 과거에 친구들과 함께 학원을 운영한 적이 있다. 그때 사람들은 “친구와 동업하면 싸우기 마련”이라며 말렸다.

나는 친구와 동업하면 왜 싸우는지 곰곰이 생각해 보았다. 그 이유는 경영인이 회사에서 얻은 이익을 개인의 몫으로 돌리려 하기 때문인 듯했다. 가족끼리 밥을 먹고도 회사에 청구하고, 값이 비싼데도 친척의 물건을 구매하여 눈앞의 이익만 추구하면서 회사에 손해를 끼치는 것이다.

그래서 나는 최대주주이자 경영인인 내가 손해 보고 밑지기로 결심했다. 학원이 수익을 올리지 못하는 동안에는 주주들이 학원 일로 모여 식사할 때 내 돈으로 부담했다.

학원을 개원하고 빚을 낼 때도 동업자들에게 부담을 주지 않고 내가 모든 책임을 지며 사채를 빌렸다. 학원 개원 초, 학원 수익이 적어 주주들이 직원들의 특별수당을 지급할 때도 나는 앞장서서 내 몫보다 더 많이 냈다.

날이 갈수록 동업자들과 나는 학원을 경영하기 전보다 더욱 친해졌다. 마침내 학원은 크게 번창하였다. 동업자들이 경영책임자인 내가 손해 보면서 학원을 위한다는 것을 알고 적극적으로 도와주었기 때문이다.

사람들과 사이좋게 세상을 살아가는 원리는 어려운 것이 아니다. 남에게 양보하고 밑질 줄 알면 된다. 나는 학원사업을 하면서 “지고 밑져라”라는 우리 집 가훈이 얼마나 위대한 힘을 발휘하는지 가슴 깊이 느꼈다. 어릴 때는 이것이 인간의 마땅한 도리라고 생각했다. 그러나 사회생활을 통해 멀리 보는 눈이 생기면서, 이것이 손해 보는 패자의 길이 아니라 높고 맑은 진정한 승자의 길임을 깨달았다.

아이들에게 양보하고 희생하는 법을 가르치려면, 우선 긴 안목에서 인생을 보면 그것이 유익하다는 확신을 갖게 해야 한다. 이를 공식으로 가르치는 것도 유용한 방법이다.

작은 손해 + 작은 손해 + 작은 손해 + 작은 손해 = 큰 이익

이 공식은 얼른 납득하기 힘들 것이다. 이 책을 읽어 가면서 그 타당한 이유를 이해하게 되기를 바란다.

핵심 남에게 양보하고 밑지는 것이 진정한 승자의 길이다.

교훈 양보하자, 위세적선.

실천 나는 매사에 5%씩 양보하겠다.

• 안중근 어머니의 편지 •

사형선고를 받은 아들 안중근에게 쓴 조마리아 여사의 편지 전문이다.

> 네가 만약 늙은 어미보다 먼저 죽은 것을 불효라 생각한다면, 이 어미는 웃음거리가 될 것이다.
>
> 너의 죽음은 너 한 사람 것이 아니라 조선인 전체의 공분公憤을 짊어지고 있는 것이다. 네가 항소를 한다면 그것은 일제에 목숨을 구걸하는 짓이다. 네가 나라를 위해 이에 이른즉 딴 맘 먹지 말고 죽어라.
>
> 옳은 일을 하고 받은 형刑이니 비겁하게 삶을 구하지 말고, 대의를 위해 죽는 것이 어미에 대한 효도이다.
>
> 아마도 이 편지가 이 어미가 너에게 쓰는 마지막 편지가 될 것이다. 여기에 너의 수의壽衣를 지어 보내니 이 옷을 입고 가거라.
>
> 어미는 현세에서 너와 재회하기를 기대치 않으니, 다음 세상에는 반드시 선량한 천부賤夫의 아들이 되어 이 세상에 나오너라.

안중근 의사는 어머니에게 천국에서 만나자는 가슴 아린 답장을 보냈다. 뤼순 감옥에서 사형당했을 당시 그의 나이가 31세였다.

핵심 안중근 의사 어머니는 아들의 죽음 앞에서 의연한 모습을 보였다.

교훈 애국애족.

실천 나는 독립을 위해 목숨을 바친 선열과 그 가족에게 감사하겠다.

• 칼레의 용감한 시민 •

도버해협에 있는 프랑스의 도시 칼레 시청 앞에는 오귀스트 로댕의 걸작 〈칼레의 시민〉이 서 있다. 수많은 관광객이 찾고 감탄하는 이 작품은 감동적 사연을 갖고 있다.

14세기 백년전쟁 때 일이다. 영국 군대가 칼레를 11개월간 포위하자 먹을 것이 없어진 칼레는 항복 의사를 전했다. 영국 왕 에드워드 3세는 처형할 칼레 대표 6명을 내놓으면 항복을 받아들이겠다고 했다.

칼레는 여섯 사람을 뽑는 것이 문제였다. 이때 가장 부자인 오스티슈드 생 피에르가 스스로 처형을 당하겠다고 자원하고 나섰다. 이어 저명인사 5명이 목숨을 바치겠다고 나섰다.

이것은 수많은 시민을 구하기 위해 자기 목숨을 바친 이들의 고귀한 희생 이야기다. 이들은 영국 왕이 시킨 대로 목에 밧줄을 걸고 끌려갔다. 이 광경을 로댕이 청동상으로 형상화하여 만고의 명작이 되었다. 죽음을 자처한 6명이 부자이고 권력자였다는 일화 덕분에 '노블리스 오블리주'의 상징이 되기도 했다. 영국 왕비의 간청으로 이 의인들은 다행히 처형을 면했다.

핵심	프랑스 칼레의 지도층이 나라를 위해 자진해 목숨을 내놓았다.
교훈	애국애족.
실천	나는 우리나라의 의병과 독립투사들에게 감사편지를 쓰겠다.

3

남의 말을 경청하자

경청傾聽, 즉 귀 기울여 잘 듣는 것은 상대방의 마음을 열고 진정한 소통을 가능하게 하는 출발점이다. 가정과 사회, 직장에서 다른 사람과 더불어 잘 살아가기 위해 필요한 가장 기본적인 토대이기도 하다.

다른 사람의 말을 잘 들으려면 우선 우리의 태도부터 바꾸어야 한다. 남의 말을 듣는 태도는 4단계가 있다. 1단계에서는 남의 말을 가만히 듣는다. 2단계에서는 고개를 끄덕거리면서, "그랬어?", "그랬구나", "음", "다음엔 … " 등의 맞장구를 친다. 3단계에서는 상대방이 한 말을 반복하거나 요약한다. 4단계에서는 말하는 사람의 입장에서 그 심정이나 처지를 이해하는 태도를 취한다.

우리가 남의 말을 들을 때 이러한 태도를 습관화하고 실천하면 대화의 질이 향상되고, 인간관계도 훨씬 좋아질 것이다.

• 경청하지 않는 대화 •

사람들은 귀가 있으면 다 말을 들을 줄 안다고 생각한다. 그렇지 않다. 남이 말하면 정성 들여 잘 들어야 하는데, 이를 지키는 사람은 드물다.

다음은 남의 말을 들을 줄 모르는 사람들의 대화이다.

바다는 옷가게에 가서 점원에게 청바지를 골라 달라고 요청했다.

"청바지를 하나 사러 왔는데 좋은 것으로 추천해 주세요."

"이것 한번 입어 보세요. 요새 유행하고 잘나가는 거예요."

"이 바지는 너무 끌리는데요. 제 다리 길이에 맞는 것으로 보여 주세요."

"이게 더 좋아요. 이것보다 더 짧으면 촌스럽게 보여요."

바다는 그 옷가게에 다시는 가지 말아야겠다고 생각했다. 점원이 손님의 의견은 들어 볼 생각을 하지 않고 일방적으로 자기주장만 하는 것이 싫었다.

이것은 점원이 손님의 요구 사항을 경청해야 한다는 기본적 매너를 지키지 않은 대화이다.

하늘이는 중간고사를 보고 시무룩한 표정으로 집에 돌아왔다.

"엄마 오늘 … ."

엄마는 하늘이가 말할 기회도 주지 않고 쏘아붙였다.

"너 오늘 학교에서 시험 망친 거지? 어제 늦게까지 텔레비전을 볼 때 내가 알아봤지."

이것은 엄마가 아이 사정을 들으려고 하지 않고 일방적으로 판단하고 공격하는 대화이다.

가람이는 할머니와 단둘이 살고 있었다. 할머니는 가람이에게 신체가 건강한 것이 큰 행복임을 자주 말씀하신다.

"가람아, 너는 팔다리가 아프지 않다는 것이 얼마나 행복한 것인지 아니?"

"할머니 또 시작이네. 어제는 눈이 밝은 것이 행복이라고 하시더니. 경희네 할머니는 할머니보다 더 연세가 많은데도 그런 말씀을 안 해요. 할머니 팔이 아프신 것은 약도 없고 그것 때문에 생명에 지장이 있는 것도 아니라면서요?"

이것은 아이가 어른 말씀을 경청하지 않을 뿐만 아니라 역지사지도 하지 않은 대화이다.

핵심	상대방의 말을 제대로 듣지 않으면 진정한 대화가 이루어질 수 없다.
교훈	경청하자.
실천	나는 친구와 대화할 때 건성으로 듣지 않고, 말을 잘 들었다는 반응을 보이는 연습을 해보겠다.

• 경청하는 대화 만들기 •

상대방의 말을 경청하고 이해하며 공감하는 태도를 보이면 대화가 한층 원활해지고 대화하는 사람들 간의 관계도 개선될 수 있다. 여기서 경청하지 않는 대화를 경청하는 대화로 바꾸어 보면서 어떤 점을 유의해야 할지 알아보자.

우선 아버지와 아들이 서로 말을 듣지 않는 경우, 즉 경청하지 않는 대화를 살펴보겠다.

"아버지, 이번 주말에는 산이네 시골 농장에 다녀올래요."

"안 돼."

"아버지, 보내 주세요. 저랑 친한 친구들은 전부 간단 말이에요."

"안 돼! 무조건 안 되니까, 그렇게 알아."

이 대화를 경청하는 대화로 바꾸어 보자. 즉, 아버지와 아들이 서로의 말을 귀 기울여 듣고 상대방 입장을 이해하는 태도를 취하면 다음과 같이 대화가 변화한다.

"아버지, 이번 주말에는 산이네 시골 농장에 다녀왔으면 하는데 괜찮겠지요?"

"괜찮지 않아. 안 가는 게 좋겠어."

"아버지, 저의 성적을 걱정하고 계시는 거죠?"

"그래. 요즘 너의 성적이 떨어지고 있잖니. 마음이 풀어진 탓이야.

딴생각 말고 공부에 열중하란 말이다."

"아버지, 죄송해요. 제가 요새 장편소설에 빠져 학교 공부를 소홀히 했어요. 제가 마음만 먹으면 해낼 수 있다는 것을 아버지도 잘 아시잖아요. 이번에 놀러갔다 와서는 다시 바짝 정신 차리고 열심히 할게요."

"그래, 너같이 머리 좋은 애가 빈둥거려 속상했는데 결심했으면 됐어. 좋아, 열심히 하기로 약속했다. 그럼 다녀와."

이것은 경청을 통해 아들이 아버지의 걱정을 이해하고 아버지가 아들의 마음을 생각하면서 원활한 소통이 이루어진 대화이다.

이처럼 경청은 사람들의 마음을 잇고 진정한 대화가 이루어지게 한다.

핵심 서로 경청하면 진정한 대화가 이루어질 수 있다.

교훈 경청하자.

실천 나는 친구와 대화할 때 친구 감정에 공감하는 말을 하겠다.
나는 부모님과 대화할 때 부모님 입장을 헤아리는 말을 하겠다.

• 말을 듣는 태도의 중요성 •

초등학교 3학년생인 바다가 저녁식사를 하면서 형들에게 학교에서 겪은 일을 말했다.

바다 오늘 학교에서 성미가 내 연필을 꺾어서 마당에 던졌어.

산 그래? 네가 먼저 약을 올렸겠지. 네가 먼저 남에게 잘해 봐라. 성미가 왜 그랬겠니?

바다 난 잘못한 게 없단 말이야. 형은 언제나 내가 잘못했다고 그래.

옆에서 듣고 있던 큰형 하늘이가 바다를 옆방에 불러 놓고 조용히 말을 걸었다.

하늘 성미가 너의 연필을 부러뜨렸어? 그러면 안 되지. 너는 무척 화가 났겠구나. 나라도 친구에게 그런 일을 당했다면 화가 나지.

바다 난 그 자리에서 한 대 치려다 겨우 참았어.

하늘 참 장하다. 만일 네가 한 대 때리기라도 했으면 큰 사건이 될 뻔했잖아. 그럴 때 참는다는 것은 정말 힘든 일인데, 정말 어른스럽게 처신했구나. 성미도 너의 그 태도를 보고 자기가 한 일을 부끄럽게 생각했을 거야. 성미와 너는 친한 사이 아니니? 왜 성미가 갑자기 너에게 그런 짓을 했을까?

바다 우주와 내가 장난치고 있었는데 우주가 날 떠밀어서 넘어지는 바람에 물병이 넘어져 성미 공책이 젖었어. 그건 고의가 아니었단 말이야. 내일 학교 가면 그 경위를 성미에게 밝힐래.

하늘 네가 만일 순리대로 얘기하면 성미가 사과할 거다.

하늘이는 산이를 불러 말했다.

하늘 산아, 바다가 무슨 얘기하면 첫째, 잘 들어주고, 둘째, 감정을 이해해 줘라. 만일 감정이 상했으면 그 자리에서 야단치지 말고 나중에 조용히 불러 타일러라.

산 야! 형은 꼭 아버지처럼 얘기하네. 그래서 바다가 나랑은 잘 얘기하지 않으면서 형이랑 잘 얘기하는구나.

핵심 상대의 말을 잘 듣고 공감해야 대화가 원활히 이루어진다.

교훈 경청하자.

실천 매일 저녁 일기를 쓸 때 그날 대화를 회상하고 정성을 기울여 남의 말을 들었는지 적어 보겠다.

4

신의를 지키자

신의信義를 지킨다는 것은 남이 믿을 수 있는 사람이 된다는 것이다. 우리나라는 예로부터 임금과 신하, 부부, 부모·자식, 친구 간의 신의를 중시했다. 《삼강오륜》三綱五倫을 중시하여 이를 국가와 사회를 지탱하는 기본 윤리라고 보았다.

현대사회는 신용사회로 신의의 의미가 더욱 확장되었다. 신용카드 한 장이면 무엇이든 살 수 있고, 신용만 있으면 돈을 빌릴 수 있다. 회사의 윤리 수준도 한층 높아져 학벌이나 집안이 좋아도 믿을 수 없는 사람은 제대로 회사생활을 할 수 없다. 경영인이나 정치인을 평가할 때도 인적 자본이나 금전자본 못지않게 신뢰자본을 중시한다.

신의를 지키면 개인의 신용이 올라가고 사람 사이의 유대감이 높아져 우리 사회를 더욱 굳건하게 만든다. 일상생활에서 우리가 신의를 실천하려면 약속을 지키고, 거짓말하지 않으며, 비밀을 지키고, 배반하지 않는 태도를 습관으로 만들어야 한다.

• 흔한 사람, 귀한 사람 •

옛날 어떤 임금과 신하의 문답이다.

"흔한 게 무엇이냐?"

"사람입니다."

"드문 게 무엇이냐?"

"사람입니다."

벼슬하려고 오는 사람은 많은데, 쓸 만한 사람은 귀하다는 뜻이다. 회사도 마찬가지다. 높은 자리에 오르고 싶어 하는 사람은 많은데, 사장 입장에서 보면 쓸 만한 사람은 흔치 않다.

사람 중에서 가장 귀한 것은 신의를 지키는 미더운 사람이다. 전적으로 믿을 수 있는 그런 사람을 세상에서는 목마르게 찾고 있다. 영어를 잘하는 사람이나 과학이나 경영학에 정통한 사람은 많다. 그러나 믿을 만한 사람은 드물다. 그래서 믿음직한 사람은 귀중한 사람으로 대접받는 법이다.

핵심 세상에는 믿음을 주는 사람이 매우 드물다.

교훈 신의를 지키자.

실천 나는 당장 손해나는 일이 있어도 반드시 신의를 지키겠다.

• 돈보다 의를 생각하다 •

옛날에 돈보다 의를 중시하는 홍 씨라는 사람이 살았다.

어느 날 홍 씨가 이 씨의 집을 샀다. 홍 씨는 그 집에 들어가기 전에 집수리를 하면서 기둥 밑에 누군가 숨겨 둔 은화 3천 냥을 발견하였다. 3천 냥은 그때 가치로 큰돈이었다. 큰 행운이 들어온 것이다.

홍 씨는 정직한 사람이었으므로 그 돈은 자기가 갖는 것은 도리가 아니라고 생각했다. 그래서 원 집주인인 이 씨에게 그 돈을 가져가게 했다. 이 씨도 정직한 사람이라 자기가 묻어 둔 것이 아니라며 그 돈을 받기를 거절했다.

홍 씨는 결국 이 돈을 관가에 가져가 처분해 줄 것을 요청했다. 이 이야기를 들은 임금은 그 돈을 두 사람이 나누어 갖게 하고 두 사람에게 관직을 내렸다.

핵심 돈을 보면 먼저 의를 생각하는 것이 도리이다.

교훈 견리사의見利思義(눈앞의 이익을 보면 의리를 먼저 생각하라).

실천 나는 이익을 보면 의리를 먼저 생각하겠다.

• 참다운 보배 •

중국 송나라 때 이야기다. 희귀한 보석을 가진 어떤 사람이 당시 높은 벼슬에 있던 자한에게 자신의 보석을 바치러 갔다.

청렴하고 고결한 인품을 지닌 자한은 이를 거부하며 말했다.

"당신은 보석을 보배로 여기지만, 나는 탐내지 않는 마음을 보배로 여깁니다. 내가 이 보석을 받으면 우리 둘 다 보배를 잃어버리는 것이 되지 않겠습니까?"

핵심 양심은 보석보다 소중한 보배다.

교훈 정직하자, 견리사의.

실천 나는 지금까지 부당한 이익을 취한 적이 없었는지 반성하겠다.

• 돈보다 큰 재산 •

박병호는 가난한 집에서 태어나 일찍이 두 주먹만 쥐고 서울로 올라왔다. 처음에 숙식만 해결하는 조건으로 옷감을 도매하는 가게에 들어갔다. 그는 성실하게 일했다. 월급은 못 받았지만 일을 배우는 것이 재미있었다.

어느 날 주인이 가게를 비운 사이에 옷감을 팔았는데, 나중에 계산해 보니 돈을 조금 더 받은 것을 알게 되었다. 그는 주인에게 이 사실을 알리고 그 돈을 돌려주려고 나섰다.

주인은 병호를 말렸다.

"이미 날이 어두워졌네. 그 사람은 다음에 또 물건을 사러 올 테니, 그때 주면 되지 않겠나."

"안 됩니다. 그 아저씨가 어떤 사정으로 안 올 수도 있잖습니까? 그보다도 잘못을 알았으면 한시도 지체하지 않고 바르게 고쳐야죠."

그는 이미 어두워진 거리로 뛰어나갔다. 전화가 없던 시절이니 직접 발로 뛸 수밖에 없었다.

한때 경성방직에서 나오는 옷감이 귀해 시중에서 구하기 어렵던 때가 있었다. 어떤 사람이 그에게 부정한 거래를 제안했다.

"경성방직 원단을 세 필만 주면 물건 가격의 20%를 자네에게 주겠네. 힘 좀 써 주게."

그는 사장에게 물었다.

"사장님, 뇌물로 유혹하는 사람은 앞으로 상대하지 말고 거래를 끊는 것이 옳습니까? 뇌물을 받아 회사의 수익을 올리는 것이 옳습니까?"

그는 이처럼 만사를 명백하게 사장에게 밝혔다. 사장은 그가 절대로 남의 눈을 속이거나 거짓말하지 않을 것이라고 신뢰했다. 훗날 그는 사장의 후원으로 큰 사업가가 되었다.

박병호는 신의를 지킨 사람이다. 세상은 이런 사람에게 기회의 문을 활짝 연다. 아이들에게 믿음이 인간관계의 근본이라는 가치관을 심어 주어야 한다.

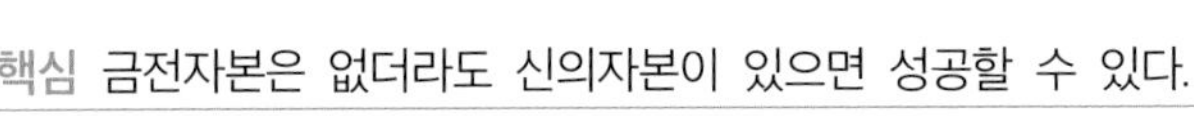

핵심 금전자본은 없더라도 신의자본이 있으면 성공할 수 있다.

교훈 신의를 지키자.

실천 나는 금전자본뿐만 아니라 신뢰자본을 쌓아 믿을 수 있는 사람으로 인정받겠다.

• 간디의 언행일치 •

간디는 인도 국민에게 '위대한 영혼'이자 '건국의 아버지'로서 존경받는 인물이다.

어느 날 한 부인이 아들을 데리고 찾아와 간디에게 부탁했다.

"선생님, 우리 아이가 설탕을 너무 많이 먹어서 걱정입니다. 제가 아무리 타일러도 말을 듣지 않습니다. 저 아이가 선생님을 무척 존경하기 때문에 선생님께서 말씀하시면 들을 것 같습니다. 설탕을 먹지 말라고 한 말씀만 해주십시오."

"보름 뒤에 다시 오세요"

간디는 아이에게 아무 말도 안 하고 부인을 돌려보냈다.

보름 뒤에 부인과 아이가 다시 오자 그제야 간디는 그 아이를 보고 말했다.

"설탕을 많이 먹으면 몸에 해로우니 설탕을 먹지 말아라."

부인이 물었다.

"왜 그 말씀을 보름 전에 하지 않으셨습니까?"

간디는 대답했다.

"그때는 나도 설탕을 먹고 있었거든요."

간디는 자기가 못하는 일을 남에게 하라고 말하지 않았다. 그것은 거짓말이기 때문이다.

핵심 간디는 자기가 실천한 일만 남에게 권했다.

교훈 정직하자.

실천 나는 무심코 한 거짓말 5가지를 써 보고 반성하겠다.
나는 지키지 못한 약속 5가지를 써 보고 반성하겠다.

• 최고의 광고 전략 •

한 우산 회사에서 제작 과정 중 실수로 결함 있는 우산을 만들었다. 회사는 할 수 없이 이것을 바겐세일로 처분하려 했으나 도무지 팔리지 않았다.

그러나 모 광고회사가 이 우산을 인수해 판매를 시작하자 날개 돋친 듯 삽시간에 팔렸다. 과연 그 비결은 무엇이었을까? 그 광고회사는 이 상품을 팔기 위해 다음과 같은 광고문을 신문에 게재했다.

"흠이 있는 우산을 싼값에 팝니다. 하지만, 사용하기에는 불편이 없습니다."

광고는 사실을 있는 그대로 정직하게 밝혔다. 고객을 구름처럼 몰려들게 한 것은 다름 아닌 정직의 힘이었다.

핵심 정직은 사람의 마음을 움직이는 강력한 광고 전략이다.

교훈 정직하자.

실천 나는 앞으로 정직하게 말하여 사람을 설득하겠다.

• 영광스러운 패배 •

세계탁구대회 남자 챔피언을 가리기 위해 중국 선수와 독일 선수가 대결했다. 팽팽한 접전 끝에 양쪽이 3세트씩을 이겨 일곱 번째 세트에서 결판을 내기로 했다. 그러나 우열이 뚜렷이 가려지지 않아 13 대 12까지 가서 한 점만 더 따면 독일이 이기는 상황이 되었다.

장내는 일제히 숨을 죽이고 결과를 지켜보고 있었다. 탁구공은 몇 차례 오고가기를 반복했다. 그러다가 기회를 잡은 중국 선수가 힘차게 스매싱을 먹였다. 공은 테이블을 벗어났다. 독일 응원단은 일제히 함성을 지르고 독일 코치는 뛰어나와 환호했다.

이때 독일 선수는 자신에게 불리한 증언을 했다.

"아닙니다. 탁구공이 아슬아슬하게 테이블을 스치고 지나갔습니다."

심판도 못 보고 중국 선수도 못 봤으나 그는 봤기 때문에 양심적으로 말한 것이다.

경기는 계속되었고 결국 독일 선수가 지고 말았다. 그러나 사람들은 챔피언보다 독일 선수에게 더 열렬한 박수를 보냈다. 그는 거짓 챔피언의 영광보다 양심적 패배를 택했다. 만일 그가 진실에 눈을 감고 이겼다고 했다면 평생 양심의 가책을 받았을 것이다.

핵심 거짓으로 이기는 것보다 양심을 지키는 패배가 더 가치 있다.

교훈 정직하자.

실천 나는 승패에 집착하기보다 양심을 지키면서 살겠다.

• 양심의 가책 •

KBS 드라마 중에 양심의 가책으로 괴로워하는 회장 이야기가 있다.

한 간호사가 부자 회장 집에 매일 가서 건강을 돌봐주었다. 하루는 회장이 봉투를 건네주면서 말했다.

"너무 잘해 줘서 고마워."

"아닙니다."

"내 성의를 무시하면 화낼 거야."

간호사는 거절했지만 회장은 억지로 손에 쥐어 줬다.

간호사가 현관을 나오면서 봉투 속에 있는 수표를 꺼내 봤다. 엄청난 거금이 들어 있었다.

간호사는 직감적으로 느꼈다.

'아차! 큰일 나겠구나.'

그녀는 회장 방에 전속력으로 달려가 목을 매기 직전의 회장을 발견했다. 두 손으로 그의 다리를 잡고 비서를 불러 가까스로 생명을 구했다.

나중에 회장이 간호사에게 말했다.

"공연한 짓을 했어. 그대로 뒀어야 편했는데."

간호사는 회장을 나무랐다.

"그런 법이 어디 있습니까? 회장님보다 못한 수많은 사람이 어려움을 헤치면서 살아가는데요."

회장은 괴로운 표정으로 지난날을 고백했다.

"나는 젊을 때 내 이익 때문에 사람을 죽였어. 그리고 그 죄를 내 밑에 있는 젊은 사람에게 뒤집어씌웠다네. 그 뒤에 그 젊은 사람의 가족이 비참하게 됐어. 나는 사업도 잘되고 돈도 많이 벌었지만 죄책감이 평생 나를 괴롭혔네. 아무리 잊으려 해도 안 돼. 사는 것이 죽는 것보다 더 괴롭다고."

이것이 사람의 양심이라는 것이다. 못된 짓을 하면 당장은 큰돈을 벌더라도 평생 양심의 가책을 받으면서 살게 된다. 양심의 가책이란 양심을 어기는 행동을 하면 그 양심이 평생 자기를 괴롭히는 것이다.

만일 아이들에게 이것을 가르치지 않으면, 나중에 어른이 되어 '돈이 생긴다면 무슨 일이든 하겠다'는 무서운 가치관을 가질 수 있다.

핵심 부정하게 살면 성공하더라도 평생 양심의 가책을 받는다.

교훈 정직하자, 견리사의.

실천 나는 부정하게 돈을 벌지 않고 양심을 지키며 살겠다.

• 정직의 가치 •

〈성공 인생〉이란 중국 방송프로그램에 한 청년사업가가 출연했다. 진행자가 젊은이에게 성공의 비결을 묻자 그는 12년 전 프랑스 유학에서 겪은 일을 이야기했다.

그때 그는 일하면서 어렵게 공부했다. 프랑스에서는 지하철을 타도 차표를 검사하는 일이 거의 없었다. 그가 계산해 보았더니 공짜로 승차

했다가 걸릴 확률은 1만 분의 3밖에 되지 않았다. 자기와 같이 가난한 학생은 공짜로 타도 큰 죄가 되지 않는다는 핑계를 만들어 그는 무임승차를 하곤 했다.

그는 열심히 공부한 덕에 우수한 성적으로 학교를 졸업한 다음 유수의 기업에 입사 지원을 했다. 그러나 의외로 불합격 통지를 받았고, 바로 회사에 낙방한 이유를 묻는 편지를 썼다.

그가 받은 답장은 다음과 같았다.

"당신의 기록을 조사했더니 공짜로 차를 타다 적발된 사실이 세 차례 있었습니다. 두 가지 이유로 당신을 채용하지 않았습니다. 첫째, 당신은 규칙을 지키지 않았습니다. 둘째, 당신은 신용할 수 없습니다."

그는 이어서 말했다.

"나는 귀국 후 철저히 정직을 지켰습니다. 그것이 나를 성공하게 한 것입니다. 정직은 지식의 부족함을 메울 수 있지만, 지식은 정직의 부족함을 메울 수 없습니다."

핵심	부정한 이익보다 정직함을 추구하는 것이 성공의 길이다.
교훈	정직하자, 견리사의.
실천	나는 힘들더라도 정직한 방법으로 일하겠다.

• 못 믿을 사람 •

김현수 씨는 밤낮 잔머리를 굴린다. 일이 생길 때마다 어떤 것이 당장 유리한지 재빠르게 계산할 뿐만 아니라, 자기에게 유리하게 말을 꾸며 댄다.

그래서 사람들은 그의 말을 그대로 받아들이지 않고 '이 친구 속마음은 무엇일까?'라고 생각한다.

"다음 달에 세계상사에서 우리 기계를 100대 사기로 했어!"

현수 씨가 말하면 제조부서에서는 그냥 믿고 좋아하는 것이 아니라 반드시 의심하고 확인한다.

"저 친구 말은 믿을 수 없어. 그 회사 담당자에게 확인해 봐."

또 현수 씨가 비밀을 지키지 않으리라고 생각하기 때문에 사람들이 중요한 이야기를 할 때 그를 경계하고 피하는 경우도 있다.

"이번에 기막힌 아이디어가 생각났어. 내 얘기 좀 들어 볼래?"

"쉬! 저기 김현수가 온다. 저 친구 조심해라. 우리 회사의 일급비밀을 저 친구가 들으면, 그걸 가지고 경쟁사에 뛰어갈지도 몰라. 경쟁사 월급이 우리보다 높다고 밤낮 노래를 부르고 다녀."

현수 씨는 사람들에게 믿음을 잃었다.

핵심 부정직하고 이기적인 사람은 사회생활에서 신용을 잃는다.

교훈 신의를 지키자.

실천 나는 믿지 못할 사람처럼 행동한 적이 있는지 반성하겠다.

• 양심의 소리 •

인수와 나비는 한 마을에 사는 친한 친구다. 따뜻한 봄날 이 두 친구는 손을 잡고 들길을 걸었다.

인수가 자랑스럽게 말했다.

"어제 바닷가에 놀러갔다가 예쁜 돌멩이를 주웠어. 예쁘지?"

나비가 감탄했다.

"그래 정말 예쁘다. 난 엄마가 이 사탕을 주셨어. 하나 먹어 봐. 정말 맛있어. 네가 가진 돌멩이 전부와 내 사탕 전부를 바꿀래?"

"그래, 좋아."

두 사람은 사탕과 돌멩이를 교환했다. 나비는 자기가 가진 사탕을 전부 주었는데, 인수는 가장 예쁜 돌멩이 하나를 주머니에 숨겨 두고 내놓지 않았다.

그날 밤 나비는 돌멩이를 만지면서 행복하게 잠들었다. 그러나 인수는 양심의 가책으로 편하게 잘 수 없었다.

핵심 남을 속이면 양심의 가책으로 자기가 더 힘들다.

교훈 신의를 지키자.

실천 나는 욕심을 위해 양심을 저버린 경험을 적고 반성하겠다.

5
진심으로 칭찬하자

사람은 누구나 인정받기를 원한다. 배가 고프면 먹는 것 외에 딴생각할 여유가 없지만, 일단 배고픔을 면하면 인정받는 일이 중요해진다. 그러므로 누군가를 칭찬한다는 것은 배고픈 사람에게 식사를 대접하는 것처럼 좋은 일이다.

칭찬을 하면 고래도 춤을 춘다. 사람은 말할 것도 없다. 어른, 아이 할 것 없이 모두 칭찬을 통해 인정받고 사랑받길 원한다. 바쁜 시간을 쪼개 동료를 도와주었는데 그가 아무 말 없이 당연히 받아들이면 섭섭하다. 열심히 공부해서 100점을 맞았는데 엄마가 알아주지 않으면 기운이 빠진다.

각박한 현대사회에서 칭찬은 따뜻한 사회를 만드는 소중한 습관이다. 물론 진실성 없는 입에 발린 말이나 무엇을 바라는 아부는 삼가야 한다. 진심을 담아 사심 없이 하는 칭찬만이 상대방에게 용기와 에너지를 주고 사회를 밝게 만들 수 있다.

기수는 학교 수학시험에서 90점을 받고 무척 신났다. 집으로 뛰어와서 누구에게든지 자랑하고 칭찬받고 싶었다.

형인 대수를 먼저 만났다.

"형, 나 오늘 수학시험 90점 맞았어."

"(보고 있던 책에서 눈을 떼지 않고) 응? 응."

기수는 약간 실망하고, 누나인 정수 방에 갔다.

"누나, 난 수학이 영 안 됐었는데 이번에 90점 맞았다."

"잘했네. 하지만 100점 맞는 아이들이 수두룩하잖아. 좀 더 분발해야겠다."

그 이야기를 옆에서 듣던 엄마가 기수의 마음을 이해한 듯 큰 소리로 말했다.

"기수야, 장하다! 엄마는 너의 90점은 다른 아이들 100점보다 더 귀한 것이라고 생각해. 넌 그사이 수학 정복을 목표로 정해 놓고 꾸준히 노력했어. 60점을 맞다가 90점이 됐으니 크게 발전한 거지. 노력이 열매를 맺었으니 얼마나 소중한 경험이니? 이제 계획을 세워 꾸준히 노력하면 반드시 이룰 수 있다는 것을 확인했으니 다음에는 100점을 맞도록 해보렴."

기수는 이 말을 듣고 말할 수 없이 기쁘고 힘이 났다. 엄마가 자기를 칭찬하고 격려까지 해주었기 때문이다.

핵심 최고의 칭찬은 상대방을 인정하고 격려하는 것이다.

교훈 칭찬하자, 격려하자.

실천 나는 친구가 작은 성취를 해도 인정하고 격려하는 말을 하겠다.

• 칭찬을 먹고 자라는 아이들 •

지수는 학교에서 공부에 흥미를 잃었다. 하나도 제대로 되는 것이 없었기 때문이다. 그러던 어느 날 이변이 일어났다. 미술시간에 자기 손을 그렸더니 미술 선생님이 크게 칭찬했다.

"지수야, 네가 그린 이 그림은 정말 멋있다. 너는 미술에 특별한 소질을 타고난 것 같다."

선생님은 지수의 그림을 높이 들어 아이들에게 보여 주고, 벽에 있는 학급게시판에 붙였다. 지수는 이 칭찬에 고무되어 마음먹고 그림공부를 하여 훗날 유명한 미술가가 되었다.

가람이는 불우한 환경에서 자란 소녀로 매사에 관심이 없었다. 어느 날 상담차 학교에 찾아온 할머니에게 담임선생님은 가람이 칭찬을 했다.

"할머니, 걱정하지 마세요. 가람이는 머리가 정말 좋은 아이입니다. 타고난 소질이 있어요. 지금 공부를 열심히 하지 않아서 그렇지, 기억력도 뛰어나고 이해력도 대단합니다."

선생님 말씀을 우연히 들은 가람이는 놀랐다. 그리고 자기를 돌이켜 보았다. 한 번도 마음먹고 공부한 적이 없는 자신이 부끄러웠다. 그 후 가람이는 몰라보게 달라졌다. 할머니도 선생님도 그런 가람이를 칭찬했다. 가람이는 처음으로 신이 났다.

핵심 칭찬은 아이들이 꿈을 갖고 성장할 수 있도록 도와준다.

교훈 칭찬하자.

실천 나는 친구가 잘하는 일은 칭찬해 그 일을 잘 추진하도록 돕겠다.

• 칭찬과 성공 •

나의 친구 김호길 박사는 매우 훌륭한 사람이었다.

포항이라는 지방도시에 포항공대를 만들어 일류대학으로 자리 잡게 한 장본인이다. 포항공대는 포항제철의 박태준 회장이 설립 이사장이 되고, 김 박사가 초대 총장이 되어서 이룩한 작품이다.

김 박사의 여러 가지 장점 중 하나는 남의 칭찬을 잘한다는 것이었다. 그는 말하기를 좋아해 어디를 가나 큰 소리로 떠들었는데, 대개는 그 자리에 없는 누군가를 칭찬했다. 자연스럽게 그를 좋아하는 사람이 많이 생겼고, 그에 따라 많은 사람이 서로 친해졌다.

그는 미국 버클리에 있을 때, 그곳에 살던 한국 사람들을 모두 서로 친하게 만들었다. 내가 미국에 갔을 때 버클리에서 2주간 머물렀는데, 그사이에 다른 사람들에게 내 칭찬을 많이 하고, 또 나에게는 다른 사람의 칭찬을 많이 해서 나는 그들과 평생 친구가 되었다.

포항공대를 명문대학으로 만든 비결은 다름 아닌 그의 넘치는 인덕과 그를 좋아하는 많은 사람들이었던 것이다.

핵심 김호길 박사의 성공 비결은 남을 칭찬하는 것이었다.

교훈 칭찬하자, 생각하다.

실천 나는 친구가 칭찬받을 일을 하면 여러 사람에게 그것을 알리겠다.

• 칭찬의 효과 •

작은 식당을 경영하는 주인 할머니는 주방 아주머니의 일솜씨가 도무지 마음에 들지 않았다.

할머니는 아주머니가 무슨 일을 하든지 따라다니며 끊임없이 잔소리를 늘어놓았다.

"이 고기는 냉장고의 냉동실에 넣었어야지요."

"그 상추를 한 번만 씻으면 어떻게 해요. 두 번 씻어야지."

"그건 걸레로 닦아야지, 행주로 닦으면 어떻게 해요."

아주머니는 무슨 일을 해도 야단을 맞으니까 점점 적극적으로 하는 일이 없어졌다. 할머니가 무엇을 하라고 하면 수동적으로 마지못해 하는 시늉만 했다.

하루는 경리 보는 젊은 아주머니가 할머니에게 제안했다.

"제가 잔소리 대신에 칭찬만 해볼게요."

그리고 주방 아주머니가 작은 일 하나만 잘해도 크게 칭찬했다.

"아주머니가 만든 이 두부가 참 맛있습니다. 두부 만드는 솜씨만은 아주머니가 세계 제일입니다."

"아주머니, 이 채소 깨끗하게 씻어서 고맙습니다. 음식에 정성이 들어가면 손님들도 그것을 다 압니다."

"아주머니가 몸을 늘 단정하게 하고 계시니까, 우리 식당 분위기까지 밝아지네요. 손님들도 기분 좋게 생각할 것입니다."

아주머니는 신이 났다. 요리하면서 콧노래를 흥얼거렸다. 자기가 할 수 있다고 생각하는 것은 적극적으로 하고 자신이 없는 것은 할머니에게 자주 물었다.

덕분에 할머니는 잔소리를 줄이고 칭찬하는 말을 하기 시작했다.

핵심 사람을 변화시키는 것은 질책이 아니라 칭찬이다.

교훈 칭찬하자.

실천 나는 누군가 나무라고 싶을 때 역으로 칭찬하는 연습을 하겠다.

6

밝은 표정으로 사람을 대하자

우리는 흔히 '즐거운 일이 있어야 웃는다'고 생각한다. 스트레스가 많은 현대사회에서 웃을 일을 찾기란 힘들다며 포기하기도 한다. 한 조사에 따르면, 아이는 하루 평균 300번 이상 웃는 반면 성인은 17번 웃는다.

그런데 근대 심리학 창시자인 윌리엄 제임스William James 하버드대학 교수는 그의 저서 《심리학의 원리》에서 감정이 표정을 만들기도 하지만 표정이 감정을 유도한다고 했다. 즉, 행복해서 웃기도 하지만 웃어서 행복해지기도 하는 것이다.

따라서 늘 밝은 표정을 지으면 특별히 기쁜 일이 없더라도 즐거운 상태를 만들 수 있다. 또한 가족과 친구는 물론이고 동료, 상사, 고객의 기분까지 좋아지게 하여 가정과 직장 분위기를 밝게 만들 수 있다.

밝은 표정을 짓는 습관은 어렵지 않게 만들 수 있다. 거울을 보고 양 입귀를 위로 살짝 들어 올려 미소 지어 보자. 그리고 즐거운 상상을 하면서 크게 웃는 연습을 해보자.

김우주 씨는 보험회사에 입사해 보험설계사가 되었다. 영업 실적에 따라 보수가 정해지는 계약직 판매원이었다. 처음 해보는 일이라 어떻게 실적을 올려야 할지 막막했다.

그는 노련한 선배 아주머니에게 노하우를 물었다.

"제가 들으니 선배님은 웬만한 회사 중역들보다 수입이 높다던데, 저에게 한 수 가르쳐 주십시오. 저는 정말 암담합니다."

"내가 하는 말이 아무리 시시해도 공경하는 자세로 듣고 성의 있게 실현하겠다고 결심하지 않는 한 얘기 안 해."

의외로 아주머니 태도는 엄숙했다.

그는 어떻게 하면 성의가 있다는 것을 증명할 수 있을지 생각했다. 그는 원고지를 사서 한문으로 誠(정성 성) 자를 공들여 적었다. 며칠이 지나자 200자 원고지로 100장 분량이 되었다. 2만 자를 쓴 것이다.

그것을 본 선배는 조용한 곳으로 데려가 말문을 열었다.

"자네는 자네 표정이 어떻다고 생각하는가?"

"별로 생각해 본 적이 없는데요."

"약간 수심에 찬 것 같은 표정이야. 좀 우울한 것 같기도 하고, 자신 없는 것 같기도 하고. 자네가 웃으면 어떤 모습이 되는지 아는가?"

"저는 웃는 모습에 자신이 없어 웃을 때는 손으로 입을 가립니다. 사진 찍을 때, '김치~'를 하라고 해도 애써 입을 벌리지 않습니다."

"자네에게 일러 줄 첫째 교훈은 거울을 보고 크게 웃고, 그 웃음에 자신이 생길 때까지 하루에 30분씩 연습하라는 거야. 한자 誠 자를 썼듯이 열심히 해봐."

그는 誠 자를 2만 자나 써서 얻어낸 이 교훈을 소중하게 생각했다.

며칠 뒤에 두 사람이 다시 만났다.

"우주 씨, 정말 환하게 웃네. 보기 좋은데!"

"선배님 충고에 따르다 보니 여러 가지 사실을 발견했습니다. 저의 웃음이 나쁘지 않다는 것과 일부러 웃어도 어색하지 않고 도리어 마음이 기뻐진다는 것입니다."

"우주 씨, 축하해. 인생을 사는 데 아주 중요한 능력을 배웠어. 다음 과제는 웃으면서 큰 소리로 자기 자신을 칭찬하고 희망이 달성된 상황을 상상하면서 '나는 해냈다. 신난다!'라고 큰 소리로 외쳐 보는 거야."

그는 그날부터 당장 화장실에 가서 거울을 보며 크게 외쳤다.

"우주야, 너는 멋진 사람이다. 우주야, 너는 항상 웃기 때문에 사람들이 너를 보면 호감을 갖는다."

그리고 아침마다 일어나면 자신 있게 말했다.

"나는 항상 밝은 얼굴로 사람을 대한다. 나는 우리 회사 최고의 판매원이다. 나는 매일 열 사람을 만난다. 나는 영업에 성공해서 우리 선배처럼 후배를 지도한다. 나는 영업에 성공해서 벤츠를 산다. 나는 영업에 성공해서 부모님을 모시고 세계 여행을 떠난다. 나는 신난다. 나는 행복하다."

그 후 우주 씨는 활기차고 명랑해졌다. 사람들은 그를 좋아했다. 영업 실적도 놀랄 만큼 좋아졌다.

핵심 밝은 표정으로 사람을 대하면 사람들의 호감을 얻고 일도 잘 풀리며 자신도 행복해진다.

교훈 밝은 얼굴로 사람을 대하자.

실천 나는 거울을 볼 때마다 활짝 미소를 짓겠다.

• 판매왕의 비밀 •

미국의 최대 약품잡화 체인인 '월그린'이 4,000개 점포의 대표들이 모인 자리에서 그해 최고의 영업사원을 발표했다.

"맨지인 카가 올해 최고의 영업사원으로 뽑혔습니다. 우리 회사 영업사원은 질레트가 만든 데오드란트(탈취제)를 한 달 평균 300개 팔았는데, 맨지인은 혼자서 1,600개를 팔았습니다."

경영 컨설턴트인 마커스 버킹검은 판매왕의 비결을 알아보려고 그녀를 만났다. 맨지인은 인도에서 이민 온 지 3년밖에 안 된 젊은 여성이었다. 뿐만 아니라 그녀는 밤 12시 30분부터 아침 8시 30분까지 근무하는 야간 근무자였다.

"당신은 조건이 불리한데도 남보다 다섯 곱절이나 더 팔았습니다. 어떻게 그것이 가능했습니까?"

맨지인은 약간 수줍어하면서도 밝은 표정으로 대답했다.

"아무 비밀도, 특별한 방법도 없습니다. 저는 이 가게에 오는 손님들을 잘 압니다. 손님들은 모두 저를 좋아합니다. 그들은 저를 보면 반갑게 인사하면서 '맨지인, 오늘은 뭘 권할 거야?'라고 인사합니다. 저는 '이것 드셔 보세요, 이것 써 보세요, 싫으시면 언제나 물러 드려요'라고 대답합니다. 그것뿐이에요."

버킹검은 맨지인의 성공 비결이 밝은 표정과 미소라고 결론지었다.

핵심	판매왕의 비결은 밝은 표정과 미소이다.
교훈	밝은 얼굴로 사람을 대하자.
실천	나는 거울을 볼 때마다 밝은 표정을 짓는 연습을 하겠다.

• 즐거운 우리 집 •

가정에서 HPM 1-1-6을 실시한 거제초등학교 김경빈 어머니의 수기다.

부모가 막연히 "배려해라", "시간을 아껴라", "자기관리를 해라"라고 하면 아이는 잔소리로만 들을 뿐 귀 기울이지 않는다. 그러나 부모가 인생에서 얻은 경험담과 구체적 사례를 곁들이면 그 영향력이 달라진다.

우리 아이가 다니는 거제초등학교에서는 이용태 박사님이 한 달에 한 시간씩 인성교육을 하는데, 그것을 각 가정에서 따라 한다. 4월의 교훈은 "밝은 표정으로 사람들을 대하라"는 것이었다.

우리 가족은 모여 이 교훈에 대한 HPM 1-1-6을 실시했다. 큰아이는 친구 중에 항상 웃는 표정의 아이가 있다고 했다. 그 아이를 보면 자기도 모르게 기분이 좋아졌는데 그 이유를 알겠다고 했다. 자기도 항상 밝은 표정으로 상대방을 기분 좋게 해 주겠다는 이야기도 빠뜨리지 않았다.

그 후 우리 가족은 서로 얼굴을 마주치면 의식적으로 웃으려고 노력한다. 내가 무심코 웃는 것을 잊고 있으면 아이들이 먼저 방긋방긋 웃는다. 그 모습을 보면 나도 모르게 미소 짓는 얼굴이 되곤 한다.

핵심 가족이 서로 마주칠 때 웃는 습관은 가정 분위기를 밝게 한다.

교훈 밝은 얼굴로 사람을 대하자.

실천 우리 가족은 한 달 동안 서로 마주치면 웃는 습관을 만들겠다.

7
함께 윈윈하자

'윈윈'win-win이란 쌍방이 협력해 모두 이기는 경우를 말한다. '윈윈전략'이란 참여자 모두에게 이로움을 주는 방법과 절차를 포함한 계획이다.

가정, 학교, 회사 등 사람들이 모인 곳이라면 어디에서나 윈윈전략을 활용할 수 있으며, 이를 통해 매우 만족스러운 결과를 이끌어낼 수 있다.

윈윈전략은 우리가 상생하고 시너지 효과를 얻을 수 있도록 도와준다. 또 사업뿐만 아니라 모든 인간관계에 적용할 수 있으며, 눈앞의 이익만 추구하는 이해관계를 장기적 협력관계로 변화시킬 수 있다.

윈윈전략을 실천하려면 나뿐만 아니라 상대방의 관점에서 모든 측면을 고려해야 한다. '상대방은 무엇을 원하는가?', '나의 행동을 상대방은 어떻게 생각하는가?', '상대방과 내가 어떤 합의점에 도달할 것인가?' 등을 묻는 습관을 만들어야 한다.

남준수 씨는 6·25 전쟁 때 혼자 북한에서 남한으로 내려와 갖은 고생 끝에 사업을 크게 성공시켰다.

그가 처음 한 일은 대전 시장에서 가판대를 설치하고 옷을 파는 일이었다. 그는 매일 새벽 4시에 동대문 도매상에 가서 옷을 떼어 가지고 와서 아침 9시부터 대전에 내려와 판매했다.

어느 날 준수 씨는 동대문 시장 단골 도매상에게 100만 원을 내놓으면서 말했다.

"아주머니, 지난번에 스웨터를 팔아서 돈을 많이 벌었습니다. 아주머니께서 싸게 주신 덕분입니다. 이익의 반을 가져왔습니다. 이게 도리에 맞는다고 생각합니다."

아주머니는 크게 놀랐다.

"정말 대단한 손님이네요. 내가 이 바닥에서 이 장사를 한 지 10년 됐는데, 손님이 재미 봤다고 거꾸로 돈을 돌려주는 경우는 듣지도 보지도 못했었어요."

이 일이 있고 나서, 아주머니는 그에게 원가로 물건을 넘겨주었다. 그는 저렴한 가격에 물건을 판매하여 절대적 경쟁력을 얻고 사업도 크게 번창했다. 그 후에도 그는 이익의 절반을 꼬박꼬박 도매상 아주머니에게 되돌려 주었다.

이것은 도매상과 소매상이 협력하여 상생의 길을 찾은 원윈의 보기이다.

핵심 도매상은 물건을 싼값에 넘겨주고 소매상은 이익의 절반을 돌려줌으로써 함께 성공할 수 있었다.

교훈 윈윈하는 방법을 찾자.

실천 나는 나의 과거 경험 중에 윈윈할 일이 있었는지 점검하겠다.

• 윈윈전략과 혁신경영 •

권영우 회장은 세명대학 설립자다. 그는 경기여객, 대원여객 등 버스 회사를 경영하여 사업을 크게 일으켰다. 안타깝게 세상을 일찍 떠났지만 존경받는 인격자이고 탁월한 경영자였다.

옛날에는 버스 한 대에 운전기사 외에 조수와 차장이 따라다녔다. 권 회장은 업계에서 최초로 조수와 차장을 없앴다. 운전기사들은 온갖 이유를 들어 이 개혁에 반대했다.

권 회장은 윈윈 개념으로 설득했다. 직원을 줄이면 회사는 비용이 줄어 윈이 되고, 그 대신 운전기사의 월급을 30% 인상하면 운전기사도 윈이 된다고 했다. 결과적으로 기사 수입이 늘고 회사 이익도 크게 늘었다.

권 회장의 윈윈 성공 사례는 이뿐만이 아니었다. 그는 운전기사들에게 훌륭한 숙소와 목욕탕을 마련해 줌으로써 기사들이 저녁에 몰려다니며 술 마시고 늦게 자서 다음 날 사고 내는 일을 감소시켰다.

또 운전기사들의 급료를 기사들에게 스스로 정하라고 하고 때로는 그들이 정한 것보다 몇 퍼센트 더 얹어 주기도 했다. 따라서 그의 회사에서는 노동쟁의가 없었다.

권 회장의 윈윈전략으로 마침내 회사는 버스업계의 왕좌에 올랐다.

핵심 권영우 회장은 윈윈전략을 활용해 회사를 혁신적으로 경영했다.

교훈 윈윈하는 방법을 찾자.

실천 나는 일할 때 나뿐만 아니라 모두가 잘되는 방법을 찾아보겠다.

• 집중과 단축 •

다음은 나의 외손자 영준이가 윈윈전략을 실천한 경험을 적은 편지다.

저는 요즈음 공익근무요원으로 근무합니다. 근무지에서 제 역할은 주차장에서 일하는 서울시 직원들을 보조하는 것입니다. 직원은 모두 세 명입니다. 그 사람들은 3교대로 근무해서 저는 3일 주기로 그들을 만납니다.

저의 8시간 근무 중 실질적 업무 분량은 3시간입니다. 나머지 5시간은 근무지를 이탈하지 않는 범위 내에서 자유롭게 활용할 수 있습니다.

공익요원을 시작한 지 1년 정도 되었을 때였습니다. 저는 할아버지의 말씀에 따라 윈윈전략을 써 보기로 마음먹었습니다. 하루는 직원 한 사람에게 근무시간을 효과적으로 활용하자며 다음과 같이 제안했습니다.

“일을 집중해서 효과적으로 할 테니 근무시간을 단축시켜 나머지 시간은 내가 공부할 수 있게 해주십시오.”

그가 이 제안을 기꺼이 받아들여 서로 윈윈하는 관계를 맺었습니다.

저는 다른 직원들에게도 같은 제안을 했지만 거절당했습니다. 더 열심히 집중해서 일함으로써 그 사람들의 마음을 움직여 보기로 했습니다.

몇 주간 노력하니까 놀라운 변화가 일어났습니다. 예전에 근무시간을 단축하려고 그렇게 애써도 꼼짝하지 않던 직원들의 마음이 움직인 것입니다. 그들은 저를 두 시간이나 일찍 풀어 주었습니다.

이러한 직원들의 변화가 우연은 아닐 것입니다. 6개월 사이에 달라진 것은 저에 대한 믿음이라고 생각합니다. 전에는 제가 열심히 일할 것이라는 믿음이 없었습니다. 그러나 열심히 일하는 것을 행동으로 보여 주자 저를 신뢰하는 마음이 생겨나서 근무시간을 단축시켜 준 것입니다.

이 일을 통해 제가 배운 것은 윈윈전략이 시너지 효과를 내려면 서로 마음속에 깊은 신뢰가 있어야 한다는 것, 또 신뢰를 쌓으려면 내가 먼저 상대방의 마음에 믿음을 저금해야 한다는 것입니다.

앞으로 사회생활에서 관계하는 사람들과 윈윈전략을 실천하는 데 있어 이 경험이 저에게 커다란 교훈이 될 것입니다.

핵심 영준 씨는 집중적으로 일해 근무시간을 단축함으로써 윈윈했다.

교훈 윈윈하는 방법을 찾자.

실천 나는 지금 당장 윈윈할 일 한 가지를 찾아보겠다.

8

부드러운 말을 쓰자

사람에게도 동물적 본능이 있다. 공격을 받으면 이성적으로 생각하기 전에 본능적이고 반사적으로 방위태세와 반격태세를 취한다.

예를 들어, 명령처럼 들리는 것, 비난처럼 들리는 것, 공격적으로 들리는 것, 냉소적으로 들리는 것, 무시하는 것처럼 들리는 것, 꾸짖듯이 질문하는 것이 모두 상대에게 반발을 사기 쉽다. 그것이 비록 옳은 말이라도 사람들은 이해하려는 마음보다 본능적으로 반발심이 먼저 생긴다.

따라서 같은 내용이라도 가능하면 상대방의 입장을 고려하여 긍정적으로 표현해야 한다. "왜 또 화났어?"라고 꾸짖듯이 질문하기보다 "너무척 화났구나!"라고 하는 게 더 낫다. "너는 오늘 다른 일 하지 말고 이 일을 해라"라고 명령하기보다 "네가 이 일을 하면 큰 도움이 될 텐데 할 수 있니?"라고 부탁하는 편이 좋다.

특히 가족 간이라고 해서 생각 없이 마음에 있는 말을 하는 것은 가족 간 불화의 원인이 될 수 있으므로 조심해야 한다.

• 거슬리는 말투, 부드러운 말투 1 •

부모가 아이에게 말할 때는 되도록 거슬리는 말보다 부드러운 말을 쓰는 것이 좋다. “너는 이렇게 해라”는 명령하는 말이므로 거슬리게 들리는데, “나는 이렇게 느낀다”는 자기감정을 표현한 말이므로 부드럽게 들린다.

별이 엄마는 별이가 말을 잘 안 들어서 늘 속상했다. 그래서 “숙제부터 하고 놀아라”, “왜 너는 밤낮 물건을 잃어버리고 다니니?”, “너는 동생을 잘 돌봐야지, 울리면 어떻게 해?”와 같은 거슬리는 말을 쏟아내곤 했다.

어느 날 별이 엄마가 향기네 집에 놀러갔다가 향기 엄마 말투를 듣고 놀랐다. 향기 엄마는 말할 때 ‘너’를 주어로 하는 표현인 ‘너 메시지’ 대신에 ‘나’를 주어로 하는 표현인 ‘나 메시지’를 써서 부드럽게 말했기 때문이다.

예를 들어, “영어 숙제부터 하고 놀면 엄마가 향기를 자랑스럽게 생각할 거야”, “향기야, 네가 물건을 자꾸 잊어버리고 다니면 엄마의 마음이 어떻겠어?”, “향기가 동생을 잘 데리고 놀면 오늘 저녁에 아빠한테 향기가 좋아하는 과자 사 오라고 할게”와 같이 상대방의 행동을 비난하지 않고 자신의 진실한 감정이나 마음을 드러내는 말을 했다.

별이 엄마는 이 말을 듣고, 향기 엄마처럼 부드러운 말투로 바꾸었다. 그러자 별이가 마음이 고와지고 표정도 밝아졌다.

핵심 같은 말도 거슬리게 하는 것보다 부드럽게 하는 것이 좋다.

교훈 말을 부드럽게 하자.

실천 나는 앞으로 명령조나 비난조의 말, 부정적인 말은 쓰지 않고, 나의 감정을 부드럽게 표현하는 말을 쓰겠다.

• 거슬리는 말투, 부드러운 말투 2 •

김현수 씨는 C 회사 영업팀에 근무한다. 하루는 대리점에서 기계 100대를 사흘 안에 보내 달라는 주문이 들어왔다. 현수 씨는 일주일 뒤에 기계를 보내겠다고 답했다. 현재 회사의 수급 상황으로 보아 도저히 지킬 수 없는 약속이었다.

영업담당 이사는 회의실에 부서원을 모두 모아 놓은 자리에서 그를 호되게 꾸짖었다.

"야, 이 친구야! 자네는 중요한 고객을 상대로 거짓말해서는 안 된다는 영업의 ABC도 배우지 못했어? 이런 일은 삼척동자도 아는 상식 아니야? 자네, 지금 회사 신용에 끼친 손실이 얼마나 되는 줄 알기나 해? 자네를 팔아도 그 돈의 반도 안 될 거야."

한편 영업담당 부장은 그를 자기 방에 불러 조용히 타일렀다.

"김 군이 회사의 영업을 위해 할 수 있는 일이 무엇인지 밤낮으로 생각한다는 것을 내가 잘 알고 있네. 이번 일도 대리점을 실망시키지 않고 잘해 보자는 마음에서 한 것을 알아. 그런데 결과적으로 회사 신용에 큰 손실을 끼치게 되었어. 그러니 이사님의 꾸중은 당연한 것이라고 생각하고 달게 받게."

이사의 꾸중에 반감이 치솟아 얼굴만 붉히던 그는 부장의 말을 들은 뒤에야 비로소 말했다.

"저의 생각이 부족했습니다. 잘못했습니다. 어떤 처분이라도 달게 받겠습니다."

그 후 현수 씨는 회사에서 엄한 징계를 받았다. 그러나 그는 부장의 동정적 태도에 힘입어 반발하지 않고 처벌을 달게 받았다.

아이나 부하가 잘못했을 때는 꾸지람하는 것이 맞다. 하지만 그들이 순순히 잘못을 뉘우치고 앞으로 자기 스스로 삼가는 마음을 먹게 하는 것이 중요하다.

이를 위해 몇 가지 유의사항이 있다. 첫째, 감정을 누르고 조용히 말해야 한다. 둘째, 잘못을 지적하되 인격을 모욕해서는 안 된다. 셋째, 그 자리에서 야단을 치되 짧고 정확하게 하는 것이 좋다.

핵심 충고나 비판을 할 때는 상대방의 입장을 생각하여 부드러운 말투를 사용해야 한다.

교훈 생각하다.

실천 나는 충고할 때 먼저 상대방의 입장을 한 번 생각하겠다.

• 말이 건강에 미치는 영향 •

마틴 셀리그만 교수가 강연에서 재미있는 이야기를 했다. 빅데이터를 이용한 새로운 방법으로 연구하여 얻은 의외의 결과가 그것이다.

미국에서 트위터 8,000만 개를 가지고 어떤 단어를 얼마나 여러 번 썼는지 조사했다. 미국에는 1,300개 카운티(주 다음의 행정구역, 우리나라의 시군에 해당함)가 있는데, 각 카운티별로도 이것을 조사했다. 그리고 이를 심혈관병 사망자 수와 비교했다.

긍정적 단어인 '위대', '친구', '감사', '모임', '우리' 등의 단어를 많이 쓴 카운티와 부정적 단어인 '욕', '따분', '졸려' 등을 많이 쓴 카운티를 비교했다. 그 결과 놀라운 사실을 발견했다. 긍정적 단어를 많이 쓴 카운티의 사람들이 부정적 단어를 많이 쓴 카운티 사람들에 비해 심장병으로 죽을 위험이 적다는 것이다. 그냥 적은 것이 아니라 비례하여 적다는 것이다.

이것은 그냥 듣고 넘길 이야기가 아니라 잘 생각해 봐야 할 중요한 의미가 있다. 좋은 말을 쓰면 건강하게 오래 산다는 것이다.

핵심 좋은 말을 쓰는 사람들은 심장병으로 사망할 위험이 적다.

교훈 긍정적이고 부드러운 말을 하자.

실천 나는 부정적인 말을 쓰지 않았는지 매일 반성하겠다.

• 진정한 충고 •

1930년대에 미국을 떠들썩하게 만들었던 살인자 쌍권총 크로울리는 경찰에 잡혔을 때 자신을 이렇게 평하였다.

"내 가슴속에는 지쳤지만 친절한 심장이 있다. 그것은 누구도 해치지 않았다."

시카고의 유명한 갱 두목 알 카포네는 싱싱교도소의 전기의자에 앉기 전에 말했다.

"이것은 내가 사람을 죽인 대가로 받는 것이 아니고, 내가 나 자신을 방위한 대가로 받는 것이다."

미국의 흉악범 감옥 싱싱교도소 소장을 지낸 루이스 라오스는 말했다.

"싱싱교도소에 갇힌 죄수 중에 스스로 자기가 나쁜 사람이라고 생각하는 사람은 거의 없다."

이런 이야기를 들으면 충고는 아무 소용이 없는 것처럼 들린다.

그러나 효과가 없을 것이라고, 듣기 싫어한다고 충고를 안 하면 진정한 가족, 진정한 친구가 아니다. 문제는 충고하지 말라는 것이 아니라 반감을 사지 않게 효과 있게 하라는 것이다.

충고는 상대를 이해하는 마음과 상대를 위하는 마음이 전해져야 한다. 별생각 없이 비판하는 것이 아니라 깊이 생각하여 표현을 골라야 한다. 진정성이 전해지면 상대는 반감 대신에 감사하는 마음이 생겨날 수 있다.

사람이 스스로 잘못을 뉘우치도록 하는 것은 쉬운 일이 아니다. 먼저 상대방이 마음의 문을 열고 진심으로 이 사람이 자기를 위한다는 믿음을 갖게 하지 않으면 효과를 기대하기 어렵다.

핵심 진정한 충고는 반감 대신 감사하는 마음이 생긴다.

교훈 생각하다.

실천 나는 상대방을 진정으로 이해하고 위하는 마음이 전해지도록 충고하겠다.

9

건강한 인간관계의 기술

우리는 사회적 존재로서 인생의 많은 시간을 다른 사람들과 더불어 살아간다. 따라서 남의 입장을 배려하고 양보하면서 좋은 관계를 유지하는 것은 무엇보다 소중한 미덕으로 꼽힌다.

특히 오랜 시간을 함께 지내는 연인이나 배우자와 사이가 좋으면 행복하고 순조로운 인생을 살 수 있다. 어떻게 하면 이들과 잘 지낼 수 있을까? 우선 남녀의 차이를 이해하고 남녀관계의 기본을 아는 것이 중요하다. 사소한 오해나 실수로 파경을 맞는 경우를 막기 위해 결혼 전부터 서로의 차이를 인정하고 의견을 맞추어 가는 과정도 필요하다.

그렇다고 무조건 남을 따라 줏대 없이 살라는 것은 아니다. 때로는 '노'라고 말해야 한다. 흡연, 음주, 왕따, 절도, 폭력 등 나쁜 길로 들어서는 동기를 살펴보면 대개는 친구를 따라 별생각 없이 시작하는 경우가 많다. 이런 일들은 한번 빠지면 되돌리기 힘들기 때문에 미리 단호하게 거부함으로써 예방하는 태도를 습관화해야 한다.

지금까지 "사람을 대하면 그 사람의 입장을 생각하라"고 했다. 이를 줄여 '생각하다', '역지사지'라고 했다. 이 말은 상대방의 말을 무조건 다 들어주라는 것은 아니다. 만약 상대방이 옳지 않은 것을 요구하면 단연코 '노'no라고 말할 줄도 알아야 한다.

예를 하나 들겠다. 다정이는 착실한 학생이었다. 그런데 어느 날 담임선생님이 불러 학교에 찾아간 다정이 엄마는 도저히 믿을 수 없는 이야기를 들었다. 다정이가 불량학생 패거리에 끼어서 하급생을 때리고 돈을 빼앗았다는 것이다. 엄마는 기가 막혀서 말이 나오지 않았다. 치솟는 화를 누르고 다정이에게 그렇게 된 연유를 설명하라고 했다.

다정이는 성미를 따라 불량학생 패거리에 들어갔다고 털어놓았다.

어느 날 성미가 다정이에게 달콤한 제안을 했다.

"다정아, 아이스크림 사 줄게. 잠깐 여기 들르지 않을래?"

"깍쟁이가 웬일이야? 그래, 좋아."

"우리 친구 몇이서 서클을 하나 만들었는데, 너도 들어와."

"멤버가 누군데?"

"선배도 있고 후배도 있는데, 아주 재미있어. 난 서클 나가면 기분이 확 풀린다. 너 같은 모범생도 가끔 이런 데서 스트레스를 풀어야 돼."

"야, 겁난다. 난 그만둘래."

며칠 뒤 성미가 서클 가입을 다시 권유했다.

"서클 언니들한테 너 얘기를 했더니 꼭 한번 같이 오란다. 지금 가자."

"어쩐지 나하고는 잘 맞지 않을 것 같아. 그만둘래."

"한 번만 가 봐. 싫으면 그때 그만두면 돼. 한 번 같이 가 줘라. 난 너를 생각해서 그러는 거야."

다정이는 결국 성미를 따라갔다. 선배들이 너무 잘해 줘서 다음 모임을 거절할 수 없었다. 다음 모임은 입단식이었다. 여기서 엄숙한 의식을 치르고 서약까지 했다.

"만약 이탈하거나 명령에 복종하지 않으면 무시무시한 보복을 달게 받겠습니다."

그 후 다정이는 서클에서 발을 뺄 수 없었다.

아이들은 옆에서 권유하면 깊이 생각하지 않고 끌려가는 경우가 많다. 친구로부터 권유를 받았을 때 나쁜 일인지, 좋은 일인지, 그 일이 잘못되면 어떻게 될지 생각해 보고, 아니다 싶으면 '노'라고 말할 수 있는 용기를 길러 주어야 한다. "한 번 결정할 때마다 세 번 생각해 보라"는 교훈을 실천하고 아니면 단호하게 거절하도록 해야 한다.

그러려면 평소에 자기 자신에게 예방주사를 놓아야 한다. 남의 권유에 '노'라고 말하는 것도 중요하지만, 자기 자신에게 '노'라고 할 줄 아는 마음가짐이 더 중요하다. 나쁜 버릇을 배우는 것은 외부 영향일 수 있지만, 그것을 습관화하는 것은 자기 자신이기 때문이다.

핵심 다정이는 불량학생들의 회유에 '노'를 못해서 탈선했다.

교훈 옳지 않은 일에는 단호하게 '노'하자.

실천 '노'해야 할 때 '노'하지 못한 일이 없었는지 반성하겠다.

김 할아버지가 가람, 하늘, 산, 별, 우주 등 대학생 5명을 모아 놓고 담배를 피우게 된 경위를 물어보았다.

가람이 먼저 말문을 열었다.

"전 담배 피우는 어른의 모습이 멋있어 보였어요. 그런데 제일 친한 친구가 만날 때마다 담배를 권해 별 거부감 없이 피우기 시작했죠."

이번엔 하늘이기 말했다.

"전 중 2 때 공부가 잘 안 돼서 무척 답답한 적이 있었습니다. 그때 친구들이 답답할 때는 담배를 피우면 마음이 편안해진다고 해서 피우기 시작했습니다."

산이가 하늘이 말에 동조했다.

"저도 마찬가지입니다. 대학입시에 미끄러져 재수할 때 친구가 권해서 시작했습니다."

별이가 한참 만에 입을 열었다.

"전 여고 2학년 때 시작했는데요, 담배 피우는 아이들이 어쩐지 어른스러워 보였어요. 그래서 저도 시작했습니다."

마지막으로 우주가 말했다.

"전 군대에 가서 배웠습니다. 공짜로 담배를 주는데, 심심할 때 무심코 한 대 두 대 피우다가 중독되었습니다."

김 할아버지는 초등학생 아이들에게 말했다.

"애들아. 너희들, 형들이랑 언니들이 하는 얘기 들었지? 너희가 이런 경우가 되면 '절대로 담배에 손대지 않겠다. 담배를 피우기 시작하면 끊기가 어렵고, 끊지 못하면 몸에 아주 해롭다'고 스스로 타일러야 한다.

만약 친구가 억지로 권하면 '난 담배는 입에 대지도 않을 거야. 담배를 권하는 친구와는 절교하기로 했어'라며 거절해야 한다. 자, 한 번 연습해 보자꾸나. '난 담배는 입에 대지도 않을 거야. 담배를 권하는 친구와는 절교하기로 했어.'"

아이들은 다 같이 할아버지를 따라 이 말을 세 번 되풀이해서 큰 소리로 외쳤다.

핵심 담배를 피우는 습관은 대부분 '노' 하지 못해서 생긴다.

교훈 옳지 않은 일에는 단호하게 '노' 하자.

실천 나는 친구가 나쁜 습관을 권하면 단호하게 '노' 하겠다.

• 남자와 여자의 차이 •

서아는 갓 결혼한 새색시이다. 지난달에 신랑 준수가 신용카드로 시골 중학교 동창생들과 술을 마신 사실을 알고 깜짝 놀랐다.

서아는 남편에게 따지듯이 물었다.

"여보, 카드 명세서를 보니 큰돈이 나갔던데 어떻게 된 거예요?"

"아 그거. 시골에서 모처럼 친구들이 와서 한잔 산 거야."

"난 천 원을 아끼려고 인터넷을 뒤지고, 먼 거리를 걸어가 장을 봐요. 그런데 당신은 꼭 그렇게 하지 않아도 될 일에 많은 돈을 써요?"

"내가 지난번 고향에 갔을 때, 그 친구들이 극진히 대접해 줬어. 그에 대해 최소한의 보답을 한 것뿐이야. 너무 그러지 말아."

"지난번 친정엄마 생신에 선물 하나 사자고 할 때는 우리 수입을 들먹이면서 벌벌 떨었잖아요. 그땐 당신이 절약 정신을 가진 줄 알고 참았는데, 이제 보니 그게 아니로군요."

이 일 이후에, 부부가 돈 문제로 부딪칠 때마다 이 사건이 단골 메뉴로 등장했다. 준수는 아내가 서운하게 느껴졌다.

"남자가 사회활동을 하려면 때로는 사람들과 어울려 한잔 할 수도 있는데, 이렇게 꽉 막힌 여자와 평생 살아갈 일이 걱정이구나!"

남자와 여자는 다른 세계에서 온 이방인이다. 남자에게는 여자가 죽었다 깨어나도 이해할 수 없는 구석이 있고, 여자에게는 남자가 죽었다 깨어나도 이해 못할 구석이 있다.

결혼식 때 주례는 흔히 "부부는 일심동체이니 서로 이해하고 살아야 합니다"라고 말한다. 그러나 많은 부부는 일심도 동체도 아니다. "이해할 수 없는 부분이 있다"는 사실을 이해하고 받아들여야 함께 살 수 있는 서로 다른 세계의 사람들이다.

예를 들어 위의 이야기처럼 남자가 친구를 과하게 대접하거나 돕는 것을 여자는 이해하기 어렵다. 한편, 남자는 여자가 옷에 지나치게 신경 쓰고 가방이나 보석을 좋아하는 것을 이해하기 어렵다.

그러므로 남녀가 한집에서 살려면 남자는 여자가, 여자는 남자가 서로 도저히 이해할 수 없는 구석이 있는 존재라는 것을 알아야 한다.

핵심 남자와 여자는 서로 이해할 수 없는 점이 있음을 알아야 한다.

교훈 남녀는 서로 이해할 수 없는 점이 있다.

실천 나는 아내가 이해할 수 없는 점이 있다는 것을 받아들이겠다.

• 결혼 전 의견 맞추기 •

준열은 지금 어머니와 전쟁 중이다. 그는 여자친구 나리와 결혼하겠다고 마음먹었는데 어머니가 이를 찬성하지 않는다.

"저는 나리가 옆에 있으면 행복해요. 나리를 사흘만 못 봐도 보고 싶어서 잠이 안 와요."

"나리는 안 돼. 그 애는 우리와 문화가 다르다. 절대로 안 돼."

"어머니, 그건 낡은 사고방식이라고요. 어머니가 생각을 고치세요. 지금은 석기시대가 아니고 21세기에요."

"아니다. 이건 시대와 상관없는 근본적 문제다. 부부는 백년을 함께 살면서 수천 가지를 결정해야 한다. 서로 20% 정도 의견이 다르면 넘어갈 수 있어도 50% 의견이 다르면 함께 살기가 무척 고통스러워진다. 더 나아가 80% 의견이 충돌하면 함께 산다는 것은 고통일 수밖에 없다. 동의하느냐?"

"그건 그렇겠네요."

"그럼 넌 네 여자친구와 몇 가지 문제에 대해 의견을 나누어 봤어?"

"밥은 뭘 먹을지, 영화는 뭘 볼지, 운동경기는 뭘 볼지 … ."

"그건 서로 의견이 잘 맞았어?"

"네, 서로 취향이 비슷해요."

"그럼, 의견 안 맞아서 싸운 일은 없어?"

"있어요. 대학 친구들이 주말에 캠핑을 가자고 해서, 나리에게 데이트 선약을 취소하겠다고 했더니 '친구가 중요해, 내가 중요해?'라며 따졌어요. 작년 가을에 할아버지 모시고 시골 산소에 제사 지내러 갈 때도 자기랑 설악산에 가자고 우겨서 한바탕 싸웠어요."

"TV 드라마를 봤더니 부모의 반대를 무릅쓰고 결혼한 신랑, 신부가 신혼여행을 가서 시댁 부모에게 먼저 전화 거느냐, 친정 부모에게 먼저 전화 거느냐는 것부터 싸우기 시작해 몇 달 못 가서 헤어지더라. 신부는 시부모를 가족으로 생각하지 않고 설날에도 시댁에 가지 않으려고 해서 신랑이 참지 못했던 거야."

"그러니까 어머니는 결혼한 뒤에 결정할 문제들에 대해 여자친구와 미리 의견을 맞추어 보라는 것이네요."

"여자도 그냥 친구가 있고 결혼 상대가 있다. 결혼 상대는 그렇게 해야 한다는 거다. 결혼한 다음에 80% 의견이 다르다는 것을 비로소 발견하는 것은 어리석은 일이야."

어머니가 결혼 전에 의견을 맞추어 보라고 한 문제는 다음과 같다.

1. 저녁식사는 무엇을 먹을까?
2. 영화는 무엇을 볼까?
3. 주말에 어디로 놀러갈까?
4. 아침 몇 시에 일어날까?

5. 아침식사는 누가 만들까?
6. 설거지는 누가 할까?
7. 퇴근하고 몇 시에 집에 돌아올까?
8. 일주일에 몇 번 가족의 날로 정해 퇴근 후 바로 집으로 올까?
9. 생일, 기념일을 어떻게 지낼까?
10. 각자 용돈은 얼마씩 쓸까?
11. 매달 얼마씩 저금할까?
12. 동생 학비를 얼마씩 보조할까?
13. 시골에 계시는 부모님께 매달 얼마씩 보낼까?
14. 제사 때마다 시골에 갈까?
15. 집안 제사에 참석할까?
16. 부모님을 모시고 살까?
17. 얼마나 자주 집안 어른들을 찾아뵐까?
18. 아버지가 돌아가시면 얼마 만에 탈상할까?
19. 시골에서 삼촌이 오면 집에 모실까, 여관에 모실까?
20. 성형수술을 할까?
21. 골프를 시작할까?
22. 아이 과외에 얼마를 쓸까?
23. 아이를 미국에 어학연수를 보낼까?
24. 아이에게 피아노를 가르칠까?
25. 월급을 더 주는 직장으로 옮길까?
26. 남녀가 같이 모이는 중학교 동창회에 나가도 될까?
27. 한 달에 몇 번씩 외식을 할까?
28. 집은 어디로 이사할까?

29. 차는 무엇을 살까?

30. 혼수는 무엇을 얼마나 할까?

핵심 남녀가 결혼하면 수많은 문제에서 의견이 충돌할 수 있으므로 연애할 때 미리 의견을 맞추어 보는 것이 좋다.

교훈 연애와 결혼은 다르다.

실천 나는 여자친구와 결혼생활의 주요 문제에 대해 의논하겠다.

• 에리히 프롬의 《사랑의 기술》 •

사람 사이의 관계를 이야기할 때 빼놓을 수 없는 중요한 것이 사랑이다. 에리히 프롬Erich Fromm의 《사랑의 기술》*The Art of Loving*은 바로 이 사랑의 문제를 다룬 베스트셀러이다.

사람은 누구나 밥 먹고 길 걷는 것처럼 사랑을 자연스러운 일로 생각한다. 그런데 프롬에 따르면, 사랑도 음악이나 그림, 스포츠처럼 배우고 시간과 공을 들여야 하는 기술이다. 음악을 배우는 사람은 3가지를 해야 한다. 음악 이론을 배우고, 실습하고, 좋아해야 한다. 사랑도 마찬가지다. 사랑의 본질과 사랑하는 법을 배우고, 이를 실행하고, 그 중요성을 충분히 인식해야 한다.

프롬은 사랑의 4가지 본질이 보살핌care, 책임responsibility, 존중respect, 지식knowledge이라고 말한다. 진정한 사랑은 내가 힘들고 손해 보더라도 상대를 보살필 줄 알아야 하고, 상대방에게 약속을 지키며, 해야 할 일에 책임져야 한다. 상대방을 인간으로 존중하고, 나와 상대의 장단점에 대한 지식을 갖추어야 한다.

프롬에 따르면, '한눈에 반했다'거나 '그대 없으면 못 살겠다'는 사랑은 책임과 존중이 뒤따르지 않는 한 올바른 사랑이라 할 수 없다.

이어서 그는 강조한다. 먼저 자신을 사랑하라. 그리고 인간을 사랑하라. 인간을 사랑할 줄 모르면서 어느 특정한 한 사람만 사랑하는 것은 진정한 사랑이 될 수 없다고 그는 믿는다.

핵심 사랑은 배우고 시간과 공을 들여야 익힐 수 있는 기술이다.

교훈 사랑은 희생과 존중이 있어야 한다.

실천 나는 나의 사랑을 반성하고 고칠 점을 구체적으로 써 보겠다.

- 보살핌: 나는 상대가 원하는 것을 생각하는가? 상대를 도와주는가?
- 책임: 나는 내가 할 일을 다 하는가? 내가 한 일에 책임지는가?
- 존중: 나는 상대 인격을 존중하는가? 나는 상대 의견을 경청하는가?
- 지식: 나는 여자와 남자의 다른 감정과 가치관을 공부하는가?

• 고독이라는 병 •

고수는 사람 만나는 일을 좋아하지 않는다. 동문회 같은 모임에도 잘 나가지 않고, 길흉사에도 안 가며, 집안 모임도 가능하면 빠진다. 그는 다른 사람들과 어울리는 일은 별로 소득도 없을 뿐만 아니라 시간 낭비라고 생각한다.

정신과 의사인 그의 아버지는 아들의 이런 성격을 크게 걱정한다. 고독이 정신건강에 몹시 좋지 않다는 것을 알기 때문이다. 고독은 일종의 병이다. 고독한 노인의 사망률이 비만한 노인의 사망률보다 높다는 통계도 있다.

아버지는 고수가 앞으로 건강한 삶을 살 수 있도록 다음과 같은 처방을 내렸다.

"첫째, 친한 친구 두세 명을 정해 놓고 주기적으로 만나 네가 겪은 일과 느낀 일을 터놓고 얘기해라. 둘째, 모임에 자주 나가라. 셋째, 모르는 사람을 만나도 인사해라."

핵심 고독은 정신건강에 해로우므로 주기적으로 친구를 만나거나 모임에 나가 대화를 나누어야 한다.

교훈 다른 사람과 대화하자.

실천 나는 누구와 언제 어떻게 만날지 구체적으로 계획하겠다.

5부

나에 관한 이야기

- ✓ 실패를 딛고 일어서자
- ✓ 패러다임 시프트와 극기
- ✓ 감정지능을 키우자
- ✓ 긍정적으로 생각하고 적극적으로 행동하자
- ✓ 결정하기 전에 깊이 생각하자
- ✓ 성공을 위한 자기관리

4부에서는 습천법 1-3-11의 3(남, 나, 일) 중에서 '남'과 좋은 관계를 맺기 위한 원칙과 교훈을 알아보았다. 5부에서는 습천법 1-3-11의 3(남, 나, 일) 중에서 '나'를 다스리고 성장시키기 위한 원칙과 교훈을 살펴본다.

우리는 무한한 잠재력과 가능성을 지닌 존재로, 자신의 능력을 계발하고 꿈을 향해 나아갈 수 있다. 때로는 역경에 부딪혀도 이를 이겨낼 수 있는 힘이 있다. 변화무쌍한 삶을 살지만 자신의 정체성을 지키며 스스로 행복을 찾을 수 있다.

그런데 우리가 지닌 이런 능력을 발휘하여 성공적인 삶을 살려면 나를 다스리는 교훈을 습관으로 만들어야 한다. 실패하더라도 이를 극복할 수 있는 힘을 키워야 하고, 경우에 따라 행동과 생각의 틀을 바꾸는 패러다임 시프트를 감행해야 한다. 어떤 일이든 할 수 있다고 말하며 긍정적이고 적극적인 태도를 가져야 하고, 한정된 시간과 돈을 효율적으로 사용해야 한다.

1

실패를 딛고 일어서자

우리의 인생은 실패의 연속이다. 살아가면서 원하는 일을 100% 다 이루는 사람은 세상에 단 한 명도 없다. 성공한 사람은 모두 실패를 딛고 일어선 사람이고, 실패한 사람은 실패에 좌절하는 사람이다.

더 중요한 사실은 우리가 이 세상에 인간으로 태어났다는 것이다. 이 세상에는 보람을 느끼며 행복하게 살 수 있는 길이 얼마든지 있다. 그러려면 우선 외부 기준을 따르기보다 내가 나의 주인이 되어 자주적으로 생각하고 행동하는 태도를 길러야 한다. 그리고 실패를 극복할 수 있는 힘을 키워야 한다.

우리가 어려움을 당했을 때 좌절하지 않고 다시 일어나는 힘을 탄력성resilience 또는 복원력이라 한다. 이 탄력성은 인간의 성격 가운데 매우 중요한 요소이다.

산이는 학급에서 3년간 계속 차지하던 1등 자리를 빼앗기자 죽을 궁리만 했다. 바다는 대학 졸업 때 대통령상을 타고 미국에 가서 3년간 대학원 박사과정을 이수했지만, 박사 자격시험에 떨어지자 한국 친구들과 일체 내왕을 끊었다. 하늘이는 팝뮤직 가수로 최고의 인기를 누리다가 갑자기 인기가 떨어지자 우울증 증세를 보이기 시작했다.

산, 바다, 하늘, 세 사람은 모두 다 자기가 누구인지 모르고 자기가 걸어 놓은 간판을 자기라고 착각하고 살아 온 사람들이다. 이처럼 자기의 껍데기를 곧 자기 자신이라고 혼동하는 사람이 너무 많다. 선거에 떨어져 인생이 끝난 것처럼 좌절하는 사람, 시험에 낙방하여 하늘이 무너지기라도 한 듯 낙담하는 사람, 다리를 하나 잃고 인생 막장에 이른 것처럼 슬퍼하는 사람, 사업에 실패해 인생이 실패했다고 낙심하는 사람이 그 예이다.

선거에 떨어져도, 시험에 낙방해도, 다리가 하나 없어져도, 사업에 실패해도 자기 자신은 그대로라는 사실을 자각하고, 생에 대한 의지를 굳건히 다져야 한다. 나아가 그 실패를 교훈 삼아 한 단계 더 비약할 각오를 해야 한다.

사람이 자기의 가치를 따질 때, 자기 자신이 90이면 걸친 옷은 10 정도로 보아야 한다. 여기서 옷이란 돈이나 명예, 지위 등을 의미한다. 그래야 돈을 잃거나 지위를 잃었을 때 90%는 아직 남았다는 진실을 깨달을 수 있다.

또한 아이들에게 목표 달성보다는 목표를 위해 노력하는 과정이 중요함을 가르쳐야 한다. 노력하는 것은 자기 힘으로 할 수 있지만 목표 달성은 자기 힘만으로 되지 않기 때문이다. 예를 들어, LPGA(미국 여자프로골프) 챔피언이 되라고 강요하기보다 챔피언이 되기 위해 최선을 다하라고 격려해야 한다. 그래야 아이가 목표 달성에 차질이 생기더라도 실패자가 되었다고 좌절하지 않는다.

실패가 끝이 아니고 성공의 밑바탕이 됨을 일깨워 주어야 한다.

핵심 우리는 인생을 살면서 실패하더라도 자신감을 잃지 않고 극복하려고 노력해야 한다.

교훈 실패를 딛고 일어서자.

실천 나는 과거의 실패 경험을 돌아보고 그 교훈을 적어 보겠다.

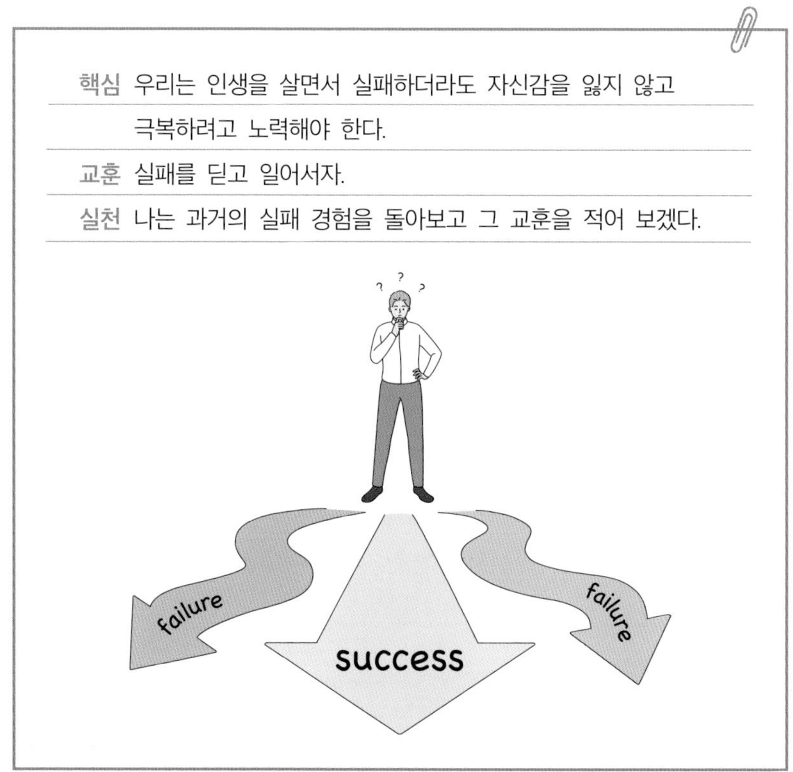

• 완벽주의의 위험성 •

성공적인 삶을 살려면 목표를 정하고 이를 달성하기 위해 노력하는 일이 중요하다. 그러나 실제로는 목표가 달성되지 않는 경우가 더 많다. 이때 낙담해 헤어나지 못하는 사람이 있다. 이런 사람을 완벽주의자라 한다.

완벽주의란 'all or nothing', 즉 100점 아니면 의미가 없다는 사고방식이다. 100점이 아니면 90점이건 80점이건 모두 의미가 없다고 생각하는 것이다. 한편 100점을 목표로 하되 100점을 받지 못해도 그것을 위해 노력하는 일 자체가 가치 있다고 생각하는 사람을 합리주의자라 한다. 완벽주의는 해롭다. 우리는 합리주의자가 되어야 한다.

완벽주의자는 처음에 원하는 대학에 못 들어가면 아예 대학 가는 것을 포기하고 인생을 망친다. 미국에 유학 가서 박사를 하려다가 실패한 사람 가운데는 아예 종적을 감추고 아무도 만나지 않는 사람이 있다. 이러한 완벽주의는 인생을 헤쳐 나가기 힘들게 하는 모자라는 생각이다.

100점을 못 받고 70점을 받아도 얼마든지 나아갈 길이 있다. 원하던 대학에 못 가도 성공한 사람은 무수히 많다. 목표를 향하는 과정에서 최선을 다했으면 그것으로 위로를 삼고 그 자리에서 최선을 다할 계획을 세워야 한다.

핵심 완벽주의는 인생을 망치는 해로운 생각이므로 고쳐야 한다.

교훈 완벽주의를 고치자.

실천 나는 지금까지 완벽주의자가 아니었는지 되돌아보겠다.

• 1등병 고치기 •

준식이 아버지는 대학생인 삼촌을 불러 준식이 상태가 걱정스럽다고 이야기했다.

"요즈음 준식이가 좀 이상하다. 말수가 적어지고, 기운이 없고, 공부도 열심히 하는 것 같지 않다. 네가 얘기 좀 해보아라."

삼촌은 준식과 대화를 나누었다.

"준식아, 너 요즈음 무슨 걱정이 생겼니?"

"삼촌, 전 요새 답답해 죽겠어요."

"왜, 무슨 일로?"

"저는 새 학년이 되면서 큰 결심을 했어요. 우리 반에서 1등을 하겠다고요. 그런데 지난 일제고사에서 5등 안에도 들어가지 못했어요. 이러다가 일류대학은 고사하고 서울에 있는 대학에도 못 가겠어요. 부모님께서 실망하실 것을 생각하면 앞이 캄캄해요."

"너의 생각은 고칠 점이 많다. 1등을 한다는 목표를 정하는 것은 좋은데, 다른 학생들도 있으니까 너의 노력만으로 1등이 되는 것은 아니잖아. 너는 1등을 목표로 네가 할 수 있는 일을 정하고, 그 일을 했는지 안 했는지를 따져야 한다. 네가 할 수 있는 일을 다 했으면 그것으로 만족해야 해."

"그 말씀은 이치에 맞는 것 같네요."

"쉽게 말하면, 네 마음속 컴퓨터에 '나는 무슨 일이 있어도 꼭 1등을 하고야 말겠다'는 프로그램을 만들지 말아라. 대신에 이런 프로그램을 만들어 봐라. '나는 1등을 했으면 좋겠다. 그러나 다른 친구들도 있으니 내

뜻대로 안 될 수도 있다. 그 대신 나는 최선을 다하면 후회하지 않겠다. 내가 다시 할 수 있는 최선의 방법을 찾아보겠다.'"

"고맙습니다. 이제 마음이 편해지네요."

"너는 지금 중학교 2학년이잖아. 아직 공부할 시간이 많이 남았다. 단번에 1등을 하려 하지 말고, 이번 학기에는 5등, 다음 학기에는 4등, 이런 식으로 목표를 단계적으로 나누어서 쉬운 것부터 달성하도록 해봐라. 그보다 더 중요한 방법은 네가 할 수 있는 일을 정해 놓고 그것을 하나씩 실천하는 것이다."

"네, 고맙습니다. 삼촌 말씀대로 노력해 볼게요."

"그런데 말이다. 1등 아니면 의미가 없니? 꼭 1등을 해야겠다는 식의 생각을 완벽주의라고 한다. 이러한 생각은 위험하다. 너는 지금 완벽주의라는 병을 고친 것이다."

핵심 1등이라는 목표를 달성하는 것보다 1등이 되기 위해 노력하는 과정이 더 중요하다.

교훈 결과보다 과정이 더 중요하다.

실천 나의 이달 목표를 정하고, 그 목표에 도달하기 위한 구체적인 과정을 적어 보겠다.

• 에디슨의 긍정적 사고 •

토머스 에디슨Thomas Edison은 축음기, 영화기 등 수많은 기계를 발명한 세계적 발명왕이다. 그의 많은 발명품 중에서 제일 고생해서 만든 것은 전등이었다.

전등의 원리는 유리 전구를 진공 상태로 만들고 그 속에 필라멘트를 넣어 전기를 통하면 필라멘트가 열을 받아 빛을 낸다는 것이다. 문제는 필라멘트는 대부분 금방 타 버려 오래가지 못하는 것이었다. 에디슨은 타지 않는 필라멘트를 찾기 위해 1만 가지 이상의 섬유와 철사를 실험했다. 보통 사람은 수백 번 실패하면 그만둘 텐데 그는 포기하지 않았다.

에디슨의 다음 인터뷰는 그의 성공이 긍정적 사고의 결과임을 보여 준다.

"1만 번 실패하였다지요?"

"1만 번 실패한 것이 아니라 1만 가지 이상의 필라멘트가 적절하지 않다는 것을 성공적으로 증명한 것입니다."

핵심	에디슨은 전구를 발명하기 위해 1만 번 실험을 계속했다.
교훈	실패를 딛고 일어서자.
실천	나는 앞으로 실패하더라도 긍정적 태도로 포기하지 않겠다.

• 믿음의 힘 •

내가 미국에 있을 때 미국 독립기념일 길거리 퍼레이드에서 켄터키 프라이드 치킨 광고에 나오는 커널 샌더스Colonel Sanders를 보았다. 하얀 수염에 하얀 양복을 입은 풍채 좋은 할아버지였다.

샌더스는 기구한 인생을 살았다. 그는 6살 때 동생과 더불어 고아가 되었다. 학교를 7학년(중 1)에 중퇴한 후 농사도 지어 보고, 군대에도 가 보고, 보험판매원도 해보았다. 여러 가지 일을 했으나 별로 잘되는 일은 없었다. 40세가 되서야 조그만 치킨 집을 차리고 그 옆에 모텔을 짓는 데 성공했다. 그러나 화재를 만나 고생했고, 2차 세계대전이 일어나자 그나마 문을 닫게 되었다.

그는 66세에 정부에서 주는 99달러로 사는 극빈자가 되었지만 마음 속에 굳은 신념이 하나 있었다. 키친 집을 할 때 그가 개발한 레시피(요리법)로 치킨 요리를 하면 그의 가족과 친구들이 모두 아주 맛있다고 했으므로 이것을 제대로 된 식당이 팔면 틀림없이 성공하리라고 굳게 믿었던 것이다.

그는 이 레시피를 받아 줄 식당을 찾아 나섰다. 그의 고향 켄터키에서 시작해 미국 전역을 누비며 설득했다. 1,009개의 식당에서 거절당했지만, 믿음을 버리지 않았다.

드디어 1,010번째 찾은 식당에서 '예스'라는 답을 들었다. 그 후 사업은 대성공을 거두었다. 그는 88세에 빌리오네어(1조 원 부자)가 되었고, 전 세계에 KFC 프렌차이즈 6,000개가 들어섰다. 2013년에는 이것이 1만 8,000개로 늘어났다.

핵심	샌더스는 자신의 레시피를 믿고 1,009번 실패해도 포기하지 않았다.
교훈	실패를 딛고 일어서자.
실천	나는 확고한 신념을 갖고 여러 번 실패해도 다시 일어나겠다.

• 링컨의 칠전팔기 •

에이브러햄 링컨Abraham Lincoln은 미국에서 가장 훌륭한 대통령으로 존경을 받는 위인이다.

하지만 그는 실패를 많이 한 사람으로도 유명하다. 그는 선거에 8번 떨어졌고, 사업에 두 번 실패했으며, 신경쇠약에 걸려 6개월간 병상에 누웠던 적도 있었다.

링컨의 이력을 살펴보면 그가 얼마나 많은 실패를 딛고 일어났는지 알 수 있다.

1816년 그의 가족이 살던 집에서 밀려났다.
1818년 그의 어머니가 별세했다.
1831년 사업에 실패했다.
1832년 주의회에 출마하여 낙선했다.
1832년 실직했다. 법대에 가려 했으나 갈 수 없었다.
1833년 친구에게 돈을 빌려 사업을 했으나 실패했다.
그 뒤 17년에 걸쳐 그 빚을 갚았다.

1834년 주의원에 당선되었다.

1835년 약혼했으나 약혼녀가 죽었다.

1836년 신경에 이상이 생겨 6개월간 병상에서 지냈다.

1838년 주의회 의장에 출마했다가 낙선했다.

1840년 정부통령 선거인단에 들어가려 했으나 실패했다.

1843년 하원의원에 출마했으나 낙선했다.

1846년 하원의원에 당선되었다.

1848년 하원의원 재선에 실패했다.

1849년 정부의 토지담당관 자리를 얻으려 했으나 실패했다.

1854년 상원의원에 출마했으나 낙선했다.

1856년 부통령 지명을 바랐으나 실패했다.

1858년 상원의원에 다시 출마했으나 낙선했다.

1860년 미국 대통령에 당선되었다.

서양에서는 resilience를 인품의 중요한 요소로 본다. 이는 고무를 당겼다 놓으면 제자리로 돌아가려는 힘, 즉 탄력성 또는 복원력을 뜻한다. 인생을 살아가면서 어려운 일을 당했을 때 움츠러들거나 망가지는 것이 아니라 씩씩하게 제자리로 돌아가는 것을 보고 우리는 탄력성이 강하다, 또는 복원력이 세다고 말한다.

링컨이 매우 좋은 본보기다. 그는 인생을 살면서 수없이 역경에 처했으나 꿋꿋하게 이겨내고 다시 일어났다. 칠전팔기七顚八起의 모범이라 할 수 있다.

핵심	링컨은 수많은 실패를 딛고 일어나 미국 최고 대통령이 되었다.
교훈	실패를 딛고 일어서자.
실천	나에게 어려움이 닥치면 탄력성을 발휘해 다시 일어나겠다.

• 역경을 이기는 3단계 •

주근모(가명) 박사가 어느 날 나를 찾아왔다. 음주 운전으로 사람을 치어 교도소에 수감되었다가 석방되고 몇 달 지난 후였다.

그는 나에게 취업을 도와달라고 부탁했다.

"사고 이후에 직장을 잃고 피해자에게 배상금을 주어 생활이 매우 어려운 처지입니다. 직장을 구하는 것을 좀 도와주십시오. 저는 학위가 있는 것, 기업체의 중역을 지낸 것, 나이가 많은 것 등이 오히려 직장을 구하는 데 방해가 됩니다."

나는 그에게 차분히 말했다.

"사람이 어려운 일을 당했을 때 일을 처리하는 데는 순서가 있습니다. 첫째, 아무리 고통스럽더라도 현실을 받아들여야 합니다. 둘째, 패러다임 시프트, 즉 사고방식의 틀을 바꾸어 그 현실에서 할 수 있는 일을 찾아서 기본적인 생활 문제를 해결해야 합니다. 셋째, 시간을 두고 더 좋은 방도를 찾아내어 한 계단씩 올라가야 합니다."

그리고 나는 매우 하기 힘든 말을 했다.

"첫 단계, 취직자리가 쉽게 구해지지 않는 것이 현실입니다. 이 상태로 가면 계속 부채가 증가할 수밖에 없습니다. 둘째 단계로, 지금 당장 할 수 있는 일을 해서 기본적인 생활 문제를 해결해야 합니다. 그러려면 대학에 다니는 아이들은 휴학하고 아르바이트를 하고, 주 박사와 부인도 체면이나 지위를 다 벗어던지고 시시하고 수입이 보잘것없더라도 할 수 있는 일은 무엇이든지 해야 합니다. 셋째 단계로, 그러면서 계속 마음에 드는 일자리를 찾아 한 계단씩 위로 올라가야 합니다."

나는 주 박사뿐만 아니라 그의 가족 전원이 패러다임 시프트를 할 것을 제안했다.

그 후 얼마 지나지 않아 주 박사가 자살했다는 소식을 들었다. 결국 그에게는 역경을 이기는 강한 배짱과 용기가 없었던 것이다. 안타까운 일이다.

핵심 주 박사는 역경을 이기지 못해 자살이란 극단적 선택을 했다.

교훈 실패를 딛고 일어서자.

실천 나는 일이 뜻대로 되지 않아 어려움에 처했을 때 역경을 이기는 3단계를 실천하겠다.

• 위기를 기회로 •

2005년에 나는 인생에서 가장 어려운 일을 겪었다. 25년간 애써 키운 삼보컴퓨터가 법정관리에 들어간 것이다. 법정관리란 법원에서 지정한 제3자가 회사 운영을 대신 맡는 조치이다.

삼보컴퓨터가 은행에서 대출을 받을 때 나는 개인적으로 연대보증을 섰으므로, 나의 모든 재산을 은행에서 처분했다. 경영에서도 물러났다. 하루아침에 매출 4조 원 회사의 회장에서 무일푼의 채무자로 처지가 바뀌었다.

그때 나는 생각했다.

'돈이니 지위니 하는 것은 내가 걸친 겉옷에 불과하다. 지금 그 옷은 벗었지만 내 몸뚱이는 남아 있다. 나의 전체가 100이라면 옷은 10도 안 된다. 90은 그대로 남아 있는 것이다.'

다음으로 그 처지에서 내가 할 수 있는 최선의 길이 무엇인지 생각해 보았다. 그때 새로 찾은 일이 인성교육이었다.

내가 삼보컴퓨터를 경영할 때 궁극적 목표는 우리나라를 선진국으로 만드는 것이었다. 그런데 진정한 선진국이 되려면 컴퓨터를 잘 만드는 것보다 도덕적으로 더 성숙한 나라를 만드는 것이 중요하다. 인성교육은 인류문명이 시작한 이래 모든 부모와 모든 교사의 소원이었다. 그럼에도 인간은 아직 인성교육에 '이것이면 그만'이라는 요술 방망이를 찾아내지 못하고 있었다.

천만다행으로 내가 그 요술 방망이를 발견했다. 그것은 바로 HPM이다. HPM은 쉽고 재미있어서 누구나 할 수 있고, 하기만 하면 효과가 있는 방법이다. 이것이 전국에 퍼지고, 전 세계에 퍼지면 나는 전화위복을 하게 되리라고 예상했다.

그 후 다행히 삼보컴퓨터는 법정관리와 은행관리를 거쳐 둘째아들 홍선에게 돌아왔고, 나도 삼보컴퓨터 명예회장이라는 타이틀을 되찾을 수 있었다.

핵심	나는 사업이 어려웠을 때 절망하지 않고 인성교육에 헌신하며 전화위복의 계기로 삼았다.
교훈	실패를 딛고 일어서자.
실천	나는 일이 뜻대로 되지 않을 때 낙망하지 않고 또 다른 일을 찾아 열심히 하겠다.

• 꼴찌의 각성 •

박찬석 전 경북대 총장의 학창 시절 이야기다.

박찬석은 경남 산청에서 태어났다. 어린 시절 가정형편도 어렵고 머리도 좋지 않았지만, 아버지는 그를 대구에 있는 중학교로 유학 보냈다. 그는 공부하기가 싫었다. 1학년 8반 68명 중 꼴찌를 했다. 부끄러운 성적표를 들고 고향에 가면서 어린 마음에도 그것을 내밀 자신이 없었다.

'당신이 배우지 못한 한을 자식을 통해 풀려고 했는데 꼴찌라니 ….'

끼니도 제대로 못 잇는 소작농 생활을 하면서도 아들을 도시의 중학교에 유학 보낸 아버지를 떠올리면 그냥 있을 수 없었다.

찬석은 잉크로 기록된 성적표에서 68등을 1등으로 고쳐 아버지께 보여 드렸다. 초등학교도 다니지 않은 아버지가 성적표를 고친 것을 알아차릴 일은 없으리라고 생각했다.

대구로 유학 갔던 찬석이 집으로 돌아오자 친지들이 몰려와 아버지에게 물었다.

"찬석이는 공부를 잘하나?"

"앞으로 봐야제, 이번에는 어쩌다 1등을 했는가베."

"명순(아버지 이름)이가 자식 하나는 잘 뒀어. 1등을 했으면 잔치를 해야제."

이튿날 강에서 멱을 감고 돌아오니, 아버지는 한 마리뿐인 돼지를 잡아 동네 사람들을 모아 놓고 잔치를 하고 있었다. 당시 그의 집은 동네에서 가장 가난한 살림이었다. 기가 막힌 일이 벌어진 것이다.

"아부지!"

아버지를 불렀지만 그는 다음 말을 할 수 없었다. 그냥 밖으로 달려나갔다. 그 뒤로 그를 부르는 소리가 들렸다. 겁이 난 그는 강에 빠져 죽고 싶었다. 물속에서 숨을 안 쉬고 버티기도 했고, 주먹으로 머리를 내리치기도 했다.

충격적인 그 사건 이후 그는 완전히 달라졌다. 항상 그 일이 머리에 맴돌았기 때문이다. 17년 후 그는 대학교수가 되었다. 그리고 아들이 중학교에 입학했을 때, 즉 그가 45세 되었을 때 부모님 앞에서 33년 전의 일을 사과하려고 했다.

"어무이! 저 중학교 1학년 때 1등은요 … ."

그가 막 말을 시작하려는데, 앞에서 담배를 피우시던 아버지가 말렸다.

"알고 있었다. 그만해라. 민우가 듣는다."

자식이 위조한 성적표를 알아차리고도 재산목록 1호인 돼지를 잡아 동네잔치를 하신 부모님의 마음을 박사와 교수와 대학총장이 된 후에도 그는 감히 헤아릴 수 없었다.

이것은 큰일을 통해 크게 깨닫고 사람이 달라진 이야기다. 하지만 사람은 이런 큰일을 치르지 않더라도 마음만 먹으면 달라질 수 있다.

핵심 사람은 충격적 사건을 통해 각성하면 더 크게 성장할 수 있다.

교훈 실패를 딛고 일어서자.

실천 나는 내 인생의 충격적 사건과 그 후 변화를 적어 보겠다.

• 마쓰시다의 역발상 •

마쓰시다 전기 설립자이자 일본인이 가장 존경하는 사업가였을 뿐만 아니라 일본 제일의 부자였던 마쓰시다 고노스케는 성공 비결을 묻는 질문에 다음과 같이 대답했다.

"첫째, 나는 가난한 집에서 태어났기 때문에 세상 사는 법을 일찍 배울 수 있었습니다. 둘째, 나는 허약했기 때문에 어릴 때부터 조심해서 오히려 건강해졌습니다. 셋째, 나는 학교에 못 갔기 때문에 모든 사람을 스승으로 생각하여 많은 것을 배울 수 있었습니다."

역발상逆發想이라는 말이 있다. 세상일을 뒤집어 보면 좋은 일 이면에 나쁜 일이 있을 수 있고, 나쁜 일 이면에 좋은 일이 있을 수 있다는 말이다. 마쓰시다의 경우가 그 예이다. 그는 자신이 가진 악조건에 절망하는 대신 그 뒤에 숨겨진 장점을 찾아내고 이를 활용하여 크게 성공할 수 있었다.

또 전화위복轉禍爲福이라는 말도 있다. 화를 바꾸어 복을 만든다는 얘기다. 역발상과 비슷한 개념이라고 생각하면 된다.

핵심 마쓰시다는 역발상으로 악조건을 성장의 기회로 만들어 성공했다.

교훈 실패를 딛고 일어서자.

실천 나는 나의 불리한 조건을 유리한 조건으로 바꿔 생각해 보겠다.

• 나눔의 기쁨을 가르치다 •

연서초등학교 한동현의 엄마 안인숙 씨의 수기이다.

우리 아이들은 하루에 천 원씩 용돈을 받는다. 학교 공부를 마치면 두 학원을 거친 다음 엄마의 퇴근 시간에 함께 돌아오므로 간식비가 포함된 것이다. 아이들은 골목길에서 매일 천 원이 부족하다고 했고 자꾸 군것질을 하고 싶어 했다.

어느 날 남편은 월드비전을 통해 해외 아동을 한 명씩 후원하자는 이야기를 꺼냈다. 아이들이 군것질하는 버릇도 바로잡고, 한두 번 군것질하는 돈이면 후원 아동은 일주일간 굶지 않을 수 있다는 자세한 설명을 덧붙였다.

아이들에게는 군것질하지 않고 참는 것이 건강한 어른이 되는 좋은 습관이고, 해외 친구들이 훌륭한 사람으로 자라는 데 큰 도움을 줄 수 있다고 일러 주었다.

아이들의 마음은 참으로 순진하고 따뜻하다. 그날의 《마시멜로 이야기》로 지금까지 군것질을 참고 있다. 아이들은 용돈을 모아 매달 해외 친구들에게 후원금을 보내고, 그들의 모습을 담은 사진과 편지를 소중히 간직하고 있다.

핵심 아이들이 군것질 대신 가난한 이웃을 돕도록 가르치는 것은 좋은 인성교육이다.

교훈 인내하자, 극기하자.

실천 나는 용돈을 아껴 매달 만 원씩 가난한 이웃에게 기부하겠다.

• 사람이므로 용서하라 •

탈 벤 샤하르Tal Ben Shahar 교수는 하버드대학에서 가장 많은 학생이 수강하는 '긍정심리학'을 가르치는 명교수이다.

그는 유명한 명언을 했다.

"사람이므로 용서하라."

인생을 성공적이고 행복하게 살려면 목표를 정해 놓고 그것을 달성하기 위해 노력하는 일이 중요하다고 앞서 말한 바 있다. 그러나 실제로는 목표가 달성되지 않을 때가 더 많다. 이때 낙담해서 헤어나지 못하거나 좌절하는 경우가 있다. 이것은 인생을 헤쳐 나가기 힘들게 만드는, 어리석은 행동이다.

사람은 신이 아니다. 사람은 실수도 하고 잘못도 하고, 운이 없어 될 일이 안 되기도 한다.

샤하르 교수는 말했다.

"잘못을 안 하는 사람은 정신병자와 죽은 사람뿐이다."

우리는 사람으로서 자기 자신을 용서할 줄 알아야 한다. 애써도 안 된 일, 잘못한 일, 실수한 일에 대해 완벽주의를 고집하지 말고 '나도 사람이니까 용서하자'고 넘어갈 줄 알아야 한다.

하루 만 보 걷기를 완수하지 못해서 걷는 것 자체를 중단한 사람, 원하는 대학에 못 갔다고 인생을 포기한 사람, 고시에 여러 번 떨어지고 자살한 사람 등은 모두 완벽주의에 빠져 자신을 용서하지 못한 사례라고 할 수 있다.

핵심 사람은 자기 자신을 용서할 줄 알아야 한다.

교훈 나를 용서하자.

실천 나를 괴롭히는 과거의 잘못을 찾아보고 스스로 용서하겠다.

2

패러다임 시프트와 극기

패러다임 시프트Paradigm shift라는 말이 있다. 행동이나 생각의 틀을 바꾼다는 뜻이다. 남자가 군대에 가거나 여자가 아이를 낳으면 환경 변화에 따라 패러다임 시프트를 해야 한다. 한편, 스스로 개과천선해 정직한 사람이 되거나, 어떤 일을 대하든 긍정적인 사람이 되는 것은 자발적 패러다임 시프트의 예다.

패러다임 시프트는 쉬운 일이 아니다. 기존의 습관을 없애고 새로운 습관을 만들려면 지난한 극기의 과정을 거쳐야 하기 때문이다. 가령, 부정적 사고를 긍정적 사고로 바꾸거나, 일을 대하면 "나는 못하겠다"고 말하던 것을 "나는 할 수 있다"고 말하려면 이성적 의지로 감정이나 충동을 억누르고 수많은 연습을 통해 습관을 형성해야 한다.

그러나 이러한 극기의 과정을 거쳐 일단 패러다임 시프트가 이루어지면 우리는 더 크게 성장할 수 있다. 무한한 잠재력을 계발해 발전할 수 있고, 행복하고 의미 있는 삶을 살아갈 수 있다.

• 나는 할 수 있다 •

한 교수가 MBA 수료생들 가운데 크게 성공한 사람들을 골라 그들이 성공한 요인을 연구했다.

그 결과, 두 가지 요인을 찾았다. 하나는 질문을 많이 하는 것이었고, 다른 하나는 '나는 할 수 있다'I can do it는 긍정적 태도 즉 자신감이었다. 그 교수는 매사에 자신을 갖고 긍정적이고 적극적으로 사고하는 사람들이 크게 성공했다는 사실을 발견했다.

같은 문제를 대해도 부정적인 사람(A)과 긍정적인 사람(B)의 반응은 매우 다르다.

매일 새벽 4시에 일어나 2시간씩 운동할 수 있습니까?

A 어렵습니다. 저는 늦잠을 자는 체질입니다. 잠이 부족하면 건강에 도리어 해롭습니다.

B 할 수 있습니다. 알람을 틀어 놓으면 깰 수 있고요, 잠이 부족한 것은 일찍 자는 것으로 메울 수 있습니다.

얼음을 깨고 목욕할 수 있습니까?

A 무리입니다. 감기가 걸릴 것입니다.

B 예, 할 수 있습니다. TV를 보니 모스크바 사람들은 해마다 겨울수영을 하던데요. 다른 사람이 하는 것이면 저도 할 수 있습니다. 처음 물에 들어갈 때는 춥겠지만 금방 익숙해지겠지요. 나와서 옷을 입으면 따뜻하고 개운할 것 같습니다. 정신력을 기르는 데도 좋고요.

피아노를 잘 칠 수 있습니까?

A 어렵습니다. 저는 손으로 하는 것이 서툽니다. 타자도 남처럼 빨리 치지 못하고요. 더구나 저는 음치입니다.

B 지금까지 피아노를 쳐 본 적은 없지만, 악보 보고 건반을 고를 수는 있습니다. 한 소절을 만 번만 치면 그 소절은 익숙하게 칠 수 있겠죠. 그렇게 한 소절씩 익혀 가면 된다고 생각합니다.

이 책에서 문제 내면 90점을 맞을 수 있습니까?

A 어렵습니다. 지금까지 시험에서 90점 이상을 맞은 적이 없습니다.

B 우선 내용을 이해해야 하는데, 그것은 선생님께 여쭈어 보면 가르쳐 주시겠지요. 다음 단계는 문제를 푸는 일인데, 매 페이지를 읽을 때마다 가능한 모든 문제를 제가 직접 만들어 보겠습니다. 그러면 안 될 리가 없다고 믿습니다.

지금 국수가게를 시작해 한국 제일의 가게로 만들 수 있습니까?

A 불가능합니다. 국수가게가 얼마나 많은데, 지금 시작해서 1등을 하겠습니까?

B 못할 것도 없다고 생각합니다. 국수가게로 한국에서 1등하겠다고 마음먹는 사람이 저뿐일 테니까요. 우선 한국에서 재료를 제일 잘 고르고요, 국물을 제일 맛있게 만들고요, 손님이 아주 기분 좋도록 서비스하면 됩니다. 그러려면 준비기간이 2년 정도 필요합니다. 1년은 다른 식당에 가서 실습하고요, 다음 6개월은 재료를 연구하고요, 그다음 6개월은 전 세계를 다니며 국수를 사 먹으면서 서비스하는 법을 배우겠습니다.

똑같은 문제에 직면해도 부정적인 사람이나 자신 없는 사람은 안 되는 핑계를 찾는 반면, 긍정적인 사람은 그것을 이루어낼 방법을 찾는다. 긍정적 태도는 어려운 상황에서도 문제를 해결할 수 있다는 자신감을 길러 주어 성공의 원동력이 된다.

핵심 어떤 일이든 할 수 있다고 말하는 긍정적 태도를 가져야 한다.

교훈 할 수 있다!

실천 나는 일할 때 "할 수 있다"고 말하고, 실천방법을 생각하겠다.

• 다양한 능력 •

역사에 이름을 남긴 위인들 가운데는 어렸을 때 공부를 못해 학교에서 밀려난 사람들이 많다. 아인슈타인이 그렇고, 에디슨이 그렇다. 처칠은 밀려나지는 않았지만 밑바닥을 맴돌았다.

학교에서는 영어와 수학을 가르치고 이를 습득하는 능력만 가지고 사람의 전체적 능력을 판단한다. 그런데 사람은 이것 외에도 여러 가지 능력을 가지고 있다.

아인슈타인은 문제의 본질을 깊이 들여다보는 능력이 있었다. 에디슨은 다른 사람들이 생각하기 어려운 다양한 각도에서 문제를 푸는 능력이 뛰어났다. 처칠은 다른 사람을 이끄는 탁월한 지도자의 능력을 가지고 있었다.

사람은 학교의 영어 · 수학 능력만으로 평가할 수 없다. 영어 · 수학 능력은 사람이 가진 능력의 극히 일부임을 알아야 한다.

핵심 사람의 능력은 학업능력 외에도 다양하다.

교훈 할 수 있다!

실천 나는 내가 잘할 수 있는 일이 무엇인지 생각해 보겠다.

• 자신의 가능성 믿기 •

〈생각하는 사람〉으로 유명한 조각가 오귀스트 로댕Auguste Rodin의 아버지는 주위 사람들에게 언제나 이렇게 말했다.

"나는 바보 천치 아들을 두었어!"

사람들이 대부분 로댕 아버지의 말에 수긍할 만큼 로댕은 바보스러운 아이였다. 실제로 그는 학교에서 가장 열등한 아이로 평가받았다. 학업능력이 부족해 미술학교 입학시험에 세 번이나 낙방했다. 뿐만 아니라 그가 미술에서 두각을 나타내리라고 기대한 사람은 아무도 없었다. 로댕의 삼촌도 그를 교육하는 일은 불가능하다고 말했다.

로댕의 잠재적 재능은 아무도 발견하지 못했다. 하지만 그는 뉴턴이나 아인슈타인처럼 재능을 발휘하여 세계적 조각가가 되었고 미술사에 '근대 조각의 아버지'로 기록되었다.

세상에 완벽한 사람은 없다. 사람은 누구나 성장하고 발전하며 새로운 지식과 재능을 발휘할 수 있는 잠재력을 가지고 있다. 주변의 평가에 의기소침하거나 좌절하지 않고 자기의 가능성을 스스로 찾아낸다면 누구나 의미 있는 삶을 살 수 있다. 로댕처럼 천부적 재능을 발휘할 때까지 아무도 알 수 없다.

우리는 인간 내면의 재능을 믿어야 한다. 다른 사람들의 평가는 그리 중요하지 않는다.

핵심 다른 사람의 평가에 연연하기보다는 스스로 자신의 재능을 찾아야 한다.

교훈 할 수 있다!

실천 나는 나의 숨은 재능이 무엇인지 생각해 보겠다.

• 무한한 잠재력 •

마바 콜린스Marva Collins는 초등학교 교사이다. 클린턴 대통령과 부시 대통령은 그녀에게 교육부 장관을 맡아 달라고 부탁했으나 거절하고 교사로 남았다. 하버드대학의 유명 교수인 탈 벤 샤하르는 자신의 롤 모델은 콜린스이며, 그가 선생이 된 동기도 콜린스를 본받기 위해서였다고 말했다.

콜린스는 참으로 위대한 교사다. 그녀는 1930년대에 미국 앨라배마주에서 흑인 아버지와 미국 원주민 어머니 사이에 태어났다. 당시 상황에서 그녀가 바랄 수 있는 최고의 자리는 비서였다. 비서가 되는 데 성공하자 그 자리에 만족하지 않고 학교 선생을 꿈꾸었다.

그녀는 열심히 노력하여 드디어 간절히 원하던 교사가 되었다. 기쁜 마음으로 시카고에 있는 한 초등학교에 부임했지만 곧 크게 실망했다. 가난한 흑인 밀집지역에 위치한 그 학교의 교사들은 아이들을 가르칠 수 없는 교육 불능자로 보았다. 그들은 아이들이 마약에 손대거나 도둑질하는 것을 막기 위해 아이들을 되도록 학교에 붙잡아 두는 것이 그들이 할 수 있는 일의 전부라고 생각했다.

콜린스는 그것이 잘못되었다고 생각했고, 새로운 방법을 골똘히 연구하여 적용했다. 그 뒤 그의 반 아이들이 달라지기 시작했으나, 다른 교사들의 질시와 비난이 뒤따랐다.

그녀는 자기의 학교를 세우기로 마음먹었다. 자기 집에서 시작한 새 학교의 첫 학생은 자기 아이 둘을 포함해 4명이었다. 그 뒤 학생이 늘어났다. 대개는 일반 학교에서 적응하지 못한 문제 학생들이었다.

놀라운 것은 콜린스의 학교에만 들어가면 아이들이 달라진다는 것이었다. 공부도 열심히 하고 불량 행동도 고쳤다. 많은 아이가 상급학교에 진학했고, 나중에 의사, 변호사, 사업가가 되기도 했다.

그 비결이 무엇이었을까? 그 답은 그녀가 아이들에게 수없이 되풀이시킨 다음의 말에 있다.

"나는 귀중한 사람이다. 나는 이 세상에 하나밖에 없는 존재이기 때문이다. 나는 무엇이든 할 수 있다. 어느 한 가지를 택해 오래 집중해 노력하면 그 일에 관한 한 세계 제일이 될 수 있는 능력을 가졌기 때문이다."

즉, 그녀는 "나는 존귀하다. 나는 할 수 있다"는 말을 무수히 반복시켜 아이들이 이를 믿게 만들었다.

또한 그녀는 초등학교 4학년생에게 셰익스피어의 문장을 외우게 했다. 아이들은 이것을 자랑하고 우쭐해했다. 부모들도 놀라고 칭찬했다. 아이들은 자신도 할 수 있다는 것을 실감했다.

아이들은 '나는 존귀하다, 나는 할 수 있다'고 믿으면서 자신의 잠재력을 깨달은 것이다.

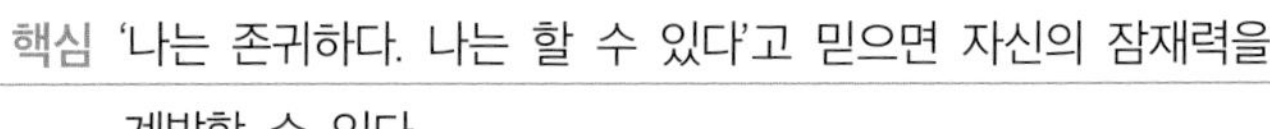

핵심 '나는 존귀하다. 나는 할 수 있다'고 믿으면 자신의 잠재력을 계발할 수 있다.

교훈 나는 존귀하다, 나는 할 수 있다.

실천 나의 잠재력이 무엇인지 찾아내고, '나는 할 수 있다'고 믿으며 그 잠재력을 키워 나가겠다.

• 나폴레옹의 추동력 •

나폴레옹은 1789년 프랑스 대혁명의 소용돌이 속에서 혜성같이 나타나 15년 만에 유럽 역사를 바꾼 영웅이다.

그는 강렬한 카리스마와 뛰어난 군사적 능력으로 많은 전쟁을 승리로 이끌었다. 프랑스 국민들은 그의 탁월한 리더십과 뜨거운 애국심에 감동하여 그를 존경했다. 베토벤은 그를 위해 〈영웅 교향곡〉을 헌정하기까지 했다.

그러나 이 완벽해 보이는 영웅에게도 콤플렉스가 있었다. 바로 작은 키였다. 나폴레옹은 땅꼬마라 불릴 정도로 단신이었다. 세계적 심리학자 아들러Alfred Adler는 나폴레옹의 작은 키 콤플렉스가 오히려 그를 채찍질하고 성공시키는 계기가 되었다고 말한다.

아들러는 나폴레옹의 강한 성취동기가, 키가 작다는 열등감을 극복하기 위한 노력에서 비롯되었다고 해석했다. 그는 인간의 행동과 발달을 결정하는 것은 인간존재의 보편적 열등감과 이를 극복하려는 권력에의 의지, 즉 열등감에 대한 보상욕구라고 생각했다. 그리고 이 열등감이 삶의 족쇄가 되느냐, 무엇인가 시도하고 극복하고 성취하게 하는 동기가 되느냐는 사람에 따라 다르다고 했다.

결국 콤플렉스를 어떻게 받아들이냐는 것은 우리 스스로 결정할 문제이다. 콤플렉스에 좌절하여 쓰러질 것인가? 아니면 이를 원동력으로 삼아 더욱 발전할 것인가? 선택은 우리에게 달렸다.

핵심 나폴레옹은 콤플렉스를 추동력으로 삼아 세계적 영웅이 되었다.

교훈 긍정적으로 생각하자, 행복하자.

실천 나는 나의 콤플렉스를 원동력으로 성장하기 위해 노력하겠다.

• 마음의 주인 •

빅터 프랭클Viktor Frankl은 유태인 정신과 의사로, 2차 세계대전 중에 나치의 강제수용소에 잡혀갔다. 그곳은 인간이 차마 견딜 수 없는 온갖 고통이 들끓었다. 수백만 명이 집단학살을 당했고, 고문과 강제노동으로 혹사당하며 굶주림에 시달렸다.

프랭클은 수용소에 오기 전에 훌륭한 정신과 의사이자 심리학자로서 인정받으며 새로운 이론인 '의미치료'Logo Therapy를 연구하고 있었다. 그는 기어코 살아남아 자신의 이론을 세상에 전해야 한다는 강한 의지가 있었다. 그래서 많은 사람이 자포자기하여 스스로 불행하게 만들고 생명을 재촉했지만, 그는 절대로 굴하지 않고 반드시 살아남기 위해 최선을 다했다.

프랭클은 굳게 결심했다.

'너희가 어떤 위해를 가하더라도 내 마음만은 내어주지 않겠다. 나는 살아남아 내 이론을 세상에 전파해야 할 사람이다. 나는 자포자기하지 않고 건강과 위생을 가능한 한 지키는 사람이다.'

그는 수용소의 모든 일에 영향을 받고 안 받고는 자신이 자유롭게 결정할 수 있다고 믿었다. 그는 독일 군대의 포로이지만, 자기 마음만은 자신이 주인이 되기로 결심했다.

물론 이런 일은 마음만 먹는다고 되는 일이 아니다. 아침저녁으로 아무리 다짐해도 무서움을 떨쳐 버리는 일은 쉽지 않았다. 눈을 감으면 자기를 잡으러 오는 발자국 소리가 들리는 것 같았고 애써 잠을 청해도 고문당하는 꿈에 놀라서 깨어났다.

그는 심호흡을 하고 명상을 하면서 스스로를 추슬러 마음을 가라앉히기 위해 필사적으로 노력했다. 그 결과, 그는 위급한 상황에서도 태연하게 마음을 진정할 수 있었다. 그의 이런 태도는 같이 수감된 유태인들에게 영향을 주었고 독일인들마저 감화시켰다. 그는 끝내 살아남아 자신의 이론을 완성했다.

핵심 '내 마음의 주인은 나'라고 마음먹으면 외부 압력에도 굴하지 않고 자기 목표를 이룰 수 있다.

교훈 내가 나의 주인이다. 자주자존自主自尊.

실천 나는 스스로에게 '내 마음의 주인은 나인가?'라고 묻겠다.
나는 내가 정한 목표가 남을 본뜬 것은 아닌지 반성하겠다.

• 삶의 의미 •

빅터 프랭클은 유명해져서 여러 곳에서 많은 강연을 했다. 그는 강연에서 사람들은 '삶의 의미'meaning of life를 추구하며 살아야 한다고 강조했다.

그가 유태인 수용소에 있을 때 많은 사람이 죽음을 기다리며 떨고 있을 때, 그는 자기가 자기 마음의 주인이고, 생각만은 자기 마음대로 할 수 있는 자유가 있으며, 자기 이론을 완성해야 한다는 사명감이 있었다. 그는 삶의 의미를 알고 있었다.

젊어서 직장에 다니는 사람은 자기에게 주어진 일을 잘해 보자는 것으로 삶의 의미를 정할 수 있다. 그러나 많은 사람은 삶의 의미를 생각하지 않고 그날그날 살아간다.

삶의 의미의 예시로는 다음과 같은 것들이 있다.

- 자기의 꿈을 좇는다.
- 자기가 바라던 인격을 완성한다.
- 행복하게 산다.
- 부자가 된다.
- 건강하게 오래 산다.
- 품위 있게 늙는다.
- 지식을 넓힌다.
- 나의 예술을 완성한다.
- 나의 이론을 완성한다.
- 역사에 이름이 남을 큰일을 한다.

- 자식들을 잘 키운다.
- 이 세상을 좀 더 좋은 세상으로 만든다.
- 남을 돕는다.
- 불우한 사람과 슬픈 사람들을 돕는다.
- 도를 깨치기 위해 산다.
- 하나님의 뜻을 따라 산다.

핵심 그냥 사는 것이 아니라 삶의 의미를 알고 살아야 한다.

교훈 의미 있는 삶을 산다.

실천 나는 무엇을 위해 사는지 그 의미를 생각해 보겠다.

• 만델라의 진정한 용기 •

넬슨 만델라Nelson Mandela는 남아프리카공화국에서 백인 지배자들에 맞서 인종차별을 반대하는 운동을 하다가 그의 추종자들과 함께 무기징역을 선고받았다.

그들은 절해고도 로벤섬에 있는 중죄인 감옥에 갇혔다. 백인 정부 지도자들은 그들에게 심한 고통을 주어 그들의 정신을 파괴함으로써 세상에서 영원히 격리하려 했다. 감옥에서는 그들에게 몇십 년간 석회석을 캐는 중노동을 시켰다. 또한 죄수들에게 심한 인종차별을 하여 먹는 것, 입는 것을 모두 다르게 주었다.

그러나 만델라는 정신적으로 조금도 굴하지 않았고 끊임없이 동지들을 격려했다. 감옥에서도 흔들림 없이 원칙을 고수했다. 간수들은 처음에 그를 힘으로 억누르려 했으나, 마침내 그의 인격에 감화하여 그를 존경하기에 이르렀다. 그런 역경 속에서 그처럼 위엄 있고 확고하게 신념대로 살아가는 무기수無期囚를 본 적이 없기 때문이다.

만델라가 수감된 지 27년 만에 남아프리카공화국에서 인종차별에 반대하는 저항이 거세게 일어났다. 전 세계가 이에 동조해 경제 제재를 가하자 백인 정부는 만델라를 석방할 수밖에 없었다.

만델라는 1994년 대통령에 당선했고, 1995년 취임했다. 그는 가혹한 차별정책으로 흑인들을 압박하던 백인들의 죄를 용서하고 나라를 피비린내 나는 내전으로부터 구했다.

그는 어떻게 용서하고 화해할 수 있었을까? 그 힘은 27년간 감옥에서 쌓인 원한을 복수하려고 하는 자신의 마음을 억누른 그의 용기에서 비롯되었다. 만델라는 진정으로 용기 있는 사람이었다.

핵심	만델라는 역경에 굴하지 않고 신념을 지킴으로써 마침내 남아프리카공화국 대통령이 되었다.
교훈	내가 나의 주인이다, 자주자존自主自尊.
실천	나는 역경에 처하면 환경에 휘말리지 않고 바른 길을 가겠다.

• 군막의 부인에서 식물학자로 •

한 젊은 부인이 군인 남편을 따라 미국 서부 사막에 있는 요새에 가서 살게 되었다. 남편은 자주 출동을 나갔다. 군인 가족 막사에 남은 부인은 따분하기 짝이 없었다.

그래서 고향 부모에게 편지를 썼다.

"따분하고 심심해서 미칠 지경이에요."

부모는 답장을 보냈다.

"두 죄수가 같은 감옥에 갇혔는데, 한 죄수는 감옥 마당에 뒹구는 쓰레기만 보고, 다른 죄수는 낮엔 하늘의 구름을, 밤엔 하늘의 별을 봤다고 하더라."

이 편지를 받은 젊은 부인은 크게 깨달았다. 그리고 사막에서 자라는 풀과 나무를 연구하기 시작했다. 훗날 이 부인은 사막식물의 권위자가 되었다.

황량한 사막, 고적한 감옥도 보는 각도를 바꾸면 아름다운 곳, 살 만한 곳으로 바뀐다. 이렇게 세상을 좋은 방향으로 바라보는 것은 긍정적 인생설계의 바탕이 된다.

어려운 환경에서도 마음의 패러다임을 바꾸면 세상을 아름답게 볼 수 있다. 우리의 귀여운 아들, 딸들이 세상을 긍정적으로 바라볼 수 있도록 이끌어 주자.

핵심 어려운 환경에서도 마음의 패러다임을 바꾸면 발전의 기회를 찾을 수 있다.

교훈 패러다임을 바꾸자.

실천 나는 직장에 대한 생각, 가족에 대한 생각, 내 능력에 대한 생각 등을 정리해 긍정적 패러다임을 만들어 보겠다.

3
감정지능을 키우자

EQEmotional Quotient(감정지수)는 감정의 깊이를 나타내는 지표다. IQ가 높은 사람이 다른 사람보다 지능이 더 좋듯이, EQ가 높은 사람은 감정이 더 풍부하다. EQ가 높은 사람은 좋은 것을 보면 더 기뻐하고, 어려운 사람을 보면 더 깊이 동정한다. 더 행복하고, 더 감사하고, 더 자비롭다. EQ 대신에 EI(*Emotional Intelligence*, 감정지능)라는 말을 사용하기도 한다.

대니얼 골먼Daniel Goleman의 저서 《감정지능》*Emotional Intelligence*은 500만 부나 팔린 베스트셀러다. 그는 직장에서 EI를 측정하고 그것이 성공과 관련 있는지 조사했다. 그 결과 성공한 사람들은 EQ가 높았다. IQ와 성공은 별 상관이 없었다. EQ가 높다는 것은 자기감정을 읽고 정확히 말로 표현할 수 있고, 남의 감정을 읽을 수 있으며, 자기감정을 스스로 조절할 수 있는 능력이 뛰어나다는 것이다.

EQ는 마음만 먹으면 자신의 의지로 높일 수 있다. 다음 이야기에서 그 방법을 배우고 실천해 보자.

준열 씨는 이제 막 사회생활을 시작한 신입사원이지만, 감정을 조절할 줄 아는 성숙한 사람이다.

어느 날 그는 집에서 좀 늦게 출발하여 급히 택시를 타고 회사를 향했다. 그 와중에 그 택시가 다리 위에서 사고가 나서, 차를 내린 다음 한참 뛰어가 다른 택시를 타고 급히 사무실로 달려갔다. 숨이 차고 얼굴은 긴장으로 굳어졌나. 자신이 그런 상태라는 것은 깨달은 그는 냉정을 되찾기 위해 먼저 화장실로 갔다. 그는 늘 하던 대로 마음을 가라앉히기로 했다.

우선, 그는 자기 몸에게 물었다.

"호흡은 어떤가? 어떤 근육이 긴장하고 있는가? 피부감각은 어떤가? 표정은 어떤가?"

다음으로 자기 마음에게 물었다.

"내 마음의 상태를 말로 표현하면 어떻게 될까?"

"화나 있다면 누구에게 왜 화났는가?"

"지금 화났거나 긴장해서 이로운 점은 무엇인가?"

"지금 나는 웃을 수 있는가?"

"지금 얻을 수 있는 교훈은 무엇인가?"

이런 물음에 답하고 심호흡을 세 번 하고 나니 마음이 가벼워지고 표정도 부드러워졌다. 그는 조용하고 진정된 마음으로 팀장에게 지각한 이유를 설명하고 용서를 구했다.

핵심 자기감정을 읽고 말로 표현하면 마음을 가라앉힐 수 있다.

교훈 내 감정을 관찰하고 다스리자.

실천 나는 하루 세 번 내 감정을 관찰해 보겠다.

• 5인 5색의 EQ •

현수는 자주 감정이 폭발한다. 그는 EQ가 낮은 사람이다.

별이는 감정이 풍부하다. 아름다운 꽃을 보거나 푸른 하늘을 보면 기분이 매우 좋아진다. 그녀는 EQ가 높은 사람이다.

하늘이는 TV에서 불쌍한 사람들을 보면 마음이 아프다. 천 원이라도 도와주어야 한다고 생각한다. 그는 EQ가 높다.

인수는 말을 더듬는 반 친구를 흉내 내면서 놀리는 것을 재미로 안다. 그는 EQ가 낮다.

다정이는 자주 자신의 감정을 체크한다. 늘 일을 좋게 해석하려 노력하고, 항상 "행복하다"고 말하며 그 이유를 찾는다. 그녀는 EQ가 높다.

핵심 사람마다 EQ가 다르고 기질도 다르다.

교훈 내 감정을 관찰하고 다스리자.

실천 나는 EQ를 체크해 보고 EQ를 높이는 방법을 적어 보겠다.

4

긍정적으로 생각하고 적극적으로 행동하자

우리는 저마다 성공적 삶을 목표로 살아간다. 그렇다면 이를 위해 필요한 것은 무엇일까?

큰일에 성공한 사람들의 심리를 조사한 연구에 따르면, 사람의 정신자세가 성공 요인의 85%를 차지한다. 나머지 15%가 지능, 교육, 특기, 운수를 합친 것이다. 즉, 세상을 밝게 바라보고 일을 긍정적으로 받아들이며 적극적으로 행동하는 태도가 성공적 인생을 사는 데 결정적인 역할을 한다.

긍정적 사고와 적극적 태도는 교육을 통해 기를 수 있다. 어떤 일을 하든 늘 할 수 있다고 생각하고 말하며, 결과보다 과정을 중시하는 습관을 형성한다면 긍정적이고 적극적인 삶의 태도를 함양할 수 있다.

• 발전형과 고정형 1 •

스탠퍼드대학의 캐롤 드웩Carol Dweck 교수는 사람을 발전형growth mindset과 고정형fixed mindset으로 나누었다. 고정형은 세상일은 정해진 대로 흘러가므로 이를 있는 그대로 받아들인다는 태도이다. 발전형은 세상일은 힘써 바꿀 수 있는 여지가 항상 있다고 생각하는 태도이다. 드웩 교수는 교육으로 마음을 발전형으로 고칠 수 있다는 사실을 실험을 통해 밝혔다.

그의 제자들은 교육 현장에서 발전형 사고를 키우기 위해 노력하고 그 성공 사례를 발표했다. 한 제자는 성적이 저조한 사우스브롱크스의 초등학교 4학년을 맡아 발전형 사고를 가르친 결과 뉴욕주에서 최고의 수학 성적을 기록했다. 다른 제자는 자기 고향인 미국 원주민 학교에서 발전형 사고를 가르쳐 워싱턴주에서 성적이 최하위권인 학생들을 최고 수준으로 끌어올렸다. 또한 학생들에게 수학만 가르친 반과, 수학과 함께 발전형 마음가짐까지 가르친 반을 비교했더니 후자가 성적이 훨씬 더 향상되었다.

드웩 교수의 저서를 읽은 13세 독자는 이런 편지를 썼다.

"교수님 책을 읽고 실천했더니, 성적도 오르고 친구와의 관계도 좋아졌습니다. 지금까지 인생을 잘못 살았다는 것을 알았습니다."

그렇다면 이처럼 긍정적 효과가 큰 발전형 사고로 전환하려면 우리는 어떤 노력을 기울여야 할까?

우선 '안 됐다'는 표현 대신에 '아직 안 됐다'not yet고 말해야 한다. 이는 아직 여지가 있다는 뜻이므로 발전형 표현이라 할 수 있다.

또한 아이를 칭찬할 때 '똑똑하다', '재주 있다', '머리 좋다'는 표현을 쓰는 대신, '열심히 한다', '꾸준히 한다', '많이 생각한다', '새로운 방법을 찾아 노력한다'고 해야 한다. 즉, 타고난 능력이 훌륭하다는 말 대신에 열심히 노력한다는 점을 칭찬해야 한다.

타고난 능력이 훌륭하다고 하면 결과만 잘 보이려 하고, 실패 위험이 있는 것을 피하려는 나쁜 습관을 기를 위험이 있다. 반면, 노력하는 태도를 칭찬하면 열심히 노력하는 습관을 만들 가능성이 높아진다는 사실이 과학적 실험에서 밝혀졌다.

결과보다 과정을 중시하는 것이 발전형이다. 고정형은 '현명하다'는 말을 듣는 것이 목표이고, 발전형은 '열심히 노력한다'는 말을 듣는 것이 목표이다. 고정형은 실수를 숨기려고 하고, 발전형은 실수를 성공으로 가는 과정이라 생각한다. 따라서 발전형으로 전환하려면 결과보다 과정을 중시하는 태도를 기르기 위해 노력해야 한다.

핵심 교육과 자기계발을 통해 고정형을 발전형으로 바꿀 수 있다.

교훈 발전형 사고를 하자.

실천 내가 발전형인지 고정형인지 체크해 보겠다.

• 발전형과 고정형 2 •

보람이는 발전형이고, 현수는 고정형이다. 두 사람은 같은 반 학생이다. 키도 비슷하고 성적도 비슷하다.

어느 날 수학시험을 봤다. 둘은 비슷한 성적이 나왔다.

현수는 생각한다.

'열심히 준비했는데 실망이다. 기수는 언제나 100점 맞잖아. 걔는 타고났어. 나는 이게 한계인가 봐.'

고정형 사고는 자기의 능력에는 한계가 고정되어 있다고 보고 고칠 생각을 못하는 것이다.

보람이는 생각한다.

'수학은 천재적 창의성이 필요한 학문은 아니다. 중요한 것은 첫째, 원리를 이해하고, 둘째, 많은 문제를 풀어 익숙해지는 것이다. 이 두 가지 다 내가 할 수 있는 일이다. 도전할 일이 생겨 좋다.'

두 사람은 함께 테니스 동아리에 들어갔다.

현수는 생각한다.

'백스트로크가 잘 안 된다. 내가 선수할 것도 아닌데 즐기기나 하면 됐지. 어려운 것을 굳이 극복하려 할 필요는 없어.'

보람이는 생각한다.

'새로운 목표가 생겼다. 테니스 치는 5가지 요령을 한 가지씩 익혀 가자. 한 가지를 백 번씩 반복하고 안 되면 천 번씩 하면 될 것이다. 그래서 어느 정도 경지에 도달하면 평생 즐길 일을 하나 갖게 되지 않을까?'

이들이 어른이 되어 사회에 나가면 어떻게 될까? 회사에 다니다 보면 승진에서 밀릴 수도 있고, 사업을 하다 보면 예기치 못한 어려움에 처할 수도 있다.

진급에서 밀렸을 때 둘은 어떤 반응을 보일까?

한 사람은 자기가 부족한 점이 무엇인지 생각하고 더욱 분발할 것이고, 한 사람은 상황을 비관하고 적당히 살려고 움츠릴 것이다.

사업에 차질이 생기면 둘은 어떻게 대처할까?

한 사람은 주위를 탓하고 불운을 원망하며 좌절할 것이고, 한 사람은 사업에는 항상 어려움이 있음을 받아들이고 그것을 교훈 삼아 더욱 분발할 것이다.

발전형 사고와 고정형 사고는 자기 자신이 정하는 패러다임이다. 따라서 발전형 사고를 키우려면 스스로 훈련해야 한다. 부모와 교사는 아이에게 공부만 하라고 다그치기보다는 발전적 마음을 갖도록 훈련하여 스스로 어려움을 극복할 수 있도록 이끌어야 한다.

발전형 사고를 기르는 방법은 어떤 문제가 있을 때마다 어른과 아이가 함께 발전형과 고정형, 두 가지로 생각하는 연습을 하는 것이다.

핵심 발전형은 고정형보다 매사를 긍정적으로 생각하여 좋은 결과를 얻으므로 발전형으로 바꾸기 위해 노력해야 한다.

교훈 발전형 사고를 하자.

실천 나는 발전형 사고를 기르는 방법을 찾아 실천하겠다.

• 레베카의 반장선거 •

레베카 정Rebecca Chung은 초등학교 3학년생으로 9살이다. 레베카는 미국 유튜브에서 발전형 사고에 대해 발표했다.

우리 학교에서 반장을 뽑는 방법은, 학생들의 투표로 세 사람을 뽑으면 교장이 면접한 다음 그중에서 한 사람을 택하는 것입니다. 엄마가 저에게 반장선거에 나가기 위해 발표문을 쓰라고 해서 저는 반발심이 생겼죠.

그러나 발전형으로 생각을 고쳤습니다. 발전형으로 생각하면 기회가 왔을 때 도전해야 합니다. 열심히 발표문을 쓰고 교장과 면담도 잘했죠. 결국 저는 반장이 되었습니다. 매우 기쁩니다.

발전형으로 생각하는 것은 어렵지 않아요. 4가지 노력만 하면 되죠.

첫째, 안 된다고 포기하지 말고 긍정적으로 할 수 있다고 생각해야 합니다.

둘째, 어렵거나 힘들거나 흥분했을 때 진정하는 법을 배워야 합니다.

셋째, 그 일의 장점과 단점을 비교해 봅니다.

넷째, 필요할 때는 도움을 청합니다.

이것은 저 같은 초등학교 3학년생도 할 수 있습니다. 이렇게 하면 놀라운 일이 벌어지고 또 즐길 일이 생깁니다.

핵심 초등학생도 발전형 사고를 통해 성장할 수 있다.

교훈 발전형 사고를 하자.

실천 나는 일할 때 레베카의 발전형 사고 방법을 적용해 보겠다.

• 긍정과 부정 •

일을 부정적으로 보는 사람이 있고, 긍정적으로 보는 사람이 있다. 부정적으로 보면 일이 힘들고 재미없고 어려워진다. 긍정적으로 보면 일이 쉽고 재미있고 할 만하게 느껴진다.

부정적 생각이 들면 그것을 긍정적 표현으로 바꾸어 보자.

부정 그 일은 힘들 것 같다.

긍정 그 일을 작은 단계로 나누면 쉬울 것 같다.

부정 그 일은 재미없을 것 같다.

긍정 그 일은 노래를 부르면서 하면 재미있을 것 같다.

부정 그 친구는 단점이 많다.

긍정 그 친구는 장점도 있다.

부정 담배 끊는 것은 불가능하다.

긍정 담배 끊은 사람은 수없이 많다. 나도 할 수 있다.

부정 너무 힘들다.

긍정 인내력을 키울 좋은 기회다.

부정 아이가 집에서 반항해 속상하다.

긍정 아이가 거리에서 방황하지 않고 집에 잘 있어 다행이다.

부정 세금을 납부하는 것이 부담스럽다.

긍정 세금이 부과되는 재산과 직장이 있는 것이 감사하다.

부정 차가 고장 나서 불편하다.

긍정 걸으면서 운동하니 기분이 상쾌하다.

부정 넘어져 다리가 부러지니 괴롭다.

긍정 다리가 성하다는 게 얼마나 고마운 일인지 실감했다.

부정적으로 보는 사람은 성공하기 어렵다. 일을 밀어붙이는 에너지는 부정적인 태도에서 나오기 어렵기 때문이다. 매사를 긍정적으로 보면 기분도 명랑해지고, 정신건강과 육체건강에도 도움이 된다.

긍정적 생각은 무엇보다 중요한 행복의 조건이다.

핵심 긍정적으로 생각해야 성공하고 행복해진다.

교훈 행복하다, 긍정적으로 생각하자.

실천 나는 어려운 일 3가지를 적고, 그것을 긍정적 관점에서 말하겠다.

• 피겨 퀸 김연아의 긍정 마인드 •

2010년 밴쿠버 동계올림픽에서 한국 피겨스케이팅 역사상 처음으로 금메달을 목에 건 김연아는 '피겨 퀸'으로 불리며 온 국민의 사랑을 받는다. 수많은 스포츠 스타 중에도 그녀가 독보적 인기를 누리는 이유는 무엇일까?

어린 소녀의 몸으로 수많은 역경을 딛고 세계 최정상에 서기까지 그녀의 성장 스토리를 보면 그 답을 찾을 수 있다.

7살에 처음 스케이트화를 신고 피겨스케이팅을 시작한 그녀는 미국 피겨 선수 미셸 콴을 보면 꿈을 키워 나갔다. 초등학생 시절 피겨 신동이란 찬사를 받으며 국내 대회에서 두각을 나타냈고, 12살 무렵 5종 트리플점프를 마스터했다. 주니어 시절에는 국제 대회에 진출하여 각종 상을 휩쓸었다. 2009년 여자 선수로는 최초로 합계 200점을 넘어서며 세계 선수권에서 우승했다. 2010년 밴쿠버 동계올림픽에서는 금메달을 차지하며 명실상부한 피겨 퀸으로 등극했다.

김연아의 화려한 경력을 보면, 아무 어려움 없이 탄탄대로를 걸었을 것 같지만, 그녀는 은퇴를 생각했을 정도로 힘든 일도 많이 겪었다. 제대로 된 아이스링크장도 없는 열악한 환경에서 매일 반복되는 혹독한 연습에 눈물 흘렸고, 발에 맞지 않는 스케이트화 때문에 피겨를 그만두어야 하나 고민했다. 갑작스런 부상으로 대회 출전을 포기하고 슬럼프를 겪기도 했다.

그러나 김연아는 'No Pain, No Gain'(고통 없이 아무것도 이룰 수 없다)을 좌우명으로 삼고 역경을 딛고 일어났다. 힘든 일이 있어도 '과거는 과거일 뿐, 앞으로 잘하면 된다'고 생각하며 꾸준히 연습했다. 고통에서 희망을 찾고, 결과보다 과정을 중시하는 태도로 어려움을 훌훌 털어버렸다.

김연아는 긍정적 마인드가 가진 힘을 몸소 보여 주며 온 국민에게 큰 감동을 주었다.

핵심 김연아는 긍정적 태도로 역경을 이겨내고 피겨 퀸이 되었다.

교훈 긍정적으로 생각하자.

실천 나는 어려움을 겪을 때 포기하지 않고 긍정적 태도로 이겨내기 위해 노력하겠다.

• 행복과 불행 •

삶의 태도가 다른 형제가 있다. 형 명수는 항상 밝고 긍정적이고, 동생 현수는 늘 어둡고 부정적이다.

어느 일요일, 명수는 장애인요양원 자원봉사를 갔고, 현수는 동물원에 구경을 갔다. 엄마는 저녁에 두 아들에게 하루 일과를 물었다.

"명수야. 오늘 힘들었지?"

"아니요. 엄마, 저는 오늘 참 유익한 하루를 보냈어요. 뇌성마비 아이들을 돌보면서 제가 정말 행복하다는 것을 깨달았어요. 자유롭게 말할 수 있다는 것에 한 번도 감사한 적이 없었는데, 그게 얼마나 고마운 일인지 알았어요. 또 남을 돕는 것이 힘들지만 보람 있는 일이란 것도 알았고요."

엄마는 현수에게도 물었다.

"현수야. 너는 즐겁게 지냈어?"

"엄마. 재미없었어요. TV에서 〈동물의 왕국〉을 보는 게 더 나을 뻔했어요. 사자는 우리에서 좀처럼 나오지 않고, 곰도 같은 동작만 되풀이했어요. 게다가 아는 친구도 없고 날씨는 얼마나 더운지, 낮잠 잘 곳도 마땅치 않았어요. 택시 타고 집에 와 버릴까 하다가 억지로 참았어요."

엄마는 어떻게 하면 현수도 명수처럼 명랑하게 될까 진지하게 생각하게 되었다. 현수는 항상 어둡고 식욕도 없고 힘도 없었다. 근래에는 잠도 잘 자지 못하는 것 같았다.

행복하게 느끼는 것과 불행하게 느끼는 것은, 외부 환경이 원인이 아니고 우리 마음에서 빚어지는 패러다임의 차이이다. 외부 환경으로 말하면 동물원이 장애인요양원보다 더 나은데, 현수는 불평만 하는 것이 좋은 보기이다.

핵심 긍정과 부정, 행복과 불행은 마음먹기에 달렸다.

교훈 행복하다, 긍정적으로 생각하자.

실천 나는 지금부터 일이 생기면 먼저 긍정적으로 생각하겠다.

• 긍정적 사고와 성공 •

충무공 이순신 장군이 명량해전鳴梁海戰을 앞두었을 때, 조선 수군은 배가 13척이었고 왜군의 배는 수백 척이었다.

이때 조정에서는 13척의 배로는 싸우나 마나 질 것이 불 보듯 명백하니 아예 해전을 포기하자고 했다. 수군을 육군에 편입해서, 서울을 향해 밀고 오는 왜군을 육상에서 막는 전투에 투입하라고 했다.

이때 충무공은 긍정적으로 생각했다.

'조선 수군은 그래도 싸울 배가 13척이나 있다. 이것으로 반드시 이기는 전술을 세워야 한다.'

목마를 때 물을 찾으니 물이 반 컵 있었다고 하자. 이때 사람의 반응은 두 가지로 갈라진다.

하나는 비관적이고 소극적인 태도이다.

"반 컵밖에 없잖아. 이게 뭐냐."

다른 하나는 낙관적이고 적극적인 태도이다.

"반 컵이나 있네. 이거 다행인데."

신발회사 사원 두 사람이 아프리카에 시장조사를 갔다.

한 사람이 돌아와 부정적으로 보고했다.

"아프리카에 갔더니 신발을 신고 다니는 사람이 매우 적었습니다. 시장을 만들 수 없다고 봅니다."

다른 한 사람은 긍정적으로 말했다.

"아프리카에 갔더니 신발을 신지 않은 사람들이 많았습니다. 이 사람들에게 신발을 신게 하면 굉장히 큰 시장이 될 수 있습니다."

세상을 밝게 바라보고 긍정적으로 일을 받아들이며 능동적으로 행동하는 패러다임은 성공적 인생을 사는 데 매우 중요하다. 소극적 태도는 될 일도 안 되게 하고, 적극적 태도는 안 될 것 같은 일도 되게 한다.

학벌이나 지식이 중요하지 않은 것은 아니다. 그러나 인생을 성공적으로 살아가기 위해 더 중요한 것이 능동적이고 적극적인 태도임을 잊어서는 안 된다.

핵심 긍정적 사고방식을 가지면 인생을 성공적으로 살 수 있다.

교훈 행복하다, 긍정적으로 생각하자.

실천 나는 어려운 일이 생겨도 성공적으로 해결할 수 있다고 믿겠다.

5
결정하기 전에 깊이 생각하자

생각하는 능력은 인간만이 가진 특권이다. 그런데 많은 사람이 인생에서 크고 작은 결정을 내릴 때 깊게 생각하지 않고 처리한다. 직관적으로 반응하거나, 실패 가능성을 면밀히 고려하지 않고 실수를 저지른다.

우리가 현명하게 인생을 살아가려면 결정하기 전에 반드시 생각하는 습관을 길러야 한다. 외부에서 정보를 받으면 마음속으로 생각한 다음 말이나 행동으로 외부에 표현해야 한다. 쉽게 말하면, 컴퓨터가 외부 정보를 받아 프로그램에 따라 정보를 처리하고 그 결과를 외부에 내놓는 것과 비슷한 원리다. 즉, '마음의 프로그램'을 돌려야 한다.

가령, 같은 반 친구인 A와 B가 주먹다짐을 했다고 치자. A는 B가 자신을 놀리자 화가 나서 생각하지 않고 즉각적으로 때리는 반응을 보였고 이것이 몸싸움으로 번진 것이다. A와 B가 앞으로 잘 지내려면 새로운 마음의 프로그램을 만들어 작동시켜야 한다. 예를 들어, 작은 농담은 웃어넘기거나, 상대방의 행동 이유를 논리적으로 따지거나, 자기 행동을 반성하고 사과하는 등의 노력을 해야 한다.

• 반응과 선택 •

어느 날 엄마가 별이를 불러 간식으로 귤과 초콜릿 중에 하나를 택하라고 했다. 별이는 초콜릿을 집었다.

엄마가 물었다.

"별이야, 왜 초콜릿을 골랐지?"

"그냥요."

"너 전에 하루 생활의 스케줄이 꽉 짜여 있어 스스로 선택할 여지가 전혀 없다고 했지? 지금 선택할 기회가 있었어. 하루에 수백 번씩 너는 선택할 기회를 갖는다는 것을 알아야 한다. 그런데 넌 지금 선택할 기회에 반응을 하고 말았어."

"제가 반응을 했다고요?"

"그래. 넌 지금 별생각 없이 초콜릿을 골랐으니까 선택한 것이 아니라 반응한 것이란다.

무엇을 결정할 때 깊이 생각해서 결정하는 것을 선택이라고 하고, 아무 생각 없이 그냥 기분대로 결정하는 것을 반응이라고 한다. 생각하고 고르면 의사결정 과정을 거쳐 선택하는 것이지만, 생각 없이 잡으면 의사결정 과정이 없으므로 단순반응이 되는 거야."

"아, 그렇군요. 그럼 반응과 선택 중에 어떤 것이 더 좋나요?"

"그야 물론 선택이지. 네가 어떤 일을 결정할 기회가 있을 때마다 막연하게 반응을 일삼을 것이 아니라, 머리를 써서 생각하고 선택하면 훨씬 더 풍요로운 인생을 살 수 있단다. 이것은 큰일뿐만 아니라 간식이나 취미생활 같은 일상적인 일에도 적용되지.

예를 들어, 초콜릿과 귤 중에서 간식을 고를 때 초콜릿은 입에만 달콤하지만, 귤은 향기롭고 몸에도 좋다는 사실을 생각해 보렴. 또 여가 시간에 게임할까 운동할까 망설여질 때 게임은 말초적 오락이지만, 운동은 신체를 건강하게 만드는 습관이라는 사실을 한번 생각해 보는 거야."

말을 하거나 행동을 하기 전에는 반드시 먼저 신중히 생각해 보는 습관을 기르는 것이 중요하다. 삼사일언三思一言이란 한 번 말하기 전에 세 번 생각해 보라는 것이다. 중요한 교훈이므로 삼사일언을 반복해서 기억해 두는 것이 좋다.

핵심 기분에 따른 즉각적 반응보다 깊은 생각을 거친 선택을 하면 지혜로운 결정을 내릴 수 있다.

교훈 삼사일언, 결정하기 전에 반드시 생각해 보자.

실천 나는 매일 반응한 일과 선택한 일을 5개씩 적어 보겠다.

박경주는 어려운 일이 닥치면 그대로 감정을 폭발하고 후회한다. 하루는 그가 학교 상담선생님을 찾아갔다.

"저는 어제 연식이가 저의 여자친구 흉을 봐서 화내고 한 대 갈겼습니다. 그래서 큰 싸움이 벌어졌습니다."

"웃어넘기든지, 조용히 너의 기분을 얘기하지 그랬어?"

"저는 욱하고 못 참는 성질이 있습니다. 유전인 걸요, 뭐."

"그럼 너는 오늘 중요한 것 하나를 배울 수 있겠다. 화내는 것은 마음으로 어쩔 수 없는 무조건반사가 아니라 네 마음이 그렇게 하기로 정한 것일 뿐이다. 너는 눈에 벌이 날아들면 어떻게 하니?"

"무의식적으로 눈이 감깁니다."

"맞아. 그것은 무조건반사야. 마음으로 어쩔 수 없지. 그럼 만약 발에 쥐가 나면 어떻게 하니?"

"손으로 주무르거나 발을 당겨 봅니다."

"맞아. 그런 행동은 무조건반사가 아니고 마음이 정하는 거야. 쥐가 난다는 것은 생리적 작용이지만, 그것을 주무르거나 발을 당기는 것은 선택적 행동이야. 화내는 것도 그와 마찬가지야.

그러니 평소에 '화나면 조용히 생각해 보자. 화나면 먼저 열까지 헤아리고 말한다'고 마음에게 타이르는 것이 좋다. 즉, 마음의 프로그램을 바꾸어 놓으라는 말이다."

경주는 상담선생님의 말을 반신반의했지만, 자기 방 벽에 다음과 같이 써 붙이고 큰소리로 반복해서 읽었다.

"화가 치밀어 오르면 마음으로 그것을 억누르고, 열까지 헤아린 다음 어떻게 말하고 어떻게 행동할지 냉정하게 생각한다."

그는 이것을 줄여 "화나면 열, 화나면 열"을 반복해서 습관으로 만들기로 결심했다.

며칠 후 경주가 조깅하려고 운동화를 꺼냈는데 물에 흠뻑 젖어 있었다. 동생 성미가 어제 빗길에서 신은 후 벗어 놓았기 때문이다. 전 같으면 "성미야! 네가 그랬지? 적셨으면 말려 놓았어야 하잖아!"라고 큰 소리로 화냈을 것이다. 그런데 이상하게 조용히 말할 수 있었다.

경주 마음의 프로그램이 바뀐 것이다. 상담선생님 말씀이 옳았다는 것을 깨닫는 중요한 순간이었다.

핵심 화내는 것은 무조건반사가 아니라 선택적 행동이므로 연습하면 개선할 수 있다.

교훈 화나면 열.

실천 나는 "화나면 열"을 책상에 붙여 놓고 화날 때마다 세 번씩 큰 소리로 읽겠다.

• 실패하지 않는 방법 •

이가성李嘉誠은 홍콩의 거부이다. 1950년 22세에 사업을 시작하여 지금은 전 세계 55개국에서 사업을 전개하고 있다. 그는 수많은 사업을 하면서 실패한 일이 거의 없는 것으로도 유명하다.

하루는 어떤 사람이 물었다.

"어떻게 하면 실패하지 않을 수 있습니까?"

이가성은 신중히 대답했다.

"나는 내 시간의 90%를 실패를 생각하는 데 씁니다. 어떤 사업을 시작할 때 실패 가능성을 면밀히 검토합니다. 수많은 실패 가능성을 헤치고 성공하는 길을 찾습니다. 시계는 여러 개의 부품으로 이루어지는데 그중 하나만 고장 나도 못 쓰게 됩니다. 기업도 마찬가지입니다. 한 부분이라도 잘못되면 성공할 수 없습니다.

표면적으로 나는 사업에 성공하고 있지만, 실제로 나는 많은 시간을 실패와 싸우고 있습니다."

핵심 실패를 줄이려면 일을 결정하기 전에 실패 가능성에 대해 신중히 생각해야 한다.

교훈 삼사일언.

실천 나는 내가 지난 한 달 동안 결정한 일을 다 적어 보고, 그것을 결정하기 전에 얼마나 깊이 생각했는지 반성하겠다.

• 나의 실패 경험 •

이가성은 시작한 일이 모두 성공했다는데, 나는 그 반대다.

나는 1980년에 삼보컴퓨터를 설립하여 한국에서 정보산업을 창시했을 뿐만 아니라 사업 자체도 크게 성공했다. 당시 나는 막 동이 트기 시작한 정보화 시대를 맞이하여 새로 할 만한 일을 무수히 생각했다. 그리고 많은 회사를 만들었다.

그중에서 몇 개만 소개하면 다음과 같다.

- 온라인 쇼핑을 처음으로 시작한 메타넷
- 한글 워드프로세서를 처음으로 만든 휴먼 컴퓨터
- 멀티미디어 비디오를 처음으로 제작한 솔빛 미디어
- 온라인 학원
- 병원을 전산화하는 메디넷
- 인터넷 포탈 코리아넷

이는 모두 우리나라에서 처음 시작한 정보산업이었는데 실패했다. 이유는 깊이 생각하지 않고, 충분한 준비 없이, 성숙기에 이르기 전에 너무 일찍 시작했기 때문이다.

사업에 관해 우리 아이들에게 가르칠 첫 교훈이 무엇이냐고 물으면 나는 '삼사일언'이라고 말할 것이다. 바꿔 말하면, 새 사업을 시작할 때 모든 실패의 위험을 충분히 따져 보라는 것이다. 삼사일언은 사업을 시작할 때뿐만 아니라 모든 결정을 할 때 반드시 지켜야 할 중요한 습관이다.

핵심 사업을 비롯해 중요한 결정을 내리기 전에는 반드시 깊이 생각해 보아야 한다.

교훈 삼사일언.

실천 내가 실패한 일 3가지를 적어 보고, 그것을 깊이 생각했다면 어떤 점이 달라졌을지 적어 보겠다.

6

성공을 위한 자기관리

현대사회의 많은 사람들은 우리 인생에서 돈이 큰 비중을 차지한다고 생각한다. 돈을 벌거나 쓰는 일, 돈을 아끼거나 모으는 일을 매우 중요하게 여긴다. 심지어 돈을 좇아 살아가다가 죄를 짓는 사람들도 있다.

그러나 정작 돈에 대해 가르치거나 배우는 경우는 흔치 않다. 따라서 가정이나 학교, 회사에서 올바른 원칙을 가지고 돈을 관리하는 습관을 들이는 교육을 해야 한다.

시간은 돈과 함께 사람이 살아가는 데 중요한 자원으로 모든 사람에게 공평하게 주어진다. 돈이 없다고 불평하는 사람도, 시간만은 남들과 똑같이 가졌다는 것에 감사하고, 그것을 잘 활용할 방법을 생각해 볼 필요가 있다.

또한 시간은 한 번 쓰면 다시 돌아오지 않으므로 효과적으로 쓰는 방법을 알아보고 이를 습관으로 만들어야 한다.

• 돈의 의미 •

인생을 사는 데 돈은 아주 중요한 요소이므로 진지하게 그 의미를 생각해 보아야 한다.

돈에 관한 세간의 인식을 적어 보면 다음과 같다.

- 돈만 있으면 안 되는 일이 없다.
- 돈만 있으면 나쁜 사람이란 낙인이 찍혀도 좋다는 그릇된 가치관을 가진 사람은 기회만 되면 남의 돈을 사기 쳐서 도망친다.
- 사기꾼과 폭력배는 돈을 위해 나쁜 짓 하는 것을 직업으로 삼는다.

이런 생각이 세상을 혼탁하게 만들고 결국 모든 사람들이 그 피해자가 된다. 한편 돈에 대한 올바른 인식은 다음과 같다.

- 돈은 수단이지 목표가 아니다.
- 쓸 만큼 있는 돈은 축복이지만, 그 이상의 돈은 부담이 된다. 따라서 자식에게 너무 많은 돈을 물려주는 것은 결코 축복일 수 없다.
- 수입의 일정 부분은 남을 위해, 사회를 위해 기부한다.

사람들이 돈을 너무 중시하므로 많은 심리학자가 돈과 행복의 관계를 연구했다. 앞에서도 얘기한 바 있지만, 일반 상식과 달리 돈과 행복은 큰 관계가 없음이 과학적으로 증명되었다. 요점만 한 번 더 되풀이해 보겠다.

- 생활이 일정 수준을 넘으면 수입이 늘어도 더 행복해지지 않는다. (돈과 행복은 관계가 적다.)
- 복권 당첨자들의 삶을 조사했더니 평균 수준에서 더 행복해지지 않았다.
- 부정한 방법으로 돈을 가지면 평생 양심의 가책에 시달린다.
- 이웃을 도우면 돈은 손해가 나지만, 마음은 행복해진다.

여기서 알 수 있듯이 우리는 우리 마음을 잘 모르고 산다.

핵심 돈에 대한 올바른 인식을 갖는 것이 중요하다.

교훈 돈을 알자.

실천 '나에게 돈은 무엇인가?'라는 글을 쓰고, 다음 질문의 답을 찾겠다.

- 나에게 돈이 얼마나 있으면 좋을까?
- 나는 지금 수입으로도 행복한가?
- 나는 내 자녀들에게 얼마를 물려주길 원하는가?
- 내게 지금 100억 원이 있다면 그것을 어떻게 쓸까?

· 회사의 돈 ·

송현빈과 이사민은 같은 회사에 같은 날 입사해 구매팀에서 함께 일하게 되었다.

현빈은 월급의 5%를 무조건 저축했다. 수입의 5%를 저축하는 사람과 수입의 5%를 빚지는 사람은 쓰임새에서 10%밖에 차가 나지 않지만, 그것이 10년간 쌓이면 경제적 안정감에서 엄청난 차이가 생긴다는 사실을 그는 잘 알았기 때문이다.

사민은 쥐꼬리만 한 월급의 사용 내역을 장부에 적을 필요성을 전혀 느끼지 못했다. 신용카드 사용이 좀 초과되면 다음 달에 메우면 된다고 생각했다.

하루는 사민의 친구가 찾아와 동생 등록금을 좀 빌려달라고 했다. 월말에 곗돈을 타면 돌려주겠다는 것이었다. 그는 마침 거래처에서 수금해 온 돈이 있었다. 월말에 꼭 갚는다는 친구의 다짐을 받고 그 돈을 빌려주었다. 공금은 절대로 유용하면 안 된다는 규칙을 그는 대수롭지 않게 생각했다. 어차피 돈을 메워 놓을 텐데 잠시 융통해도 문제없다고 여긴 것이다.

그러나 일에 차질이 생겼다. 친구가 곗돈을 못 받게 되어 약속을 어겼다. 사민은 악의 없이 시작한 일로 난감하게 되었다. 이것을 메우기 위해 저것을 하게 되고, 다시 또 다른 것을 하게 되고, 결국 사고를 친 사원이 되고 말았다. 악의 없이 저지른 조그만 사고가 큰 사고로 발전한 것이다.

한편, 현빈은 다음의 원칙을 고수해 모범사원으로 인정받았다.

- 공금公金은 단 1초 동안도 절대 유용하지 않는다.
- 돈을 만지는 자리에 있는 한, 남의 돈 심부름은 하지 않는다. 즉, 돈을 꿔 주거나 알선하는 일은 하지 않는다.
- 회사 모르게 자기 사업을 하지 않는다. 특히 회사와 거래하는 업체에는 절대로 투자하지 않는다.
- 회사의 금전거래 상황에 대한 비밀은 무슨 일이 있어도 누구에게도 누설하지 않고 지킨다.

현빈은 이러한 원칙 덕분에 사장에게 절대적 신임을 받게 되었다.

세상에는 돈을 가장 중요한 가치라고 보고 평생 동안 그것을 좇는 사람이 수없이 많다. 많은 사람이 회사에서 일하는데, 회사의 목표도 우선 돈을 벌어들이는 일이다. 그래서 돈 버는 것을 인생 목표로 생각하는 사람이 많다. 잘못하면 돈 때문에 사람이 탐욕에 빠지고, 죄를 저지르고, 치사하게 된다. 소년 범죄의 태반은 돈을 다룰 줄 몰라 일어난다.

이처럼 돈은 수많은 문제의 중심에 있으므로, 돈의 의미를 깊이 생각해 보아야 한다. 돈을 올바로 다루는 방법도 공부해야 한다.

핵심 회삿돈을 비롯한 공금은 원칙에 의거하여 유용하면 안 된다.

교훈 공금을 유용하지 말자.

실천 나는 회삿돈을 관리하는 원칙을 준수하겠다.

• 남매의 용돈 •

종규, 종미, 종국, 3남매는 매달 엄마에게 용돈을 탄다.

맏이 종규는 용돈을 타면 2~3일 내에 그것이 바닥났다. 우선 빚을 갚아야 하고, 남은 돈은 너무 적어 계획을 짤 수 없었다. 일단 다 써 버리고 또 빚을 얻거나 삼촌을 졸라 부족한 돈을 보충했다.

둘째 종미는 꼼꼼하게 계획을 세우고 일일이 장부에 적으면서 예산 범위 안에서 돈을 썼다.

셋째 종국은 인생의 목표를 세우고 모든 것을 전략적으로 해 나간다. 여기서 전략적이라 함은 큰 목표를 달성하기 위해 여러 방법을 두루 비교해 보고, 그중에서 가장 타당한 방법을 찾는 것을 말한다.

종국의 전략은 다음과 같다.

- 아무리 예산이 적어도 5%는 저축한다.
- 만약의 경우를 대비해 10%는 예비비로 두었다가 필요할 때 쓴다.
- 저축은 반드시 은행에 예금하고, 돈을 남에게 꿔 주는 일은 신중히 생각한 다음 결정한다.

이 세 번째 전략 때문에 시끄러워졌다.

"막내야, 돈 5만 원만 꿔 다오."

"형, 미안한데 난 '돈을 남에게 꿔 주는 일은 신중히 생각한다'는 원칙이 있어."

"내달 초에 용돈을 타면 줄 텐데, 뭘 그래. 빨리 내놔."

지나가던 아버지가 이 이야기를 듣고 물었다.

"사이좋기로 소문난 너희 형제가 무슨 일로 다투냐?"

"아버지, 5만 원만 꿔 달라고 했는데, 막내가 돈이 있으면서도 안 꿔 줘요."

"종국아. 받을 수 있는 돈인데, 왜 빌려주지 않지? 설사 못 받는다고 해도 형이 급하면 도와주는 것이 도리가 아니냐?"

"아버지, 형이 정말 필요한 일에 쓸 돈이 없다면 저는 두말 않고 빌려 줄 겁니다. 그런데 형은 수입 범위 내에서 돈을 써야 하는데 언제나 계획 없이 씁니다. 이대로 가면 형은 매달 빚쟁이로 살아갈 것입니다. 이것이 제가 돕지 않는 이유입니다."

"그거 그럴듯한 이론인데."

"돈을 꿔 주지 않는 또 하나의 이유를 말씀드리겠습니다. 제가 책에서 읽었는데 친척이나 친구 사이가 멀어지는 중요한 이유 중 하나가 대개 돈을 꿔 주거나 보증을 서 주는 데서 비롯된다고 합니다. 그래서 저는 친한 사이에는 돈거래를 하지 말아야 한다는 원칙을 세웠습니다."

"그런 생각을 했다니 제법이로구나. 그러나 자본주의가 충분히 발달하지 못한 우리나라에서는 은행제도가 아직 제구실을 못해서 결국 아는 사람들끼리 서로 도우며 사업하는 경우가 많단다. 그러니 좀 융통성을 갖는 것이 좋을 게다. 상금으로 종국이의 용돈을 10% 올려 주마. 형의 빚은 이번에 내가 다 갚아 주고, 그 대신 앞으로 석 달간 용돈을 10% 깎는다. 만일 석 달간 더 빚을 내지 않고 예산도 짜고 장부에 기록도 하면 원상태로 복구시켜 주마."

핵심 용돈을 쓸 때도 목표와 전략을 세우는 것이 좋다.

교훈 예산을 세우고 돈을 쓰자.

실천 나는 내 용돈에서 5%를 저축하는 예산을 세우겠다.

• 유명 브랜드 자랑 •

선희네 반에서는 유명 브랜드 상품을 사서 자랑하는 풍조가 생겼다. 아이들은 친구가 유명 브랜드의 옷을 입고 와 자랑하면 매우 부러워했다.

담임선생님은 어떻게 하면 아이들의 잘못된 가치관을 고칠 수 있을까 고민하다 선희를 떠올렸다. 선희네 집은 큰 부자인데도 항상 검소하게 차려입고 다녔으므로 틀림없이 가정교육을 잘 받았으리라고 생각했다.

선생님은 선희 어머니에게 전화를 걸었다.

"저는 우리 반 아이들의 가치관이 잘못되어 고민 중입니다. 바쁘시겠지만 선희 아버님, 정 회장님께서 학교에 오셔서 돈에 대해 한말씀해 주시면 아이들이 올바른 가치관을 갖고 자라는 데 큰 도움이 될 겁니다."

정 회장은 기꺼이 이 제의를 받아들였다.

아이들은 TV에서 보던 유명한 대그룹 총수를 만나자 흥분했다. 정 회장은 아이들을 향해 말문을 열었다.

"여러분. 돈을 벌고 싶지요? 나는 어릴 적에 아주 가난했지만, 노력해서 지금은 부자가 되었습니다. 내가 부자가 된 방법을 알려 줄 테니 정말로 부자가 되고 싶은 분들은 내 말을 잘 들으세요.

나는 한 푼이 생기더라도 먼저 저축했습니다. 비록 작은 돈이더라도 그 돈이 그냥 잠자지 않고 계속 불리는 방법을 연구했습니다. 당장 큰 이자를 준다는 제안은 경계했습니다. 그것은 틀림없이 위험하다고 생각했기 때문입니다. 나는 어릴 때 별별 일을 다 해봤습니다. 그때마다 그 일을 더 잘할 수 있는 방법이 무엇인지 언제나 기회 있을 때마다 현장에서 공부했습니다. 선배에게 물어보기도 하고, 도서관에서 책을 읽기도 했습니다. 처음에는 돈이 잘 불어나지 않았습니다. 그러나 일정한 액수를 넘자 아주 쉽게 늘어났습니다.

내가 두 번째로 노력한 것은 아끼는 것입니다. 돈을 무시하면 돈은 절대로 불어나지 않습니다. 나는 지금 돈이 많지만 절대로 함부로 낭비하지 않습니다. 나는 평생 사치품이라는 것을 모르고 살았습니다. 사치품을 몸에 지녀 보니 내 자신이 부끄러워졌습니다. 오죽 못났으면 비싼 시계, 비싼 신발로 자기를 과시하느냐는 생각이 들었습니다. 나는 보석을 몸에 감고 다니는 사람을 보면 딱합니다. 얼마나 불편할까 하는 생각이 듭니다. 잃어버릴까 신경 써야 하고 도둑이 들까 걱정해야 하니까요. 사람들이 '돈은 가졌구나'라고 인정할지 몰라도 '돈밖에 자랑할 게 없는 사람이구나'라고 딱하게 생각할 것입니다.

그래서 나는 우리 아이들에게 사치하는 것을 부끄럽게 여기도록 가르칩니다. 사치는 불편하고 부끄러운 것입니다."

그 말을 듣고 아이들은 정 회장을 다시 보았다. 구두는 오래 신어 뒤축이 닳았고, 양복도 지금 유행하는 것과 다른 구식이었다. 정 회장의 강연 후 선희네 반에서는 명품을 부끄러워하게 되었다.

핵심 부자가 되는 비법은 검소하고 사치 부리지 않는 것이다.

교훈 사치를 삼가자.

실천 나는 검소하게 살면서 사치품을 부러워하지 않겠다.

• 시간을 쓰는 단수 •

절대권력을 가진 황제라고 해도 시간만은 남보다 더 가질 수 없다. 또 억만금을 주어도 하루를 25시간으로 만들 수 없다. 다만 우리가 할 수 있는 일은 주어진 시간을 효과적으로 쓰는 것이다.

어떻게 하면 시간을 잘 쓸 수 있을까? 시간을 쓰는 수준을 태권도 단수로 정리하면, 시간 활용방법을 단계별로 쉽게 이해할 수 있다.

- **초단** 별 계획 없이 그때그때 상황에 따라 적당히 쓴다.
- **2단** 수첩을 가지고 다니면서 약속이 잡히면 적는다. 약속을 어긴다든

지 중복 약속을 하는 것은 피할 수 있다.

- **3단** 중요한 것에 집중하고 덜 중요한 것은 과감히 잘라내고 하지 않는다.
- **4단** 일주일 계획을 세운다. 학교 숙제를 하는 시간, 과외공부를 하는 시간, TV를 시청하는 시간, 게임하는 시간 등을 미리 수첩에 적고 지킨다.
- **5단** 평생 계획을 세운다. 이것이 어려우면 1년 계획, 5년 계획, 10년 계획을 세운다.

핵심 시간은 중요한 자원이므로 시간 사용 방법을 익히는 것이 중요하다.

교훈 시간을 잘 쓰자.

실천 다음 일을 할 때 시간의 귀중함을 늘 생각하겠다.

- 공부하거나 일하는 시간, 독서하는 시간
- 운동하는 시간, 명상하는 시간
- 가족과 즐겁게 지내는 시간, TV 보거나 게임하는 시간
- 아무 생각 없이 편하게 쉬는 시간, 차에 앉아 있는 시간

• 시간이 돈 •

어느 날 지호는 아버지에게 시간을 돈에 빗대어 이야기했다.

"아버지의 한 달 월급이 300만 원이라 가정해요."

"그런데?"

아버지는 TV에서 눈을 떼지 않고 물었다.

"그러면 하루에 10만 원이고요. 하루에 아버지 시간이 10시간이라고

치면 한 시간에 만 원이잖아요."

"그래서?"

"아버지는 지금 두 시간 동안 TV를 보시는데, 두 시간이면 2만 원이에요. TV를 보는 것이 2만 원의 가치가 있습니까?"

"너 정말 신통하구나. 어떻게 그런 생각을 했니? 네가 나보다 열 배 더 훌륭한 사람이 되겠구나. 그러면 너의 한 시간은 10만 원이고, 너의 1분은 1,700원이다. 아까 보니까 네가 화장실 가서 6분쯤 있다가 나오더라. 그 시간은 만 원에 해당하는데 만 원짜리 가치 있는 일을 하고 왔니?"

"아 참, 그러네요. 2분 내에 끝낼 수 있는 일이었어요. 3,400원으로 끝낼 일을 만 원이나 들인 셈이네요. 앞으로 고치겠습니다."

지호는 낭비하는 시간이 너무 많다는 것을 깨달았다. 그는 하루 종일 한 일을 적어 보고, 낭비한 시간을 찾아내어 효과적으로 쓸 계획을 세워 보았다. 지호의 학교 성적은 날로 향상되었다.

지호가 성공할 것은 의심의 여지가 없어 보인다. 시간은 곧 돈이다. 위의 이야기대로라면 TV를 2시간 동안 보면 2만 원을 쓰는 꼴이 된다. 그런데 많은 사람이 돈 2만 원 쓰는 것은 신중히 생각하는 반면, 2만 원짜리 시간을 쓰는 것은 대수롭지 않게 여긴다.

핵심 시간을 돈으로 환산해 보면 그 소중함을 깨우칠 수 있다.

교훈 시간을 잘 쓰자.

실천 나는 내 시간은 한 시간에 얼마인지 계산하고 신중히 쓰겠다.

6부

일에 관한 이야기

- ✓ 일에 집중하자
- ✓ 중요한 일부터 먼저 하자
- ✓ 사명감을 가지고 일하자
- ✓ 창의적으로 생각하자
- ✓ 일의 본질을 생각하자
- ✓ 모든 경우를 다 생각하자
- ✓ 정보는 분석하자
- ✓ 내가 먼저 하자: 리더십

5부에서는 습천법 1-3-11의 3(남, 나, 일) 중에서 '나'를 다스리고 성장시키기 위한 원칙과 교훈을 살펴보았다. 6부에서는 습천법 1-3-11의 3(남, 나, 일) 중에서 '일'을 훌륭하게 잘하기 위한 원칙과 교훈을 알아본다.

사람은 살아가면서 저마다 직업을 선택하고 일을 한다. 회사원은 업무가 일이고, 학생은 공부가 일이며, 주부는 가사가 일이다. 마지못해 일하는 사람은 아무것도 얻을 수 없지만, 자신의 일을 훌륭하게 해내는 사람은 큰 성취감을 느끼고 성공적인 삶을 살아갈 수 있다.

그렇다면 일을 잘하려면 어떤 교훈을 습관으로 만들어야 할까?

우선 일할 때는 집중하여 중요한 것부터 하며, 결정하기 전에 깊이 생각해야 한다. 또한 사명감을 가지고, 창의적으로 생각하며, 일의 본질을 잊지 말아야 한다. 나아가 전략적 사고를 통해 모든 경우를 다 따져 보고, 정보는 분석해 받아들이며, 먼저 솔선수범하는 리더십을 발휘해야 한다.

1

일에 집중하자

적당히 일하는 것과 집중해 일하는 것은 그 성과에서 몇 배의 차이가 날 수 있다. 사람의 태도가 성공 요인의 85%를 차지한다는 조사도 있다. 즉, 집중해서 일하는 태도를 가진 사람은 일의 성과가 높고 성공할 가능성도 크다는 것이다.

그러나 우리는 집중하기 어려운 시대를 살고 있다. 쉬지 않고 울려대는 휴대폰 벨소리, 분초를 다투며 날아드는 소셜미디어 알림에 신경 쓰다 보면 일에 집중하는 것이 점점 힘들어진다.

어떻게 집중력을 향상시킬 수 있을까? 많은 사람이 그 답이 휴대폰을 끄고 책상에 진득이 앉아 있는 것이라고 생각한다. 그러나 이보다 더 근본적인 해법은 일을 능동적으로 맡고, 긍정적으로 생각하며, 열정적으로 행동하는 것이다. 그리하여 지금 하고 있는 일에 최선을 다하고, 일하는 것 자체에 재미를 느끼면 자연스럽게 집중하는 태도와 습관을 기를 수 있다.

• 죽을 각오로 공부하라 1 •

조현명趙顯命은 영조 때 영의정을 지낸 분이다. 어떤 사람이 자기 아들이 여러 번 과거에 떨어져 탄식하자, 그는 반드시 합격하는 법을 가르쳐 주겠다고 했다.

그 사람이 아들을 데려왔다. 조현명은 그 아이를 데리고 산에 갔다. 높은 소나무 아래 가서 나무에 오르라고 했다. 그리고 높은 가지에 두 손을 잡고 매달리라고 한 후, 한 손을 놓고 한 손으로만 가지를 잡으라고 했다.

아이는 떨어지지 않으려고 죽을힘을 다해 손에 힘을 주었다.

그는 아이를 나무에서 내려오게 하고 말했다.

"나무에 매달렸을 때는 일체 다른 생각을 하지 않고 오직 떨어지지 않으려고 온갖 힘을 다 썼지? 공부도 그렇게 해라."

그 아이는 그동안 공부를 적당히 해왔음을 깊이 깨달았다.

그 후 그 아이는 집중해 공부했고 드디어 과거에 합격했다.

핵심 공부할 때는 필사적으로 집중해야 한다.

교훈 집중하자.

실천 나는 책상 앞에 '전력 집중'이라고 써 붙이고, 일할 때나 공부할 때는 휴대폰을 끄고 집중하겠다.

• 죽을 각오로 공부하라 2 •

어떤 젊은이가 현명하다고 소문난 노인에게 찾아가 성공하는 비결을 가르쳐 달라고 부탁했다.

노인은 젊은이에게 성공 비결을 가르쳐 줄 테니 자기를 따라오라고 했다. 그를 데리고 노인은 강으로 갔다. 그리고 노인은 강 속으로 걸어 들어 갔다. 그도 따라갔다.

물이 목까지 차올랐다. 거기서 노인은 그의 머리를 눌러 물속으로 밀어 넣었다. 그리고 숨이 넘어갈 지경까지 누르고 있었다. 그는 겁에 질려 몸부림을 쳤다. 그제야 그의 머리를 물위로 들어 올리고 할아버지는 말했다.

"물밑에서 얼마나 숨 쉬게 되기를 바랐어? 그런 마음으로 성공을 바라면 성공할 수 있단다."

• 집중해서 일하는 시간 •

김 과장은 회사에서 열심히 일했다. 일과 시간 중에 한눈팔지 않고 열심히 일했다. 그런데도 업무성과는 별로 좋지 못했다.

그가 일하는 것을 들여다보았더니 일하는 방식에 문제가 있었다. 그는 걸려오는 모든 전화를 친절하게 받았고, 찾아오는 사람은 한결같이 깍듯하게 다 만났다. 오라는 데는 빠짐없이 다 찾아갔고, 옆 친구의 잡담도 잘 받아 주었다.

그러나 그는 스스로 중요한 일을 찾아 그 일부터 우선적으로 집중해 처리하는 습관을 터득하지 못했다. 그것이 열심히 일하면서도 성과를 내지 못하는 원인이었다.

반면, 이 과장은 일을 잘하기로 소문났다. 그는 일단 일을 시작하면 휴대폰을 끄고 대화를 사절하며 무섭게 집중했다. 뿐만 아니라 일하기 전에 항상 이보다 더 중요한 일은 없는지 생각했다.

오래 열심히 일한다고 성과가 좋은 것은 아니다. 시간을 쓸 때는 첫째, 중요한 것부터 하고, 둘째, 집중해서 하는 요령을 익혀야 한다.

핵심 일은 중요한 것부터 집중해서 해야 성과를 낼 수 있다.

교훈 집중해서 시간을 쓰자.

실천 나는 매일 아침 가장 중요한 일이 무엇인지 생각하고,
그 일부터 집중해서 하겠다.

• 집중의 효과 •

이나모리 가즈오稻盛和夫는 원하는 대학에 낙방해 이름 없는 대학을 나왔다. 졸업 후에도 원하는 회사에 채용되지 않아 조그만 회사에 들어갔다. 그는 거기서 기술을 익혀 1959년 자신의 회사인 교토세라믹(현 Kyotocera)을 차렸다.

그때 이나모리는 생각했다.

'일할 때 성과를 내는 사람과 아닌 사람은 무엇이 다른가?'

그가 찾아낸 공식은 다음과 같다.

일의 성과 = 능력 × 집중도 × 시간

여기서 사람의 능력은 1 대 2 이상 차이 나지 않는다고 그는 생각했다. 사람들을 비교해 보면, 키나 얼굴 크기가 두 배 이상 차이 나지 않고, 두뇌도 두 배 이상 차이 나지 않는다. 따라서 능력도 두 배 이상 차이 나지 않는다고 추측할 수 있다.

그러나 일하는 집중도는 1 대 100이 될 수 있다고 그는 주장했고, 사원을 평가할 때 출신학교는 무시하고 집중도를 측정했다.

집중도를 측정하는 공식은 다음과 같다.

집중도 = 생산한 전체 ÷ 일한 총시간 수

이렇게 집중도를 가지고 사람을 평가하고, 팀을 평가하는 방법은 대

성공을 거두어 이나모리의 회사는 일본 최우량 기업으로 도약했다. 흥미로운 사실은 집중도 공식에서 일한 시간이 줄어야 집중도가 높아지므로 그의 회사 과장들은 퇴근 시간이 되면 사원들을 빨리 집으로 보내기까지 했다는 것이다.

사람의 능력 차이는 1 대 2인 데 비해 집중도 차이는 1 대 100까지 될 수 있다는 사실은 우리에게 큰 교훈을 준다. 일에서 좋은 성과를 얻으려면 우선 집중해서 일하는 태도를 길러야 한다는 것이다.

핵심 집중도에 따라 일의 성과가 달라지므로 일할 때 한눈팔지 않고 집중하는 것이 중요하다.

교훈 집중하자.

실천 나는 매일 퇴근 때마다 완전히 집중해 일한 시간을 적어 보겠다.

• 몰입의 즐거움 •

'어떻게 하면 사람들이 행복한 삶을 영위할 수 있을까?'

세계적 심리학자 미하이 칙센트미하이Mihaly Csikszentmihalyi는 이 질문에 대한 답을 찾기 위해 오랜 기간 연구했다. 그는 화가, 음악가, 스포츠 선수들이 작업할 때 다른 모든 것을 잊고 집중하는 모습에 깊은 인상을 받았다. 그들은 배고픔과 사회적 의무, 시간과 피로를 모두 잊고 최면에 걸린 듯 작업에 박차를 가해 완전히 몰입했다. 몰입은 동양철학에서 말하는 무아지경이나 경敬, 요가와 명상 상태와 같은 개념이다. 그는 이 몰입이야말로 삶을 훌륭하게 가꿔 준다고 말했다. 몰입은 개인을 각성시켜 성장시키고 행복감을 느끼도록 한다는 것이다.

그가 설명한 것처럼, 몰입을 통해 성장하고 행복해지는 삶의 사례는 어렵지 않게 찾을 수 있다. 2022년 세계적 권위의 반 클라이번 국제콩쿠르에서 역대 최연소(18세)로 우승한 피아니스트 임윤찬은 압도적 재능으로 전 세계에 자신의 존재를 각인시켰다. 스승인 손민수 교수는 "음악에 몰입해 사는 모습이 18~19세기에 사는 듯하다"며 천재 피아니스트의 몰입도를 칭찬했다. 매일 평균 8시간씩 건반 앞에 앉는다는 임윤찬은 "나의 기쁨은 무대보다는 연습실에서의 시간"이라고 말할 정도로 연주에 몰입하는 순간을 즐긴다.

칙센트미하이는 사람이 행복을 느끼려면 일상생활에서 몰입의 순간이 필요하다고 강조한다. 몰입의 순간을 거치며 느끼는 행복은 자기 자신의 노력으로 얻은 만큼 더 값지다는 것이다. 삶의 질을 높이고 싶다면, 명확한 목표가 있고 효과를 곧바로 확인할 수 있으며, 자신의 능력에 적당한 과제에 몰입하라고 권한다.

핵심 몰입은 사람을 성장시키고 행복한 삶을 영위하도록 돕는다.

교훈 집중하자.

실천 나는 내 일에 몰입하여 성취도를 높이고 행복을 느끼겠다.

2

중요한 일부터 먼저 하자

모든 사람에게는 공평하게 하루 24시간이 주어진다. 그러나 시간을 활용하는 방식은 차이가 난다. 어떤 사람은 이를 효과적으로 쓰는 반면, 어떤 사람은 이를 낭비한다.

효과적으로 시간을 쓰는 사람은 중요한 일에 집중하고 덜 중요한 일은 뒤로 미룰 줄 안다. 반면, 시간을 낭비하는 사람은 일의 경중을 따질 줄 모르고 눈앞의 일을 차례대로 처리한다. 많은 사람이 이 사실을 간과한 채, 쉬지 않고 열심히 일하고 공부하면 잘할 것이라고 착각한다.

일의 효율성을 높이고 목표한 바를 이루려면 우선 무엇이 중요한지 판단하고 중요한 것부터 집중하여 철저히 해 나가는 습관을 길러야 한다.

• 죽어가는 회사 살리기 •

김동진은 A회사의 사장으로 취임하였다. A회사는 한때 잘나가던 회사였는데, 요사이 문제가 많아지고 영업실적도 떨어졌으며 직원들의 사기도 저하된 상태였다.

그가 사장에 취임해 먼저 시작한 일은 무엇이 근본적 문제인지 찾아내는 일이었다. 각 부문을 책임지는 상무들을 불러 보고를 받았다.

인사담당 상무가 말했다.

"지금 직원들의 사기가 많이 떨어졌고 이직률도 우려할 만큼 높습니다."

김 사장은 사업장별로 이직률을 조사해 구체적 자료를 만들어 달라고 했다. 그 결과, 울산에 있는 공장의 이직률이 특히 높아 전체 수치를 좌우할 정도였다. 나머지 다른 공장들은 상황이 그리 나쁜 편이 아니었다.

그는 울산공장의 작업 현장을 주의 깊게 살폈고, 그 공장에서 역겨운 가스가 누출되어 사람들이 근무를 꺼린다는 사실을 알게 되었다. 그는 이 문제 해결에 많은 자금을 집중 투입하여 공장의 가스 누출을 막았다. 마침내 그곳의 이직률이 크게 줄었다.

또 영업부 보고를 받아 보니, 회사 매출의 50%를 용산에서 올렸는데, 영업사원은 용산이나 다른 구역이나 별 차이가 없이 골고루 분포되어 있었다. 김 사장은 용산의 영업사원을 3배로 늘렸다. 3개월 뒤부터 전체 매출이 눈에 띄게 늘었다.

김 사장은 중요한 일을 찾아 그것을 중요하게 다루었다. 즉, 중요한 일을 찾아 집중적으로 힘쓰는 방법으로 어려운 회사를 구하고 좋은 회사 만들기에 성공했다. 그는 죽어가는 회사를 활기차게 살려냈다.

핵심 회사가 어려울 때 중요한 일을 찾아서 집중적으로 힘쓰면 좋은 성과를 얻을 수 있다.

교훈 중요한 일을 먼저 중요하게 다루자.

실천 나는 일할 때 항상 가장 중요한 일이 무엇인지 생각하겠다.

• 좋은 병원 만들기 •

한 의사가 병원장이 되었다. 큰 기관을 움직여 본 경험이 없는 그는 어떻게 하면 자기가 병원장으로서 훌륭한 업적을 남길 수 있을까 곰곰이 생각했다.

그는 먼저 가장 중요한 일에 노력을 기울이기로 작정했다. 그 일이 무엇인지 찾아내려고 병원 구석구석을 자세히 살폈다. 응급실이 그의 주의를 끌었다. 질서가 없고 환자들이 너무 오래 기다렸다. 뿐만 아니라 응급실에는 레지던트만 있고 정식 의사가 없는 것이 문제라고 파악했다.

그는 다음과 같은 방침을 세웠다.

"어떤 환자가 오든지 60초 내에 경험 있는 간호사가 보살펴야 합니다. 그리고 레지던트뿐만 아니라 정식 의사도 배치합니다."

1년도 되기 전에 그 병원 응급실은 소문이 났다. 병원장은 여기서 중요한 경험과 자신을 얻었다. 첫째, 중요한 것이 무엇인지 분석하고, 둘째, 방법을 생각해서 사람들을 훈련하며, 셋째, 결과를 측정하면 큰 성과를 올릴 수 있다는 것이었다. 그는 이어서 다른 분야에서도 이러한 노력으로 좋은 결과를 얻었다.

핵심 병원도 중요한 문제를 해결하면 좋은 성과를 얻을 수 있다.

교훈 중요한 일을 먼저 중요하게 다루자.

실천 나는 가장 중요한 일은 무엇인지 파악하고 그 일부터 하겠다.

• 우등생의 비결 •

별이와 향기는 같은 아파트 단지에 사는 같은 반 학생이다. 별이 엄마는 억척 엄마다. 과외 선생 정보가 누구보다 풍부하고 아이를 다잡아 일류대학에 입학시키겠다는 결의가 철석 같다. 별이에게 최고의 선생을 붙여 일분일초도 헛되게 보내지 않도록 온갖 정성을 다 쏟았다. 다행히 별이는 엄마 말씀을 잘 듣고 열심히 공부하는 노력파 학생이었다.

한편, 향기 엄마는 향기를 다그치지 않았다. 대신 저녁을 먹고 나면 반드시 공부에 대해 이야기했다. 엄마는 고등학교 수학교사였기 때문에 수학 이야기를 많이 했다. 향기가 못 푸는 어려운 문제에 대해 질문하면 엄마는 항상 이렇게 말했다.

“어려운 문제가 안 풀린다고 너무 걱정할 것 없다. 고등학생이라면 몰라서는 안 되는, 고등학생이라면 반드시 알아야 하는, 기본 원리를 철저히 아는 것이 더 중요하다.”

그리고 향기 엄마는 기본 개념을 아는지, 공식을 외우는지, 그 공식이 어떤 조건 아래서 성립하는지, 철저히 따져 보도록 가르쳐 주었다. 향기는 마음의 여유를 가지고 기본 내용을 충분히 복습하였다. 반면 별이는 시험에 출제될 가능성이 있는 엄청나게 많은 문제를 푸는 요령을 익히느라 자기 머리로 정리할 시간도, 복습할 시간도 갖지 못했다.

처음에는 별이 성적이 향기보다 높았다. 그러나 날이 갈수록 향기 성적이 점점 올라갔다. 향기는 가장 중요한 것을 더 중요하게 다루었기 때문이다.

하늘이는 열심히 공부하는 착실한 학생이다. 엄마 말씀을 잘 들어서 새벽 일찍 일어나고, 방과 후에 학원에 가며, 학원이 끝나면 독서실에 가서 밤 12시가 되어야 집에 돌아온다.

바다는 여유를 갖고 학교생활을 한다. 운동도 하고, 음악도 들으며, 동생들과도 가끔 같이 놀아 준다.

시험을 보면 바다의 성적이 항상 하늘이보다 더 좋았다. 그것은 바다 머리가 더 좋아서가 아니고 요령의 차이에서 오는 결과였다.

바다는 공부할 때 중요한 것이 무엇인지 따지는 것이 습관화되어 있다. 항상 가장 중요한 것에 집중해 철두철미하게 자기 것으로 만들었다. 반면 하늘이는 여러 문제들을 모조리 건드렸다. 중요한 것을 더 중요하게 다룰 줄 아는 것이 바다의 공부 비결이었다.

핵심 공부할 때는 중요한 것에 집중하면 좋은 성적을 얻을 수 있다.

교훈 중요한 일을 먼저 중요하게 다루자.

실천 나는 공부할 때 항상 가장 중요한 것이 무엇인지 생각하겠다.

• 파레토의 법칙 •

이탈리아의 경제학자 파레토Vilfredo Pareto는 이탈리아 사람들의 재산을 조사하다가 흥미로운 사실을 발견하였다.

"재산이 많은 20%가 전체 재산의 80%를 갖고 있다."

이를 '파레토 법칙' 또는 '80-20 법칙'이라고 한다. 이 법칙은 다음과 같이 여러 사회현상에 적용된다.

- 어떤 회사에서 10개 상품을 팔면 잘 팔리는 두 개 상품(20%)의 매상고가 전체 매상고의 80%를 차지한다.
- 백화점에서 20%의 주요 고객이 전체의 80%를 산다.
- 통화한 사람 중 20%와의 통화시간이 총통화시간의 80%를 차지한다.
- 즐겨 입는 옷의 80%는 옷장에 걸린 옷의 20%에 불과하다.

• 성과의 80%는 근무시간 중 집중한 20% 시간 안에 얻는다.
• 우수한 20%의 인재가 80%의 문제를 해결한다.
• 운동선수 중 20%가 전체 상금 80%를 받는다.

여기서 우리는 중요한 교훈을 배울 수 있다. 일할 때는 항상 가장 중요한 것이 무엇인지 찾아내어 그것에 집중해야 한다는 것이다. 공부 잘하는 학생들은 이 원칙을 알고 있다.

인성교육에서도 이 원칙은 유효하다. HPM 1-3-11의 11개 교훈 중에서 두 가지, 즉 '생각하다'와 '행복하다'만 제대로 하면 전체의 80%를 한 것이나 마찬가지다.

핵심 80-20 법칙은 중요한 일에 집중하는 것이 효율적임을 증명한다.
교훈 중요한 일을 먼저 중요하게 다루자.
실천 나는 내일 할 일 중에 가장 중요한 일이 무엇이지 생각하겠다.

• 스티븐 코비의 《성공하는 사람들의 7가지 습관》 •

사람들은 중요하지 않은데도 하고 싶어 하는 일이 있고, 중요하지만 하기 싫어하는 일이 있다. 이것은 잘 알려진 사실로 전혀 새로운 이야기가 아니다. 그런데 하기 싫어서가 아니라 몰라서 중요한 일을 못하는 경우가 있다.

스티븐 코비Stephen Covey는 그의 저서《성공하는 사람들의 7가지 습관》에서 일을 4가지로 나누었다.

제 1 유형 급하고 중요한 일
제 2 유형 급하지 않으나 중요한 일
제 3 유형 급하나 중요하지 않은 일
제 4 유형 급하지도 않고 중요하지도 않은 일

사람들은 보통 중요한 일보다 급한 일을 먼저 한다. 그러나 급하지 않더라도 중요한 일을 먼저 찾아서 하는 태도를 길러야 한다고 그는 말한다. 제2유형을 잘하라는 말이다.

예를 들어, 처음 취직시켜 준 고향 선배에게 매달 한 번씩 전화를 걸고 1년에 네 번씩 책 한 권을 선물하는 것, 중병에 걸렸을 때 살뜰히 보살펴 준 주치의에게 퇴원한 날을 기념해 카드를 보내는 것, 직장에서 첫 상사였던 선배가 업무를 잘 가르쳐 준 은혜를 잊지 않고 그 사람 생일에 꽃을 보내는 것 등은 모두 중요하고 의미 있는 일이다.

핵심 급한 일보다는 중요한 일부터 먼저 하는 태도를 길러야 한다.

교훈 급한 일보다 중요한 일을 먼저 다루자.

실천 나는 급하지 않지만 중요한 일을 생각하며, 그동안 은혜 입은 사람들을 잊지 않았는지 반성하겠다.

3

사명감을 가지고 일하자

우리는 일할 때 기술이나 요령도 필요하지만, 자기가 하는 일에서 가치를 찾고 사명감과 자부심을 가져야 한다. 즉, 자신의 일을 가치 있는 일로 생각하고 감사히 받아들이며 정성을 기울이는 태도가 매우 중요하다.

세상에는 귀한 일과 천한 일이 따로 있지 않다. 같은 일이라도 어떤 태도로 수행하느냐에 따라 소중하게도 되고 하찮게도 된다. 가령, 큰 기업 대표도 횡령이나 갑질을 일삼으면 사회적 지탄을 받고, 말단 직원도 사명감을 갖고 일에 정성을 기울인다면 사람들로부터 존경받을 수 있다.

각자 자신이 하는 일에 사명감을 갖고 그것을 수행하는 과정에서 깊은 의미를 찾는 습관을 들이면 개인뿐만 아니라 조직과 사회까지 밝고 건강하게 발전할 수 있다. 예컨대, 환경미화원은 환경을 깨끗하게 하여 사람들을 기쁘게 하는 고귀한 일을 한다고 생각하고, 장의사 직원은 슬픔에 잠긴 사람들을 위로하고 어려운 일을 도와주는 성스러운 일을 한다고 생각하는 것이다. 그리하여 지금 하는 일에 최선을 다하고 일하는 것 자체에 재미를 느끼면 인생이 즐거워진다.

• 세 명의 석공 •

17세기 런던 대화재로 세인트 폴 대성당이 불탔다. 재건 설계를 맡은 크리스토퍼 렌은 현지를 돌면서 돌을 다듬는 석공 세 사람에게 무엇을 하느냐고 물었다.

"돌을 다듬고 있습니다. 이게 제 평생 일입니다."

"엄청 고생하고 있습니다. 먹고살아야 하니까 어쩔 수 없이 이 일을 합니다."

"저는 하느님의 성전을 짓는 일을 하고 있습니다. 감옥에서 돌 깎는 일을 배웠는데, 지금 자유의 몸으로 이런 신성한 일을 하니 매우 행복합니다."

같은 일을 해도 생각하기에 따라 이렇게 다르다.

일은 해석하기에 달렸다. 환경미화원도 길을 깨끗이 치워 모든 사람을 기분 좋게 해주는 일을 하는 사람이라고 스스로 생각하면 존경받을 일을 한다고 자부할 수 있다.

핵심 자신이 하는 일의 의미를 찾고 사명감을 가진 사람은 행복하다.

교훈 일의 의미를 생각하고 자랑스럽게 일하자.

실천 나는 내가 하는 일이 어떤 큰 뜻이 있는지 생각하겠다.

• 인천공항의 비상 •

2004년 국제항공연맹이 아시아에서 새 허브 공항을 지정하기로 했다. 여기에 선발되면 비약적 발전이 가능하므로 많은 공항이 신청했다. 1차 심사에서 우리나라의 인천공항과 중국 상하이의 푸둥공항이 뽑혔다. 심사위원들은 최종 결정을 위해 일반승객으로 가장하고 두 공항을 가보았다.

인천공항에서는 직원들이 밝은 표정으로 사명감을 갖고 정성을 기울여 일하고, 짐과 화물도 조심해 다루었다. 반면, 푸둥공항 직원들은 밝고 친절하지 않았고, 짐과 화물을 함부로 던져 먼지가 묻었을 뿐만 아니라 찢어지기도 했다.

두 공항 모두 시설 면에서는 차이가 없었다. 그러나 직원의 근무태도 차이가 서비스 질의 큰 차이를 가져왔고, 결과적으로 인천공항이 선두로 나아갈 수 있게 했다.

핵심	인천공항은 직원들이 사명감을 가지고 밝고 친절한 태도로 일해 아시아 허브 공항이 되었다.
교훈	일의 의미를 생각하고 자랑스럽게 일하자.
실천	나는 내가 하는 일에 사명감을 가지고 정성을 기울여 일하겠다.

• 존경스러운 구두닦이 •

한중대(가명) 씨는 20년간 구두를 닦았다. 그는 도를 닦듯이 구두를 닦는 것으로 유명하다. 그는 어떤 건물의 사무실에 가서 서른 켤레의 구두를 받아 와도 그것이 누구의 구두인지 다 안다. 뿐만 아니라 한 팔에 다섯 켤레씩 모두 열 켤레의 구두를 한 번에 들어 나를 수 있다. 구두닦이에 관한 한 그는 도통한 사람이다.

그보다 더 중요한 것은 그의 사람 됨됨이다. 그는 구두 닦는 일이 사람들을 기쁘게 만드는 좋은 일이라고 믿는다. 구두 닦는 일에 관한 한 자신이 세계 제일이라고 생각한다. 그래서 그는 그 일을 즐긴다. 그가 늘 행복하므로 그를 대하는 모든 사람이 그를 좋아한다. 그는 행복을 만들 줄 아는 사람이다.

이러한 소문이 널리 퍼지자 여기저기서 그에게 강연을 요청했다. 그는 사람들에게 각자 제 나름의 처지에서 만족하고 행복해지는 방법을 들려주었다. 그의 이야기는 TV에 보도되었다. 그는 유명해지고 많은 사람들로부터 존경받게 되었다.

핵심 자신의 일에 최선을 다하고 자부심을 가지면 행복해질 수 있다.

교훈 일의 의미를 생각하고 자랑스럽게 일하자.

실천 나는 내가 하는 일이 사회에 어떤 기여를 하는지 생각하겠다.

• 앨런 랭거 교수의 발견 •

하버드대학의 앨런 랭거Ellen Langer 교수가 흥미로운 연구를 했다. 호텔에서 방 청소를 하는 아주머니 84명에게 먼저 건강검사와 심리검사를 하고 이들을 두 그룹으로 나누었다.

첫째 그룹에는 운동이 건강에 얼마나 중요한지 충분히 설명했다. 하루 청소할 때 운동량을 측정해 건강 유지를 위해 충분한 양이라고 과학적 근거를 들어 설명했다. 둘째 그룹에는 그런 설명을 전혀 하지 않았다.

한 달 후 그들의 건강상태를 다시 조사했더니 놀라운 사실이 발견되었다. 둘째 그룹의 건강상태는 그대로인 데 비해, 첫째 그룹의 사람들은 혈압, 체중, 허리둘레 등 전반적 건강수치가 좋아졌고 더 행복해졌다.

행복과 건강은 마음먹기에 따라 달라질 수 있음을 보여 준 연구였다.

4

창의적으로 생각하자

창의력이란 새로운 물건을 만들거나 새로운 방식으로 일하거나 새로운 수요와 새로운 서비스를 찾아내는 등 남이 생각하지 못하는 새로운 것을 창출하는 능력을 말한다. 그래서 회사에서는 눈에 불을 켜고 창의력 있는 사람을 찾아내려고 애쓴다.

창의력은 기업에만 필요한 것이 아니라 일상생활의 모든 영역에서 요청된다. 오늘날 세상은 모든 것이 빨리 변화한다. 이런 시대에 살아남으려면 낡은 방식에서 탈피하여 새 방식을 만드는 변화가 필요하다. 이 변화를 가능하게 만드는 힘이 곧 창의력이다.

많은 사람이 창의력은 타고나는 것이라고 생각한다. 그러나 과학적 연구에 따르면, 창의력은 어린 시절 훈련을 통해 얼마든지 향상될 수 있다.

열심히 일하는 한 사람은 적당히 일하는 세 사람 몫의 일을 할 수 있다. 그러나 창의력을 가진 한 사람은 보통 사람 100명 몫을 할 수 있다.

• 21번 면접자 •

취업준비생 명수는 반가운 소식을 접했다. 며칠 전 평소에 가고 싶던 회사에 이력서를 제출했는데, 서류전형에 합격했으니 면접을 위해 내일 오전 9시까지 회사로 오라는 메일을 받은 것이다.

그는 설레는 마음으로 집에서 일찍 나와 8시 30분에 회사에 도착했다. 이미 많은 사람이 와서 대기하고 있었다. 인사팀 직원은 예정대로 9시부터 면접이 있고 나의 면접 순서는 21번째라고 안내해 주었다.

명수는 면접을 기다리면서 어떻게 하면 많은 경쟁자들을 물리치고 뽑힐 수 있을지 궁리했다. 다른 사람들과 차별화되는 일을 해야겠다고 생각했다. 그는 메모지를 꺼내 뭔가 써서 인사팀 직원에게 건넸다.

"미안합니다만, 면접 책임자에게 이것을 전해 주십시오."

"자리에 돌아가서 차례나 기다리세요."

직원은 쌀쌀맞게 명수를 몰아냈지만, 도대체 무슨 내용인지 궁금해서 메모지를 펴 본 다음 책임자에게 전했다.

메모지에는 이렇게 적혀 있었다.

"21번을 면접하기 전에 합격자를 정하지 마세요."

책임자는 그것을 보고서 큰 소리로 웃으며 감탄했다.

"이 녀석, 두뇌 회전이 빠르네. 쓸 만한데."

결국 명수는 원하던 회사에 들어갔다.

창의력이란 거창한 것이 아니다. 이런 조그마한 아이디어도 우리의 삶을 변화시키는 창의력이라 할 수 있다.

핵심 작은 일에도 남다른 창의적 아이디어를 가지면 성공할 수 있다.

교훈 창의력을 기르자.

실천 내가 무심코 하던 일을 앞으로 보다 더 잘할 수 있게 하는 창의적 방법을 생각하겠다.

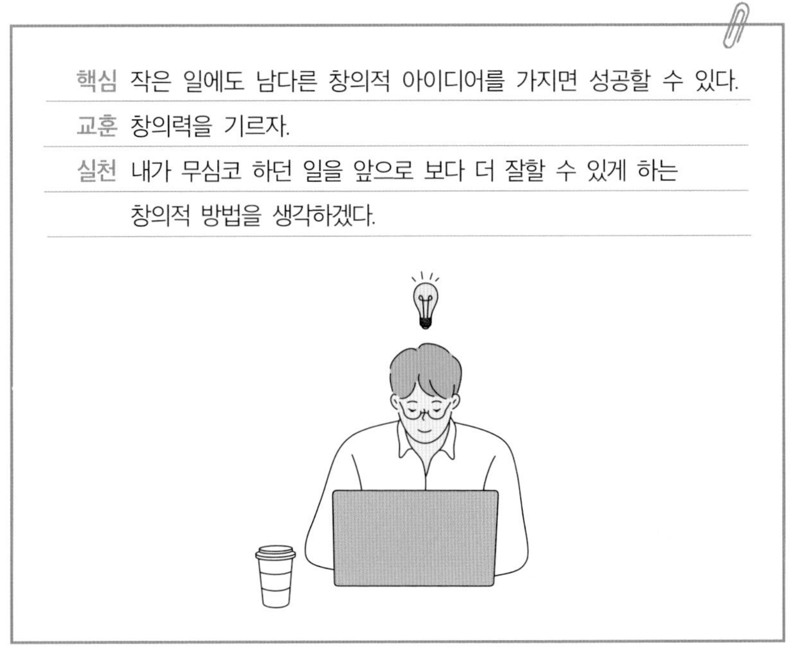

기발한 자장면 배달부

창의적 사고방식이란 무슨 일을 하든지 항상 더 좋은 방법을 생각하는 것이다. 조태훈 씨는 창의적 발상으로 중국집 배달부에서 출발해 사업가로 크게 성공한 인물이다.

그는 자장면 배달부 시절 중국집에서 판촉물로 성냥을 돌리는 것을 보고 생각했다. 판촉물은 대개 총무팀 여직원에게 주는데 여직원 입장을 생각하면 성냥보다 여성 스타킹이 더 좋을 같아 그것으로 바꾸라고 주인에게 권했다. 결과는 대성공이었다.

또한 그는 남녀가 함께 와서 자장면과 짬뽕을 하나씩 시켜 나눠 먹는 것을 보고 힌트를 얻어, 자장면을 시키면 짬뽕 국물을 덤으로 주자는 아이디어를 냈다. 이 역시 대성공이었다.

남들은 "지긋지긋한 배달 일을 언제 그만두지"라며 불평하면서 일할 때, 그는 '나는 세계에서 제일가는 배달부가 되겠다'고 마음먹고 일했다.

마침내 그는 자신의 중국집을 차렸고, 수많은 창의적 아이디어로 크게 성공했다.

핵심 조태훈 씨는 중국집 배달에 창의적 아이디어를 적용해 성공했다.

교훈 창의력을 기르자.

실천 나는 직장에서 가장 많이 하는 일을 창의적으로 할 수 있는 방법이 있는지 생각해 보겠다.

• 능동적 사람과 수동적 사람 •

명수와 석호는 한날한시에 같은 회사에 입사했다. 입사한 지 3년째 되던 해 명수는 석호보다 직급이 한 단계 높아지고, 급료도 더 받게 되었다. 석호는 억울했다. 자기는 명수보다 더 열심히 일했다고 믿었기 때문이다.

석호는 사장을 찾아가 말했다.

"저는 최선을 다했습니다. 부족한 점이 있으면 지적해 주십시오. 제가 명수 씨보다 못한 점을 알고 싶습니다."

사장은 석호에게 지금 시장에 나가 장사할 만한 물건이 있는지 보고 오라고 했다.

그는 시장에 가 보고 와서 말했다.

"지금 산나물이 제철이라 잘 팔리고 있습니다."

"가격은 얼마던가?"

사장의 물음에 석호는 다시 뛰어나갔다 와서 헐레벌떡 숨을 몰아쉬면서 말했다.

"1kg에 3만 원이랍니다."

"어떻게 보관하지?"

그는 다시 뛰어갔다가 와서 대답했다.

"싱싱한 나물은 저온 창고에 보관해야 하고, 마른 나물은 냉장 보관해야 합니다."

그제야 사장은 석호를 옆에 앉으라 하고, 명수를 불러 지금 시장에 나가 장사가 될 만한 것을 찾아보고 오라고 했다.

명수는 나갔다가 한참 후 돌아와 보고했다.

"지금 나물철이라 산나물이 많이 거래됩니다. 가격은 1kg당 3만 원입니다. 배추와 같은 다른 채소와 비교하면 좀 비싸지만 그 향기 때문에 거래는 활발합니다.

그런데 개인 장사가 아니고 회사에서 취급하려면 대량 구매해서 장기간 보관해야 하는데, 저온 창고에 보관하면 가격이 맞지 않습니다. 삶아서 여름, 가을, 겨울에 팔아야 합니다. 우리 거래처인 A 백화점과 사전에 얘기만 된다면 약 2,000만 원의 수익을 올리는 사업으로 만들 수 있습니다. 돈벌이로는 별로지만, 남다른 식품을 공급함으로써 백화점으로부터 주목받을 수 있습니다.

혹시 추가로 궁금하신 사항이 있다면 확인하시라고 나물 상인을 데려와 대기시켜 놓았습니다. 한번 만나 보시겠습니까?"

명수의 이야기를 듣고 나서 사장은 석호에게 물었다.

"이제 그 이유를 알겠나? 자네가 부지런하고 성실해서 나는 늘 고맙게 생각하네. 하지만 명수는 항상 더 좋은 방법을 생각하네. 회사의 발전을 위해 필요한 사항도 열심히 챙기지. 자네도 창의적이고 열정적으로 생각하는 버릇을 기르게."

석호는 시키는 일만 하는 수동적인 사람이다. 명수는 시키는 것 이상을 해내는 능동적인 사람이다. 언제나 넓은 시야를 가지고 종합적이고 창의적으로 일을 검토하고 분석해 대책을 세운다.

열정적으로 일하는 데도 두 종류가 있다. 첫째는 주어진 일을 열심히 하는 것이다. 둘째는 일 자체를 사랑하고 넓게 보고 더 좋은 방법을 창의적으로 생각하며 일하는 것이다. 명수는 후자의 경우이다.

핵심 넓은 시야를 갖고 능동적으로 일하면 좋은 결과를 얻을 수 있다.

교훈 창의력을 기르자.

실천 내가 하는 일에 대해 더 많이 공부해 넓은 시야를 가지고 능동적으로 일하겠다.

• 어린이의 창의 1 •

6살 지혜는 아빠 생일에 무슨 선물을 할지 여러 날 고민한 끝에 특별한 선물을 준비했다.

두꺼운 종이를 접어 주머니를 만들고, 그 위에 꽃을 오려 붙인 후, 자기가 가진 소중한 것들을 넣었다. 유리알 하나, 꼬마 우주인 인형 한 개, 지난여름 바닷가에서 주운 조개껍질 두 개, 그리고 편지 한 장 조심스레 담았다.

생일날 이 선물을 받은 아빠는 아주 기뻐했다.

"지혜야, 고맙다. 아이고, 예뻐라."

보통 어린이들은 돈이 없어 선물할 수 없다고 생각한다. 그런데 지혜는 꿈과 추억과 사랑이 담긴 선물을 생각해 냈다. 지혜는 창의적 머리가 뛰어나다고 볼 수 있다. 이처럼 어린이도 작은 일에서 창의력을 발휘할 수 있다.

창의력을 기르려면 어릴 때부터 무슨 일을 하든 항상 새로운 방법을 생각해 보아야 한다.

핵심 어린이도 작은 일에서 창의성을 발휘할 수 있다.

교훈 창의력을 기르자.

실천 나는 일상적인 일을 할 때 새로운 방법을 생각해 보겠다.

옛날 옛적에 한 재상이 살았는데, 아들이 없어서 시골의 가난한 친척집에서 양자를 데려왔다. 그런데 이 녀석이 도무지 시키는 공부는 하지 않고 놀기만 했다. 크게 화가 난 재상은 양자를 파양罷養하고 본가로 돌려보내기로 했다.

하인이 아이를 업고 본가로 가면서 말했다.

"도련님, 딱하기도 하네요. 이제 본가로 돌아가면 먹을 것도 없는데, 공부가 그렇게 어려우세요?"

"하늘 천, 따 지, 검을 현, 누를 황, 집 우, 집 주, 넓을 홍, 거칠 황, 이 따위 것을 내가 모를 줄 알아?"

"그런데 왜 모른 척해서 쫓겨나셨어요?"

"모르는 소리 말아라. 만일 내가 천자문을 다 떼면 또 다른 책을 배우라고 할 텐데, 넌 그 책방에 가득 찬 책을 보지 못했느냐? 두고두고 그것을 다 읽으라고 할 테니 그 고생을 하기 싫어 아예 시작도 안 하기로 한 것뿐이야."

하인은 그 말을 듣고 아이를 도로 업고 집으로 와서 대감에게 사실을 고했다. 대감은 그 아이가 생각이 남달라 나중에 쓸모 있는 인물이 될지도 모른다고 생각했다. 그래서 그 아이의 그릇이 얼마나 큰지 시험해 보기로 했다.

대감은 아이를 불러 좁쌀 한 섬을 주고 사흘 동안 시골에 다녀올 테니 그사이에 좁쌀이 모두 몇 개인지 헤아려 놓으라고 시켰다. 아이는 대감이 돌아오기 전날까지도 도무지 좁쌀을 셀 생각을 하지 않고 친구들과 뛰어놀기만 했다.

하인이 걱정하면서 물었다.

"도련님, 이번엔 정말 쫓겨나려고 그러십니까? 빨리 좁쌀을 세시지요."

그제야 이 아이는 종지, 사발, 양푼을 가져오라고 하고, 동네 아이들을 불러 모았다. 먼저 종지로 좁쌀을 퍼서 방바닥에 쏟은 후 아이들에게 나누어 주고 헤아리게 했다. 그리고 사발을 채우려면 좁쌀을 몇 종지 부어야 하는지 헤아리고, 다시 양푼을 채우려면 몇 사발을 부어야 하는지 잰 후, 한 섬은 양푼으로 몇 개나 들어가는지 헤아렸다. 그다음 간단한 곱셈으로 한 섬에 들어 있는 좁쌀이 몇 개인지 계산해 냈다.

대감이 돌아와 이 이야기를 듣고, 아이가 도량이 넓고 창의적 사고를 하는 것을 기특하게 여겼다. 그래서 집에 그냥 두되 스스로 필요를 느낄 때까지 공부하라는 소리는 일체 하지 않기로 했다.

그러자 아이는 신나게 놀기만 하고 도무지 공부할 생각을 하지 않았다. 대감이 참다못해 아이가 거처하는 방 벽에 꾸짖는 글귀를 써 붙여 놓았다.

"물 뿌리고 쓸며 어른의 부르심에 응대하는 것이 아이의 할 일이거늘 아침에 나가 저녁에 돌아오니 어찌 옳은 아이라 할 수 있겠느냐? 아이야! 아이야!"

이를 보고 아이도 대감 방 벽에 글귀를 써 붙였다.

"음양을 고르게 하고 백성을 이롭게 하는 것이 재상의 일이거늘 작년엔 흉년 들고 올해는 난리 나니, 어찌 재상이라 하리오. 재상님! 재상님!"

핵심 어린이도 작은 일에서 창의성을 발휘할 수 있다.

교훈 창의력을 기르자.

실천 나는 과거에 창의적으로 했던 일을 적어 보고, 지금 그 일을 다시 한다면 어떤 새로운 방법으로 할지 생각하겠다.

• 윌슨의 성공가게 •

카일 윌슨Kyle Wilson은 미국 텍사스 시골 버논의 가난한 가정에서 태어났다. 14세 때부터 일한 그는 26세에 큰 도시로 나가 큰일을 해보기로 결심했다.

댈러스로 간 윌슨은 성공하는 법을 배우려고 짐 론Jim Rohn의 강연을 들었다. 거기서 그는 론의 강연 수강생을 모으는 마케팅팀에 합류했다.

윌슨은 마케팅 기법을 배운 후 하루에 100개가 넘는 회사에 전화를 걸어, 그 회사 마케팅팀 모임에 불러 주면 무료로 마케팅 기법을 가르치겠다고 제안했다. 그리고 강연에 가게 되면 짐 론의 강연 안내서를 나누어 주었다. 이것은 창의적 아이디어였고, 성공을 거두었다.

다음으로 그는 짐 론과 상의해 수강생을 모으고, 강연 장소를 섭외하며, 책자를 만드는 등의 사무는 모두 자기가 설립한 새 회사에서 맡고, 론은 강의만 하도록 했다. 이것도 창의적 아이디어였고, 성공했다.

그는 또 새 회사를 만들어 인기 강연자 여러 명을 모아 그들의 수강생 모집, 강연 장소 섭외, 선전물 배포 등의 사무를 맡아 주었다. 그리고

'성공가게'Your Success Store라고 이름 붙였다.

이것이 바로 인터넷 시대에 각광받는 사업모델인 '플랫폼 비즈니스'이다. 플랫폼은 기차를 타는 사람, 기차를 내리는 사람이 기차와 만나는 곳이다. 인터넷상에서 콘텐츠를 사는 사람들과 콘텐츠를 파는 사람들이 한곳에 모이면 그것이 곧 플랫폼이 된다.

윌슨의 성공가게는 수많은 강연자와 수강자를 한데 모아 성공했다. 이처럼 기발한 플랫폼도 훌륭한 창의적 아이디어에서 탄생한 것이다.

핵심	윌슨의 성공가게는 명강사들과 수강생들을 모은 창의적 플랫폼으로 성공을 거두었다.
교훈	플랫폼을 만들자.
실천	나는 시스템 플랫폼을 이용하는 새로운 사업을 구상하겠다.

• 한국 최초의 컴퓨터회사 삼보컴퓨터 •

나는 1980년에 삼보컴퓨터를 창립하여 우리나라에서 최초로 국산 컴퓨터를 생산했고, 처음으로 컴퓨터를 수출했다.

1982년에는 한국데이타통신주식회사의 설립 CEO가 되어 우리나라 최초로 데이터통신(디지털통신과 같은 뜻. 컴퓨터와 컴퓨터 간 통신을 말하는데, 지금의 인터넷이 좋은 보기다)을 시작했다. 그밖에 워드프로세서를 처음으로 만든 휴먼컴퓨터, 멀티미디어 콘텐츠를 처음으로 만든 솔빛,

온라인쇼핑을 처음으로 사업화한 메타넷, 의료정보화를 최초로 시도한 메디넷, 초고속통신망을 사용해 초고속인터넷을 처음으로 도입한 두루넷 등 수많은 정보통신 관련 사업을 한국 최초로 도입해 우리나라에서 정보통신산업이라는 새로운 분야를 개척했다.

나는 이런 일을 시작하면서 나 자신이 특별히 창의적이라고 생각하지 않았다. 만약 남이 미처 생각하지 못한 일을 남보다 먼저 시작하는 것이 창의적인 것이라 정의한다면, 나는 분명히 창의적이었다고 할 수 있다.

삼보컴퓨터 이야기를 더 자세히 해보겠다.

1970년에 처음으로 인텔이 메모리반도체(기억장치) 칩을 만들었고, 다음 해에 작업반도체(처리장치) 칩을 만들었다. 이것은 역사적 사건이었다. 왜 그런가?

음식을 만드는 주방을 생각해 보자. 주방에는 식품을 가공 처리하는 작업대인 도마가 있고, 재료나 음식을 보관하는 선반이 있다. 그러면 요리사는 선반에서 자료를 꺼내 도마 위에서 작업하고 만들어진 음식은 다시 선반에 얹는다.

컴퓨터도 마찬가지로 선반과 도마에 해당하는 두 개의 중요한 부분이 있다. 정보를 보관하는 저장장치인 메모리와 정보를 가공하는 작업대인 작업장치가 그것이다. 인텔은 이 두 장치를 손톱만 한 크기의 두 개 칩으로 만든 것이다.

인텔이 이것을 발명하여 컴퓨터 만들기가 쉬워졌다. 앞서 설명했듯이 이 두 개 칩만 있으면 컴퓨터가 되기 때문이다. 또한 당시 장롱만 한 컴퓨터를 학생 책가방만 한 크기로 줄일 수 있는 가능성이 열린 것이다.

그때 나는 한국과학기술연구소KIST의 컴퓨터실에 있었는데, 이 새로운 가능성에 흥분했다. 연구원 100명만 지원해 준다면 3년 뒤 우리나라를 세계적인 마이크로컴퓨터(지금의 PC) 생산국으로 도약시키겠다고 주장했다.

나는 최선을 다해 정부를 설득하고 대기업을 설득했다. KIST 내에 컴퓨터 국산화 연구실도 만들었다. 전자기술연구소가 생기자 컴퓨터 개발부소장으로 옮겨 세계은행의 지원 아래 같은 노력을 계속했다. 그러나 정부도 대기업도 우리나라에서 컴퓨터를 생산하는 것은 꿈같은 이야기라며 움직이지 않았다.

10년 가까이 헛수고를 한 다음, 정부의 힘을 빌리지 않고 내가 직접 컴퓨터를 생산하는 회사를 설립하겠다고 결심했다. 드디어 1980년 삼보컴퓨터가 탄생하여 컴퓨터를 성공적으로 판매하고 수출했다. 그러자 4대 재벌이 일제히 뛰어들어 우리나라에서 IT산업이 시작되었다.

내가 처음 'IT 한국' 아이디어를 내놓았을 때는 마이크로소프트나 애플이 생기기 전이라 훨씬 승산이 있었다. 그런데 실제로는 10년이나 지난 뒤 1980년대에 이르러서야 IT산업을 시작했으니 안타까운 일이다.

그때 왜 다른 사람들은 안 된다는 것을 나는 된다고 했을까? 다른 사람들은 인텔칩이 너무 단순해서 장난감은 되도 제대로 된 컴퓨터는 될 수 없다고 생각한 것이 중요한 이유였다. 나는 그들과 달리 미래를 내다보았다. 반도체는 시간이 갈수록 성능이 좋아지므로 장차 제구실을 할 수 있다고 생각했다. 뿐만 아니라, 컴퓨터가 모든 가정에 보급될 것이라고 믿었다.

한마디로 미래를 볼 줄 아는 것이 중요하다. 창의력을 기르는 한 가지 방법은 미래를 내다보는 능력을 기르는 것이다.

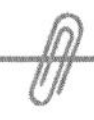

핵심 우리나라 최초 컴퓨터회사인 삼보컴퓨터는 미래를 내다보는 창의력을 바탕으로 설립되었다.

교훈 창의력을 기르자.

실천 나는 내가 하는 일이 미래에 어떻게 변할지 생각하겠다.

• 한국 조선업의 첫 출발 •

1971년에 있었던 일이다. 당시 나는 KIST 연구원으로서 울산에 초대되어 벌판에서 정주영 현대그룹 회장의 브리핑을 들었다.

정 회장은 바다를 가리키면서 "저기에 조선소를 짓고 큰 배를 건조할 것입니다. 이미 26만 톤짜리 거대한 배 두 척을 그리스에서 주문받았습니다"라고 말문을 열었다.

바다에는 조선소처럼 생긴 시설은 전혀 보이지 않았다. 바다와 모래가 있을 뿐이었다. 황당한 소리처럼 들렸다.

"선박수주를 하러 갔더니 그 사람들이 배를 만든 실적을 물었습니다. 나는 '우리는 건설업을 하기 때문에 많은 건물과 공장을 지었습니다. 배도 물 위에 짓는 공장과 같은 것이므로 자신 있습니다'라고 했습니다. 설계와 품질보증은 영국의 권위 있는 회사에 맡길 테니 그 회사를 믿으면 된다고 했습니다. 그리고 첫 주문을 준 것은 고마운 일이기 때문에 가격을 저렴하게 해주고, 추후 수리도 충분히 책임지겠다고 했습니다. 그랬더니 발주했습니다. 나는 이 주문서를 가지고 은행에서 돈도 빌렸습니다. 이제 배를 만들 일만 남았는데, 잘될 것입니다."

이를 출발점으로 훗날 우리나라는 세계 제일 조선국으로 도약했다.

이 이야기에서 우리는 많은 교훈을 얻을 수 있다. 즉, '남이 생각하지 못한 것을 생각해내라'는 것이다. 당시 한국에는 많은 건설업자가 있었지만, 정 회장이 아닌 다른 사람들은 건설업의 연장으로 조선업을 생각하지 못했다. 그만이 남이 생각하지 못한 조선업을 시작했던 것이다.

이처럼 남과 다른 생각을 하는 일을 창의적 발상이라고 한다. 무슨 일을 하든지 '지금 하는 것과 다른 방법은 없는가?'라고 생각하는 것이 바로 창의創意이다.

창의력은 조선업을 시작하는 것과 같은 큰일뿐만 아니라 평범한 일상생활에서도 필요하다. 예를 들어, 아침 식사도 창의력을 발휘해 다음과 같이 다르게 해볼 수 있다.

- 어머니와 상의해 더 건강한 식단을 짠다.
- 그날 겪은 일을 부모님께 말씀드리고, 교훈을 한 가지씩 얻는다.
- 밥을 씹으면서 그 맛을 느끼고 "행복하다"는 말을 되풀이한다.
- 식사 중에 영어 문장을 한 개씩 외운다.

핵심	정주영 회장은 남다른 창의적 생각으로 조선업을 시작해 성공했다.
교훈	창의력을 기르자.
실천	나는 등교하는 법, 양치하는 법, 잠자는 법, 영어 공부하는 법, 친구 대하는 법 등에 대해 창의적 방법을 생각하겠다.

• 가장 빠른 신문팔이 소년 •

김우중 대우 회장은 한국전쟁 때 대구로 피란 가서 14세의 어린 나이에 신문팔이를 했다. 네 식구를 먹여 살리려면 하루에 신문을 100부는 팔아야 했다. 그는 새벽에 신문을 받아 거리를 돌며 "신문 사세요!"라고 외치면서 한 부씩 팔았다.

그때 그는 어떻게 하면 남보다 빨리, 많이 팔 수 있을지 방법을 연구하여 신문을 팔았다. 우선 사람이 많은 방천시장으로 달려갔다. 가장 먼저 그곳에 가기 위해 도중에 신문을 사려는 사람이 있어도 팔지 않았다. 다음으로 일일이 거스름돈을 헤아리면 손님을 빼앗기므로 미리 거스름돈을 하나씩 접어 잔뜩 준비했다. 그보다 더 좋은 방법도 생각했다. 더욱 속도를 높이기 위해 사겠다는 사람들에게 우선 신문을 쫙 돌려놓고 신문 값은 나중에 천천히 거두었다.

그 결과 방천시장에서 그는 모든 경쟁자를 다 물리쳤고, 100부 이상 신문을 팔아 온 가족을 먹여 살렸다. 수많은 신문팔이 중에 김우중 소년만이 남다른 생각을 했다. 이것이 바로 창의력이다.

핵심 김우중 회장은 어린 시절 창의적 생각으로 신문팔이에 성공했다.

교훈 창의력을 기르자.

실천 내가 하는 일에 대해 항상 더 좋은 방법이 있는지 생각하겠다.

5

일의 본질을 생각하자

우리는 어떤 일을 할 때 눈앞의 현상이나 작은 부분에 집착하여 그 일의 본질을 잊어버리는 수가 있다. 그러나 무슨 일을 하든 그 전체를 보면서 본질을 잊어서는 안 된다.

가령 어떤 회사에서 신입사원 A와 B가 있다고 하자. A는 작은 업무를 맡더라도 진지하게 그 본질이 무엇인지 생각하고 최선의 방법을 찾으려고 노력한다. B는 업무를 맡으면 별다른 고민 없이 상사나 선배가 시키는 대로 하거나 관례를 따라 처리한다. 처음에는 B가 A보다 일을 금방 배우고 신속하게 처리할 것이다. 그러나 시간이 흐를수록 A가 B보다 일에 대해 깊고 넓은 안목을 키우고 자신의 업무에 정통한 사람이 되어 주변의 인정을 받게 될 것이다.

요컨대 우리는 무슨 일을 시작하든 먼저 '이 일의 본질을 무엇인가?', '나는 이 일의 전체를 파악했는가?'라고 스스로 묻는 습관을 가져야 한다.

• 팔순잔치의 목적 •

강석호는 아버지 팔순잔치를 앞두고 계획을 세우는 데 열을 올렸다. 식장을 어디로 정할지, 초청장은 누구에게 보낼지, 식순은 어떻게 할지, 사회는 누구를 시킬지, 축사는 누구에게 부탁할지, 여흥은 어떻게 보낼지 등을 동생 석화와 의논했다. 두 사람은 근래에 다녀온 외삼촌 칠순잔치를 기준으로 고쳐야 할 점을 찾아보았다.

어느 정도 계획안이 갖추어지자 석호는 이를 아버지께 보여 드렸다.

"아버지, 제가 아버지 팔순잔치를 위해 계획을 좀 세워 봤습니다. 한 번 보시겠어요?"

아버지는 아들의 계획안을 훑어보고 말씀하셨다.

"계획을 세우느라 고생했다만, 나는 그날 부모님 산소에 다녀와서 친한 친구 5명과 온천에 가서 즐겁게 놀다 오고 싶구나. 그렇게 해줄 수 있겠니?"

팔순잔치의 가장 큰 목적은 아버지를 기쁘게 해드리는 것이다. 그런데 석호는 그 생각을 못하고 일반 상식대로 계획을 세워 아버지를 만족시켜 드리지 못했다. 일을 할 때는 항상 그 목적을 잊지 말아야 한다.

핵심 팔순잔치는 부모님을 기쁘게 해드리는 것이 근본 목적이다.

교훈 일의 본질을 생각하자.

실천 나는 일할 때 그 일의 근본 목적을 생각하겠다.

• 소뿔 바로잡기 •

교각살우矯角殺牛라는 말이 있다. 소의 뿔을 고치려다 소를 잡는다는 말이다. 이 말은 옛날 중국 진晉나라의 곽박郭璞이 쓴 《현중기》玄中記에 나오는 이야기에서 유래했다.

옛날에 큰 종을 만들 때 큰 제사를 올렸다. 이때 모양이 좋은 소를 골라 제수로 썼다. 어떤 사람이 자기 소를 제수로 팔려고 했는데, 그 소는 뿔이 조금 비뚤어져 있었다. 그는 이를 바로잡으려고 소뿔에 밧줄을 동여매고 힘껏 잡아당겼고, 그 바람에 뿔이 빠지면서 소가 죽고 말았다.

부분만 보고 전체를 못 보면 교각살우를 하게 된다.

핵심 전체를 못 보고 부분만 보면 뿔을 고치려다 소를 잡는 것과 같은 잘못을 범할 수 있다.

교훈 일할 때 그 일이 낳을 부작용도 생각하자.

실천 나는 일할 때 전체적으로 파악하고 다각적인 노력을 하겠다.

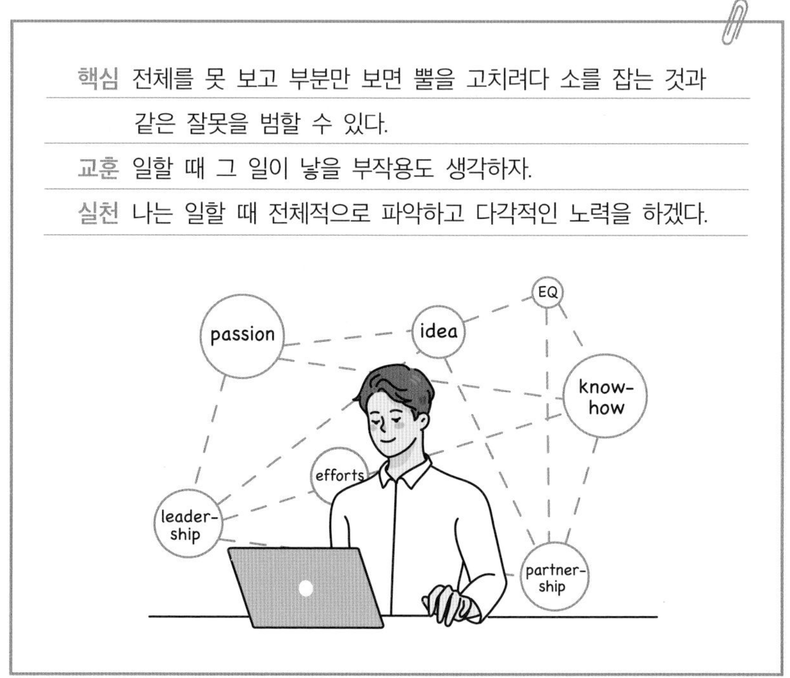

• 자공과 자로 •

노魯나라에서는 다른 제후국에서 노예생활을 하는 노나라 사람을 구해서 고국으로 데려오면 포상했다. 공자의 제자인 자공은 중국 전역을 다니면서 장사를 했기 때문에 많은 노나라 출신 노예를 귀국시켰다. 그 행위 자체가 좋은 일이기 때문에 나라에 돈을 요구하지 않았다.

그는 이 이야기를 공자에게 고했다. 당연히 칭찬을 들을 줄 알았는데 공자는 의외의 말을 했다.

"네가 한 일 때문에 앞으로 노예를 구해 오는 사람이 없을 테니 반드시 잘했다고 할 수는 없다."

그 후 공자의 다른 제자 자로가 물에 빠진 아이를 건져 주었는데, 그 아버지가 고맙다고 소를 한 마리 주었다. 그는 고맙다고 하고 이를 받았다. 사람들은 당연히 할 일을 하고 사례를 받는 것은 잘못이라며 흉을 보았다.

공자는 이 말을 듣고 자로를 두둔했다.

"앞으로 이 나라에서 물에 빠진 아이를 보면 서로 구할 테니 잘한 일이다."

자공은 일을 단순하고 좁게 보았지만, 공자는 일을 큰 틀에 놓고 보았던 것이다.

핵심 공자는 일을 큰 틀에서 넓게 보았다.

교훈 일할 때는 넓게 보자.

실천 나는 앞으로 사회에 끼치는 영향까지 생각하며 일하겠다.

6

모든 경우를 다 생각하자

우리는 살아가면서 수많은 의사결정을 한다. 작게는 식사 메뉴를 정하는 것부터 크게는 진로를 정하는 것까지 다양한 의사결정의 순간을 마주한다.

그런데 많은 사람이 의사결정에 임할 때 오랜 시간 동안 고민하기보다 별생각 없이 간단히 해치우거나 다른 사람의 의견 혹은 관습을 따르다가 후회하는 경우가 있다.

최선의 의사결정을 하려면 전략적 사고를 해야 한다. 우선 문제가 무엇인지 파악하고 그 해결방법을 빠짐없이 나열하여 비교한 후 가장 합리적이고 타당한 것을 택해야 한다. 그다음 구체적 단계를 정하고, 문제해결 과정의 효율성과 방법의 정당성을 점검할 필요가 있다.

이 장에서는 전략적 사고를 통해 현명하고 지혜로운 의사결정을 하는 방법을 알아보겠다.

"중우야. 너는 이제 고2가 되었는데 어느 대학 무슨 과를 가려고 생각하니?"

"네, 아버지. 우선 열심히 공부하고 봐야죠. 대학은 그 결과를 보고 고3 후반에 정하면 돼요."

"그건 아니다. 전략적으로 생각해야지. 우선 목표부터 정하고 거기에 이르는 방법을 생각해야 한다."

"우선 목표부터 정하라고요?"

"그래. 목표가 있어야 그걸 달성하기 위한 전략을 세울 것이 아니냐?"

"서울대 물리학과에 가겠습니다."

"좋다. 우선 서울대 물리학과에 간다고 목표를 정했다. 다음은 전략을 세워야 한다."

"아버지. 전략이란 말 자체도 어렵고, 그런 것은 만들어 본 경험도 없어서 잘 모르겠어요."

"전략은 목표를 달성하기 위한 방법을 말한다. 어디 한번 전략을 짜 볼까? 제1 전략, 서울대 물리학과에 들어가려면 앞으로 몇 년이 필요한지 정한다. 지금부터 4년 뒤에 들어간다고 하자."

"아버지. 전 지금 고2 입니다. 4년이 아니라 2년밖에 없어요."

"지금 너의 실력으로 2년 뒤에 꼭 들어간다고 장담할 수 없잖아. 그러니 처음부터 4년을 잡자. 그게 전략적 방법이다. 고2, 고3, 두 해 동안에 어렵고 까다로운 문제는 미뤄 두고 기본적 내용만 확실히 이해하는 데 온 힘을 기울이자. 그러면서 모르는 것이 무엇인지 분명히 파악한 다음, 그 부분을 해결하는 것은 재수 때로 미룬다."

"기본만 확실히 공부하면 2년 만에 붙을 수도 있겠네요?"

"물론이지. 사실 대학시험은 기본만 확실히 알면 붙을 수 있단다."

"알겠습니다. 그럼 제2 전략은 무엇인가요?"

"제2 전략은 엄마가 생각하기로 하자. 여보, 당신의 전략은 뭐요?"

"전략이라고까지 해야 할지 모르겠지만, 전 모든 엄마들이 하는 방식이 좋다고 봐요. 우선 4시간만 잔다. 그리고 각 과목마다 최고 강사를 찾아 과외공부를 한다. 2년간 일요일, 공휴일, 방학 모두 반납한다."

"그것도 전략의 하나로 볼 수 있겠군. 중우야. 너의 전략은 뭐냐?"

"저는 전략이라고 생각해 본 일은 없어요. 다만 엄마의 방침을 따르되 숨 쉴 시간을 좀 더 갖자는 것입니다."

"제3 전략, 공부는 '기본을 튼튼히 한다'는 방침을 고수하고, 2년 뒤에 서울대가 아니라도 들어갈 수 있는 대학을 택해 물리학과에 간다. 제4 전략, 같은 방법을 취하되 서울대 안에서 붙을 만한 과를 택한다."

"아버지. 그건 서울대 물리학과에 가는 전략이 아니잖아요."

"네 말이 옳다. 그러나 목표에 도달하지 못했을 때 어떻게 할 것인지 정하는 것도 전략의 하나로 넣어야 한다. 다만 제1전략과 제2, 제3, 제4전략의 택일 문제가 남는데, 그건 다음에 이야기하자."

이 이야기에서는 고 2 학생이 원하는 대학에 4년 뒤에 들어가기 위해 계획을 세웠다. 이것이 바로 전략적 사고다. 전략적으로 생각하지 않으면 당연히 고 2는 2년 뒤에 대학에 간다는 계획만 세울 것이다.

핵심 고등학생은 전략적 사고를 통해 원하는 대학과 전공을 목표로 정하고 이를 달성하기 위한 여러 가지 방법을 생각할 수 있다.

교훈 모든 경우를 다 생각해 보자.

실천 나는 일을 결정할 때는 가능한 모든 경우를 생각해 보겠다.

• 대학에 가는 목적 •

나리는 고 3이 되어 대학과 학과를 선택할 때가 되었다. 먼저 담임선생님과 진학상담을 하기로 했다. 선생님은 대학의 일람표를 펼쳐 놓고 나리에게 물었다.

"나리는 지망하는 학과가 있니?"

"중문과에 가고 싶어요."

"지금 너의 성적으로 K대학은 약간 힘들고, S대학은 될 것 같은데 K대학의 독문과를 가면 어때?"

나리가 집에 돌아와 선생님과 나눈 이야기를 전했더니, 아버지가 진지하게 물었다.

"나리야, 너는 꼭 대학에 가야겠니?"

"그야 당연하지요. 아버지는 제가 대학에 안 가도 된다고 생각하세요?"

"대학에 안 갈 수도 있지. 대학에 가는 이유를 한번 생각해 봐라."

"저는요, 사업을 하고 싶어요. 그런데 앞으로 중국이 가장 빨리 성장하고 가장 큰 시장이 된다고들 하니까 중국어에 능통하면 유리할 것 같아요. 제 생각이 틀렸나요?"

"중문과에 가면 물론 중국어를 배우겠지만 중국문학도 깊이 공부해야 한다. 그럴 바엔 차라리 경영학과나 무역학과에 가서 중국어를 선택과목으로 듣거나 학원에 가서 따로 중국어를 배우면 어떠냐? 아예 중국에 유학 가서 경영학을 배우든지."

"경영학을 전공하려면 K대는 말할 것도 없고 S대도 안 되고 지방의 D대나 가야 돼요. 아니면 재수하든지요."

"문제가 제법 복잡해지는구나. 너의 대학 선택을 의사결정의 원칙대로 진행해 보자. 첫째, 근본적 문제를 명확히 해야 한다. 여기서 근본적 문제는 어떤 대학을 가느냐가 아니고 어떤 인생을 사느냐다. 너의 인생 목표 말해 보아라."

"저는 사업가가 되고 싶어요."

"그것이 너의 취미와 적성에 맞는지 검토해 봐야 한다. 사업을 하려면 사람들과 잘 어울릴 줄 알아야 하고 자기가 팔려는 물건에 별 관심이 없는 사람에게 흥미를 갖도록 설득할 줄 알아야 한다. 그와 함께 실패와 어려움을 잘 견뎌야 하고 시장의 변화를 꿰뚫어보는 통찰력도 필요하다. 사업이란 골치 아픈 문제를 푸는 것을 취미로 생각하는 사람들의 게임이란다."

"아버지, 저는 사실 제일 재미있는 것은 역사거든요. 저는 인류역사를 살펴보면 거대한 드라마를 보는 것 같아서 시간 가는 줄 몰라요."

"사람이 재미있는 것이 있고 평생 그 일을 하면서 살 수 있다면 그보다 행복한 삶이 어디 있겠니? 차라리 역사학과에 가는 것이 어떠냐?"

옆에서 이야기를 듣던 어머니가 말했다.

"이야기가 꽤 길어질 모양인데, 오늘은 의사결정의 원칙을 정리하고, 구체적 문제는 다음에 생각하면 어때요?"

"그러자. 이 문제를 풀기 전에 우리는 의사결정의 원칙을 다시 한 번 생각해 보는 것이 좋겠다.

첫째, 근본적 문제가 무엇인지 명백하게 정한다.

둘째, 모든 가능한 선택지를 나열한다.

셋째, 각 경우의 장단점을 비교하여 타당하지 않은 것을 버리고 타당한 것을 택한다.

넷째, 선택한 방안의 실천방법을 결정한다.

다섯째, 방법의 효율성과 정당성을 점검한다."

나리는 대학에서는 중문과를 전공하고 싶고, 직업은 사업가가 되고 싶으며, 재미있는 것은 역사이다. 사람은 재미있는 일을 하는 것이 좋다. 그러나 역사책이 재미있는 것과 역사학자가 되는 것은 다른 문제임을 유의해야 한다.

의사결정의 원칙에 따르면, 나리는 경영학을 전공하고, 중국어를 부

전공하며, 역사책을 읽는 취미를 갖는 것이 가장 현명한 선택이라고 할 수 있다.

핵심	대학과 전공을 결정할 때 우선 대학에 가는 근본적 목적부터 생각해야 한다.
교훈	모든 경우를 다 생각해 보자.
실천	나는 일을 결정할 때 우선 그 일의 근본적 목적을 생각하겠다.

• 최악의 상황 받아들이기 •

신혜는 고3이다. 1학기 중간고사를 앞두고 마음이 불안해지기 시작했다. 고3이 되면서 반에서 3등 안에 들기로 목표를 세웠다. 꼭 서울에 있는 대학 약학과를 들어가 엄마 뒤를 잇겠다고 엄마와 약속했다.

그런데 수학이 골칫덩어리였다. 신혜는 수학수업에서 선생님 말씀을 알아듣지 못했고 수학문제를 보면 어떻게 손대야 할지 엄두가 나지 않았다. 마음이 조급해지니 만사에 자신이 없어지고 맥이 풀렸다. 밥맛도 없고 잠도 제대로 자지 못했다. 전형적인 스트레스 증상이 발생한 것이다.

신혜는 이 고민을 차마 엄마에게 털어놓지 못하고 학교 상담실을 찾아갔다. 기다리고 있었다는 듯 반갑게 맞아 주는 상담선생님에게 도움을 청했다.

"선생님, 저를 좀 도와주세요. 저는 요사이 무엇을 찬찬히 생각할 수 없어요."

"말하지 않아도 너의 얼굴에 벌써 그렇게 쓰여 있구나. 그건 너만 앓는 병이 아니고 고3이면 한 번씩 다 치르는 통과의례란다. 그게 언제부터 어떻게 시작되었니?"

"수학에 자신이 없어지면서 시작됐어요. 두어 달 된 것 같아요."

"그보다 더 근본적인 문제가 있을지도 모르지. 1등 하기로 엄마와 약속했다든가…."

"네. 서울에 있는 약대에 꼭 들어가겠다고 엄마와 약속했어요."

"그렇구나. 그럼 이제 걱정을 없애는 치료를 시작하자. 전략적으로 생각해 보는 거야. 먼저 사실을 있는 그대로 받아들여라. 너는 수학이 잘 안 되는 것이 문제라고 했지?"

"네."

"다음으로 최악의 상황을 파악해라. 네가 걱정하는 최악의 상황은 어떤 것이니?"

"반에서 10등쯤 되고, 지방 대학 약학과에 가는 거요."

"우선 그렇게 되는 것을 현실로 받아들여야 한다. 너의 스트레스를 해소하려면 그것을 현실로 받아들이는 것이 중요하다. 안 받아들이면 문제는 점점 더 심각해져."

"네. 그럼 복잡한 서울보다 자연환경이 좋은 시골에 가니까 더 괜찮다고 생각하지요. 뭐."

"그래. 그거야. 이제 문제는 90%가 풀린 셈이다. 다음 단계는 최악의 상황에서 무엇을 향상시킬 수 있는지 알아보는 거야. 그동안 수학에 신경 쓰느라 팽개친 국어, 영어 등 자신 있는 과목들을 옛날처럼 챙겨라."

"그건 문제없어요."

"마지막으로 수학과 본격적으로 마주하고 좀 더 나은 방법을 찾아보자. 너의 불안과 초조가 왜 생긴 것인지 분석하여 그것을 고쳐 보는 게 어떨까? 한 가지 방법은 수학과외 선생님을 구해서 중 1 수학부터 다시 한 번 복습하는 거다. 그러면 반드시 병든 곳이 어디인지 찾을 수 있을 거야."

상담실을 나서면서 신혜는 마음이 한결 가벼워졌다. 지방 대학에 가도 괜찮다고 마음을 정하고 나니 무거운 짐을 내려놓은 듯이 어깨가 가벼워졌다.

스트레스에서 벗어난 신혜는 수학 성적이 크게 향상되었고, 마침내 원하던 대학에 무난히 입학할 수 있었다.

핵심 일이 잘 안 풀릴 때 최악의 상황을 받아들이면 스트레스를 줄일 수 있다.

교훈 모든 경우를 다 생각해 보자.

실천 나는 일을 결정할 때 최악의 상황을 생각하겠다.

• 류태영 교수의 유학 •

류태영은 우리나라의 가난을 극복하기 위해 선진 복지국가로 유학을 가려고 마음먹었다. 류달영 박사의 저서 《새 역사를 위하여》에서 덴마크가 가난한 농업국가에서 세계적 복지국가로 탈바꿈한 기록을 읽은 후, 먼저 덴마크 유학을 결심했다.

그는 덴마크에 갈 수 있는 모든 방법을 생각한 끝에 덴마크 국왕인 프레데릭 9세에게 편지를 썼다. 대사관도 없던 시절이라 왕궁의 주소도 몰랐지만, 우편배달부는 알 것이라는 믿음으로 편지를 보냈다.

한 달 후 기적적으로 덴마크 왕궁과 외무성에서 초청 편지가 왔다.

"당신이 원하는 기간 동안, 원하는 장소에서, 원하는 분야를 공부할 수 있도록 우리 정부가 책임지겠습니다."

1968년 7월, 그는 33세 나이에 덴마크 정부 지원으로 유학길에 올랐다. 덴마크어를 3개월 만에 터득하고, 복지국가에 관해 2년간 배웠다. 그러나 당시 덴마크는 복지국가를 이미 완성한 상태여서 실제로 농촌 유토피아의 발전을 경험해 볼 기회는 많지 않았다. 그는 '건축으로 말하면 완성된 건물과 설계도만 보는 것 같다'고 생각했다.

이번에는 실제 농촌운동이 진행 중인 이스라엘에 유학 가기로 결심했다. 전과 같은 방법을 썼다. 당시 이스라엘 대통령이던 잘만 샤자르에게 편지를 직접 보냈다. 그리고 항공권, 생활비, 의료비, 학비 등 모든 지원을 이스라엘 정부로부터 받고 유학을 갔다.

거기서도 3개월 만에 히브리어를 익혔고, 히브리대학에서 박사학위를 받았다. 그가 3개월 만에 외국어를 배운 방법은 '하루 한 문장 외우기'였다. 이것을 석 달만 계속하면 완전한 문장 100개를 외울 수 있다. 문장 100개를 외웠더니 일상생활을 하는 데 별 지장이 없었다.

핵심 류태영 교수는 유학을 갈 수 있는 모든 방법을 생각한 끝에 유학국 왕과 대통령의 도움으로 꿈을 이룰 수 있었다.

교훈 모든 경우를 다 생각해 보자.

실천 내가 지금 당면한 문제에 대한 모든 해결방법을 다시 한 번 생각해 보겠다.

7

정보는 분석하자

우리가 어떤 일을 판단할 때는 외부 정보에 의존하는 경우가 많다. 하지만 외부 정보는 정확하지 않은 것이 많다.

'참말인 거짓말'이 있다. 어떤 큰 사건의 일부분만 이야기하면 그 사실은 맞는다고 하더라도, 전체 사건을 두고 보면 거짓말이 되는 것이다.

이처럼 사실의 전체를 보지 못하고 단편적 정보만으로 전체를 그릇되게 판단하는 일은 허다하다. 고의로 이런 '참말인 거짓말'을 하는 사람이 많다.

1만 명이 모여 데모하는 장면을 본 사람들이 있다고 하자. 어떤 사람은 5,000명 정도라고 하고, 어떤 사람은 10만 명에 가깝다고 말한다. 어떤 의도를 갖고 100만 명이라 불려 말할 수도 있다.

우리가 일상생활에서 합리적으로 사리를 판단하려면 이런 정보의 홍수 속에서 사실을 객관적으로 분석하고 파악하는 습관을 길러야 한다.

• 코끼리 만지기 •

코끼리는 어떤 모습인가 파악하기 위해 시각장애인 6명이 모였다. 그들은 각자 코끼리를 만지고 자기가 생각하는 코끼리 모습을 이야기해 보기로 했다.

첫 번째 사람이 코끼리의 옆구리를 만지면서 말했다.

"아하! 이놈이 어떤 놈인지 알겠다. 꼭 벽 같이 생겼구나."

두 번째 사람은 이빨을 잡고 반박했다.

"무슨 말씀, 벽이라니! 이것은 둥글고 매끄럽고 날카로운 게 딱 창같이 생겼어."

코를 잡은 세 번째 사람은 말했다.

"둘 다 틀렸어. 이건 영락없이 뱀과 같이 생겼어."

네 번째 사람은 손을 뻗어 코끼리 다리를 잡고 외쳤다.

"둥글고 높은 게 나무와 똑같아."

다섯 번째 사람은 귀를 잡아 본 다음 말했다.

"이건 완전히 거대한 부채야."

여섯 번째 사람은 꼬리를 잡고 소리쳤다.

"이건 밧줄과 같다."

이 여섯 사람은 하나도 거짓말을 하지 않았다고 우겼다.

이들을 어떻게 평가해야 할까? 거짓말을 했다고 해야 할까, 바른말을 했다고 해야 할까?

핵심 전체를 보지 않고 단편적 정보만 취하면 잘못 판단할 수 있다.

교훈 모든 정보를 분석하자.

실천 나는 정보를 들으면 그것이 전체적 사실인지 따져 보겠다.

• 오바마의 거짓말 •

버락 오바마Barak Obama는 이런 말을 한 적이 있다.

"한국은 1년에 수십만 대의 차를 미국에 수출하면서 미국산 차는 고작 수천 대밖에 수입하지 않는다."

이 말에 담긴 단편적 정보만 보면 한국은 무척 불공정한 나라이다. 그러나 좀 더 넓은 관점에서 정보를 모으면 이야기는 달라진다.

첫째, 2007년에 미국에서 수입한 외국차 전체에 대한 한국차의 비율은 5%였다. 한편 같은 해 한국에서 수입한 모든 외제차 중에서 미국제가 차지한 비율은 10.7%였다.

둘째, 한국에서 수입한 전체 외제차 중에서 독일제가 차지한 비율은 33%이고, 미국제가 10.7%이다. 이는 한국 정부의 차별정책보다 성능 차이에 따른 결과라고 볼 수 있다.

오바마의 말은 틀리지 않았다. 그러나 꼭 짚고 넘어가야 할 중요한 정보를 빠트리고, 전체가 아닌 일부만 얘기하여 틀린 결론에 이르게 한다. 이것은 참말인 거짓말의 한 보기다. TV를 보면 우리나라 정치논쟁에서 이런 예가 무수히 많다.

핵심 참말인 거짓말은 중요한 정보를 빠트리거나 일부만 말하여 틀린 결론을 유도한다.

교훈 모든 정보는 분석해 보자.

실천 나는 정보를 들으면 중요한 사실이 빠지지 않았는지 따져 보겠다.

• 남이 전하는 말 •

어느 날 현수는 준수를 만나 다정이 이야기를 전했다.

"준수야, 다정이가 너를 보고 촌스럽다고 말하더라."

이 말을 듣고 준수는 펄펄 뛰었다.

"어떻게 다른 사람도 아닌 다정이가 나한테 그런 말을 할 수 있어? 나는 걔를 친한 친구로 대했는데. 겉 다르고 속 다른 게 인간이라더니 정말 그러네."

현수는 준수를 진정시키면서 말했다.

"아이고, 싸움 나겠네. 괜히 말했나 봐. 제발 나한테 들었다는 얘기는 말아라."

실제로 다정이가 한 말은 이렇다.

"준수는 참 좋은 사람이야. 남을 배려할 줄 알고, 겸손하고 자제력도 있어. 옷차림에 신경을 쓰지 않아 촌스럽긴 한데, 그런대로 품위가 있고 소박해서 정겨워."

현수가 전한 말은 거짓말이 아니었지만, 이야기 전체 가운데 일부만 간추렸기 때문에 전체적인 뜻이 왜곡되었다. 이것은 참말인 거짓말로 경계해야 한다.

남의 흉을 보는 것도 참말이 거짓말로 볼 수 있다. 사람은 누구나 장점과 단점이 있다. 정직하게 사람을 평가하려면 장점도 얘기하고 단점도 얘기해야 한다. 그런데 단점만 말하면 단점이 참말인 거짓말이 되어 전체 그림을 삐뚤어지게 만들 위험이 크다.

또 남의 이야기를 들을 때는 장점보다 단점이 더 크게 들는다는 사실도 유의해야 한다.

그래서 우리는 단점을 이야기할 때는 특히 조심해야 한다.

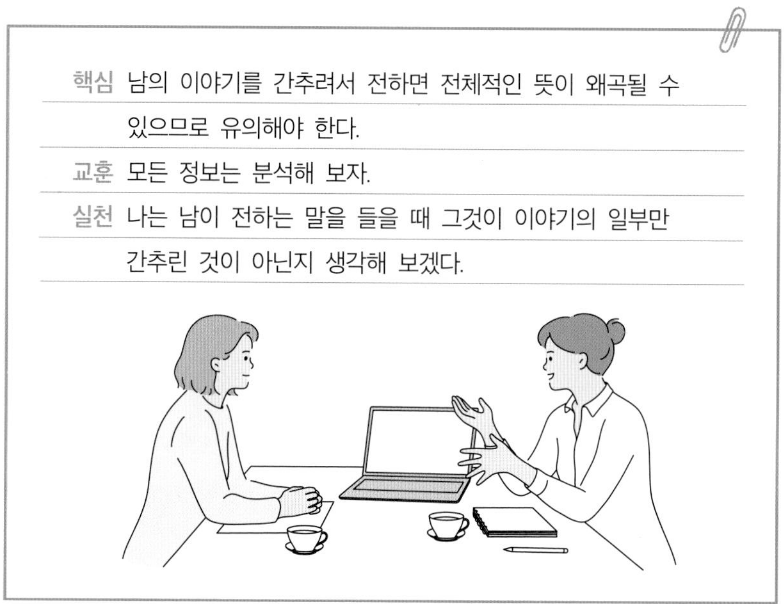

핵심 남의 이야기를 간추려서 전하면 전체적인 뜻이 왜곡될 수 있으므로 유의해야 한다.

교훈 모든 정보는 분석해 보자.

실천 나는 남이 전하는 말을 들을 때 그것이 이야기의 일부만 간추린 것이 아닌지 생각해 보겠다.

• 방폐장의 진실 •

방폐장(방사선폐기물 처리장) 건설을 추진하는 정부는 여러 차례 난관에 부딪혔다. 충남 안면도와 전북 부안군 위도를 지정했다가 주민들의 격렬한 반대로 양쪽 모두 무산된 일도 있었다.

이러한 상황을 타개하기 위해 정부는 매우 유리한 조건을 제시하며 방폐장 후보지를 공모했다. 그 조건이 매우 좋아서 군산, 경주, 영덕, 울진 등 네 곳에서 신청하여 유치경쟁이 일어났다. 정부에서는 주민투표를 실시해 지지율이 가장 높은 곳을 지정하기로 했다.

나는 내 고향인 경북 영덕을 응원했다. 지방에 가서 강연도 하고 〈영덕신문〉에 글도 두 번이나 썼다. 그럼에도 영덕은 떨어졌다. 매우 좋은 기회를 놓쳐 버린 것이다.

그 배경에는 환경운동가들이 퍼뜨린 다음과 같은 엉터리 정보가 있었다.

- 방폐장이 들어오면 가까이 사는 사람들은 암에 걸리기 쉽다.
- 방폐장이 들어오면 영덕 대게가 오염되어 팔리지 않는다.
- 방폐장이 들어오면 영덕 특산물인 복숭아가 오염되어서 팔리지 않는다.
- 방폐장이 들어오면 관광객이 오지 않는다.

이 모든 주장은 요약하면 "방폐장이 들어오면 그 부근에서 넓은 범위에 걸쳐 사람과 동식물에 해를 입힐 만한 양의 방사선이 나온다"는 것이다.

환경운동가들이 논쟁을 벌일 때는 항상 "방사선은 해로운가, 안 해로운가?", "방사선은 나오는가, 안 나오는가?"라는 두 가지 질문으로 시작한다. 그 답이 모두 예스이면 자기네가 옳다는 것이다.

그런데 우리가 정보를 분석할 때 유의할 사항이 있다. 첫째, 부분만 보지 말고 전체를 보아야 하며, 둘째, 있다, 없다만 보지 말고 그 정도를 봐야 한다.

우리는 우주공간으로부터 한시도 쉬지 않고 1년에 2.4밀리시버트의 방사선에 노출되어 있다. 그런데 방폐장 위에 사는 사람이 받는 방사선의 양은 1년에 0.01밀리시버트밖에 안 된다. 자연에서 쪼이는 것의 240분의 1에 불과하다. 방폐장이 인간과 동식물에 미치는 영향은 무시해도 될 정도인 것이다.

그럼에도 사람들은 "그래도 해로운 것은 사실 아니냐. 그러니까 없는 게 낫다"고 말도 안 되는 주장을 한다. 그렇다면 X레이 찍으러 병원에 가지 말아야 한다. 한 번 찍는데 0.06밀리시버트의 방사선을 맞아야 하기 때문이다.

대개의 주장은 '있다', '없다'로 시작된다. 이을 듣고 영덕군민들은 방폐장 유치에 반대표를 던진 것이다.

이것은 잘못이다. 구체적인 숫자를 봐야 한다. 여기서 나오는 숫자를 보면 0, 0.01, 0.06, 2.4이다. 방폐장을 반대하는 사람들은 0.06은 괜찮은데 0.01은 안 되고, 2.4는 이미 맞고 있는데 0.01을 더하면 안 된다고 하니 말이 안 된다.

세상에는 이런 엉터리 주장이 너무나 많다.

핵심 방사선은 있다, 없다보다 얼마나 있느냐가 중요하다.

교훈 모든 정보는 분석해 보자.

실천 나는 정보를 들으면 사물의 유무보다 그 수치를 살피겠다.

8

내가 먼저 하자: 리더십

리더십이란 사람들을 이끌어가는 지도자로서의 능력이다. 과거에는 높은 지위에 있는 사람이 강한 카리스마로 아랫사람들을 다스리는 능력을 의미했다.

그러나 오늘날 민주화 · 다원화 사회에서 리더십이란 지위의 높고 낮음에 관계없이 주변 사람들을 올바른 방향으로 움직이는 능력을 뜻한다. 즉, 특수한 사람뿐만 아니라 평범한 사람도 교육과 자기계발을 통해 기를 수 있는 능력이다.

리더십 교육에서 가장 중요한 것은 바른 인성을 키우는 것이다. 리더십의 바탕은 인성임을 잊지 말아야 한다. 내가 먼저 솔선수범하는 실천력, 남을 위해 헌신하는 봉사정신, 좋은 사회를 만들겠다는 사명감, 다양성을 존중하는 열린 마음 등을 습관으로 갖출 때 비로소 진정한 리더가 될 수 있다.

• 중학생의 선한 영향력 •

황보람은 지방의 작은 시에 있는 중학교 3학년생이다. 공부 잘하는 아이들은 모두 큰 도시로 나갔기 때문에 보람이네 학교 아이들은 '공부해 봐야 별수 없다'는 열등감에 젖어 있었다. 수업시간에 낮잠도 자고 제멋대로 떠들어 교실 분위기가 어수선했다. 선생님들도 달래고 야단치다가 지쳐서 이제는 반쯤 포기한 상태였다.

이런 환경에서 별다른 목표 없이 하루하루를 보내던 보람이가 큰 결심하는 계기가 생겼다. 리더십에 관한 책을 읽고 감명을 받은 것이다. 그 책에 따르면 리더십이란 칭기즈칸이나 알렉산더 대왕처럼 수많은 군대를 호령하여 천하를 정복하는 지도력만을 의미하는 것이 아니었다. 지위의 높고 낮음에 관계없이 주위 사람들에게 좋은 영향을 주어 그들을 올바른 방향으로 움직이는 능력이 리더십이라는 것이다.

보람이는 반장도 아니고 공부를 잘하는 것도 아니며 힘이 센 것도 아니지만 리더십을 발휘해 보기로 마음먹었다. 목표는 자기 반 아이들이 현재 상황에서 마음을 잡고 열심히 공부하는 분위기를 만드는 것이다.

그는 우선 반에서 영향력이 큰 친구 3명을 집으로 초대했다. 음악교사인 고모에게 친구들이 오면 함께할 프로그램을 미리 부탁해 두었다.

고모는 아이들에게 맛있는 아이스크림을 사 주고 노래를 가르쳐 주었다. 누구나 쉽게 부를 수 있는 평범한 노래였다. 한 사람이 한 소절씩 교대로 부르기도 하고, 한 소절씩 뒤따라가며 부르기도 했으며, 음정을 바꿔 이중창도 했다. 간단한 무용과 음악을 병행하는 방식으로 재미있게 진행했다. 끝내 모두가 호흡이 맞아 분위기가 좋아졌다.

보람이는 아이들에게 다음 달에 열릴 학교 콩쿠르에서 우리 반이 1등을 한번 해보자고 말하고, 다음 날 학급회의에서 그것을 제안했다. 그전 같으면 모두가 비웃고 반대하는 사람이 나왔을 것이다. 그러나 사전에 교감이 있었던 영향력 있는 세 친구가 보람이의 제안에 적극 찬동하면서 앞장서자 반 전체가 한번 도전해 보기로 결의했다.

보람이네 반에 협동하는 분위기가 살아났다. 보람이는 다시 가까운 친구들을 한 명씩 만나 반장을 도와 면학 분위기를 조성하자고 설득했다. 그전에는 반장이 떠드는 아이에게 주의를 주면 힘센 아이들이 나서서 반장을 윽박질렀기 때문에 반장은 제구실을 할 수 없었다. 그런데 보람이가 힘 있는 아이들을 집에 초대해 잘 대접하고 설득하자 그들이 반장 편을 들어 주면서 수업시간 분위기도 점차 달라졌다.

보람이의 계획이 실천에 옮겨진 다음 보람이네 반은 하루가 다르게 바뀌어 갔다. 서로를 도우며 열심히 공부하는 밝은 분위기의 학급으로 거듭난 것이다.

핵심 평범한 중학생도 주위 사람을 올바른 방향으로 이끄는 리더가 될 수 있다.

교훈 내가 먼저 나서 보자.

실천 나는 내가 나설 수 있는 일이 무엇인지 찾아보겠다.

- 가정 분위기를 바꾸기 위해 내가 할 수 있는 일을 찾겠다.
- 직장 분위기를 바꾸기 위해 내가 할 수 있는 일을 찾겠다.

• 엄마의 참교육 •

지혜 엄마는 큰 고민에 빠졌다. 같은 아파트에 사는 지혜 또래의 초등학생들은 모두 하루 종일 학원에 다녔다. 지혜도 학원에 보내지 않으면 주변에 같이 놀 친구가 없었다.

지혜 엄마는 교육학을 전공했기 때문에 학원의 주입식 교육이 바람직하지 않다는 것을 잘 알았다. 외동딸 지혜가 친구들과 어울리면서 사회성도 키우고, 특정 주제에 대해 스스로 탐구할 수 있는 자유시간을 마련해야겠다고 생각했다. 참교육을 실현할 수 있는 기회라고 여겼다.

그녀는 리더십을 발휘하기로 마음먹었다. 같은 아파트 엄마들에게 아이들의 자유시간을 만들어 함께 놀게 하자고 설득했다. 이를 위해 구체적인 시간과 장소를 정하고 엄마들을 모아 각각 역할을 분담했다.

처음엔 선뜻 호응하는 사람이 없었지만 지혜 엄마는 포기하지 않았다. 교육학 지식을 활용해 아이들이 자유시간을 알차게 보낼 수 있는 구체적 계획을 마련해 엄마들을 한 사람씩 설득했고, 마침내 목적을 달성했다.

지혜 엄마의 리더십은 군대 지휘관의 리더십은 다르다. 그녀는 대장이 되어 다른 엄마들을 부하로 거느리려 하지 않았다. 자기가 앞장섰지만 가장 많이 희생하고 봉사하여 엄마들의 마음을 움직이는 데 성공했다.

핵심 평범한 엄마도 사교육을 끊고 참교육을 이끌 수 있다.

교훈 내가 먼저 나서 보자.

실천 나는 일할 때 잘못된 관행을 따르지 않고 바람직한 대안을 찾겠다.

• 신뢰는 리더십의 기반 •

제임스 쿠제스와 배리 포스너가 쓴 《리더십 챌린지》는 리더십을 다룬 책 중 전 세계적으로 가장 많이 읽힌 현대의 고전이다. 쿠제스와 포스너는 전 세계를 돌아다니며 각계각층에 흩어져 있는 리더들을 만났다. 그들이 만난 리더들은 간호사, 공장 근로자, 콜센터 상담원, 학교 교직원, 카드회사 직원 등으로 다양했다.

30여 년간 이어온 연구를 통해 쿠제스와 포스너는 리더는 어디에나 존재하고, 누구라도 리더로서의 역량을 발휘할 수 있다는 점을 발견했다. 그들의 연구 결과에 따르면, 리더십은 타고나는 것이 아니며, 특출한 사람만이 가질 수 있는 능력도 아니다. 어떤 이는 쓰레기를 줍는 행동으로 리더십을 실천하고, 어떤 이는 상대방의 목소리에 귀 기울이는 것으로 리더십을 발휘한다. 그게 전부다. 놀라운 점은 그런 사소한 행동들이 학교에서는 학생들의 모범이 되거나 회사에서는 매출 증대로 이어지는 등 엄청난 효과를 가져온다는 것이다.

그렇다면 훌륭한 리더들이 가진 공통점은 무엇일까? 이 책에서는 리더십의 최고 덕목을 신뢰성으로 보고, 구성원들이 리더의 어떤 모습을 신뢰하는지 살펴보았다.

우선 신뢰받는 리더는 정직하고 진정성 있는 태도를 보인다. 구성원들은 거짓말하지 않고, 윤리적이며, 원칙을 중시하는 리더를 믿고 따른다.

또한 신뢰받는 리더는 신념을 말하고 이를 실천에 옮긴다. 사람들은 자신의 신념에 따라 행동할 때 말한 대로 행동하는 것이 자연스럽고,

구성원들도 리더의 행동에 대한 예측가능성이 높아진다. 리더의 행동에 대한 예측이 맞으면 믿음이 생긴다.

즉, 탁월한 리더는 정직한 태도로 신념을 말하고 실천하여 구성원들의 신뢰를 받는다. 그리고 그 신뢰를 바탕으로 구성원들에게 동기를 부여하고 함께 행동하도록 이끈다.

신뢰는 리더십의 근본이자 출발점인 것이다.

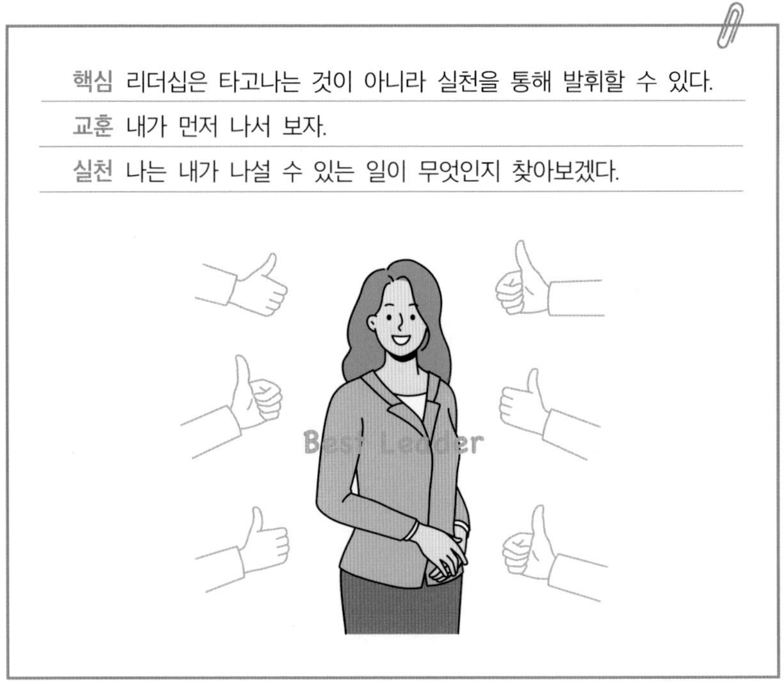

핵심 리더십은 타고나는 것이 아니라 실천을 통해 발휘할 수 있다.

교훈 내가 먼저 나서 보자.

실천 나는 내가 나설 수 있는 일이 무엇인지 찾아보겠다.

참고문헌

계일, 2014, 《이야기로 통하다》, 한국국학진흥원.

골먼, 대니얼, 1997, 《감정지능》, 비전코리아.

공자, 2022, 《논어》, 오세진 옮김, 홍익.

______, 2009, 《춘추좌씨전》, 문선규 옮김, 명문당.

곽박, 연대 미상, 《현중기》.

김우중, 2018, 《세계는 넓고 할 일은 많다》, 아카넷.

대구광역시교육청, 1997, 《마음을 여는 이야기》.

류태진, 2000, 《언제까지나 나는 꿈꾸는 청년이고 싶다》, 국민일보.

맥코맥, 마크, 1997, 《하버드에서도 가르쳐 주지 않는 것들》, 구은영 옮김, 길벗.

무라카미 하루키, 2016, 《달리기를 말할 때 내가 하고 싶은 이야기》, 임홍빈 옮김, 문학사상.

박재형, 2017, 《해동속소학》, 박문현 옮김, 지식을만드는지식.

볼드윈, 제임스, 2022, 《세상에서 가장 유명한 50가지 이야기》, 이정문 옮김, 올댓북.

유안 엮음, 2014, 《회남자》, 최영갑 옮김, 풀빛.

이솝, 2020, 《이솝 우화 전집》, 박문재 옮김, 현대지성.

이용태, 2009, 《감화 이야기로 아이가 달라졌어요》, 큰곰.

______, 2012, 《한 달에 한 가지 새 습관을 기르자》, 큰곰.

제임스, 윌리엄, 2005, 《심리학의 원리》, 정양은 옮김, 아카넷.

조수삼, 2010, 《추재기이: 타고난 이야기꾼, 추재 조수삼이 들려주는 조선 후기 마이너리티들의 인생 이야기》, 안대회 옮김, 한겨레출판.

카네기, 데일, 2019, 《데일 카네기 인간관계론》, 임상훈 옮김, 현대지성.

코비, 스티븐, 2017, 《성공하는 사람들의 7가지 습관》, 김경섭 옮김, 김영사.

코터, 존, 2015, 《운명: 하버드 교수 존 코터의 마쓰시타 고노스케 이야기》, 이주만 옮김, 다산북스.

피즈, 앨런 외, 2020, 《결국 해내는 사람들의 원칙》, 이재경 옮김, 반니.

프랭클, 빅터, 2005, 《죽음의 수용소에서》, 이시형 옮김, 청아출판사.

프롬, 에리히, 2019, 《사랑의 기술》, 황문순 옮김, 문예출판사.

캔필드, 잭 · 마크 한센, 2016, 《내 영혼을 위한 닭고기 수프》, 류시화 옮김, 푸른숲.

켈러, 헬렌, 2017, 《3일만 볼 수 있다면》, 고정욱 엮음, 크래들.

쿠제스, 제임스 · 배리 포스너, 2018, 《리더십 챌린지》, 이담북스.

포사다, 호아킴 데 · 엘런 싱어, 2016, 《마시멜로 이야기》, 공경희 옮김, 21세기북스.

힐, 나폴레온, 2021, 《생각하라 그리고 부자가 되어라》, 이한이 옮김, 반니.

저자 약력

이용태 李龍兌

현재 삼보컴퓨터 명예회장, 박약회 회장, 한국정보산업연합회 명예회장, 한국정신문화재단 명예이사장이다. 전 퇴계학연구원 이사장, 전 숙명여중고 및 숙명여대 재단 이사장이기도 하다.

1933년 경북 영덕에서 태어나 어린 시절에 집안에서 한학을 배웠다. 영덕농고와 서울대 물리학과를 졸업하고, 미국 유타대에서 물리학 박사학위를 받았으며, 외국어대, 세종대, 한국교원대, 안동대, 중국 동북대, 미국 유타대에서 명예박사학위를 받았다. 1964년부터 1969년까지 이화여대 교수로서 후학을 가르쳤다. 1969년부터 1978년까지 한국과학기술연구소에서 전자계산기운영실장, 컴퓨터 국산화연구실장 등을 맡았다. 1978년 한국전자기술연구소 부소장으로 취임해 서울의 교통신호를 전산화했다. 1980년 삼보컴퓨터를 창립해 한국 컴퓨터 시대의 막을 열었고, PC를 상용화했다. 1982년부터 1988년까지 한국데이타통신 초대 사장으로서 정부 행정전산망을 통합해 Korea e-Government를 세계 제일로 만들었다. 1996년 두루넷을 설립하고 한국 최초로 초고속인터넷을 서비스해 한국을 세계 제일 초고속인터넷 강국으로 만드는 초석을 놓았다. 2005년부터 바른 사람을 길러 좋은 사회를 만드는 인성교육에 헌신하고 있다.

저서로 《한 달에 한 가지 새 습관을 기르자》, 《인성교육, 성적보다 먼저다》, 《감화이야기로 아이가 달라졌어요》, 《좋은 엄마가 되고 싶다》, 《컴퓨터 산책》, 《정보사회, 정보문화》, 《컴퓨터가 세상을 어떻게 바꿀 것인가》, 《선진국, 마음먹기에 달렸다》 등이 있다.